초판 발행일 | 2016년 06월 15일
저자 | CODABLE(코더블)
펴낸이 | 박재영
총편집인 | 이준우
기획진행 | 허재훈

㈜해람북스   **주소** | 서울시 마포구 월드컵북로1길 30, 302호 (서교동, 동보빌딩)
문의전화 | 02-6337-5419   팩스 02-6337-5440
홈페이지 | http://www.hrbooks.co.kr

발행처 | ㈜해람북스   **출판등록번호** | 제2013-000285호

ISBN 979-11-5892-021-0

이 책은 저작권법에 따라 보호받는 저작물이므로 무단전제와 무단복제를 금지하며,
이 책 내용의 전부 또는 일부를 이용하려면 반드시 저작권자와 ㈜해람북스의 서면동의를 받아야 합니다.

※ 잘못된 책은 바꾸어 드립니다.
※ 책 가격은 뒷면에 있습니다.

이 책의 구성

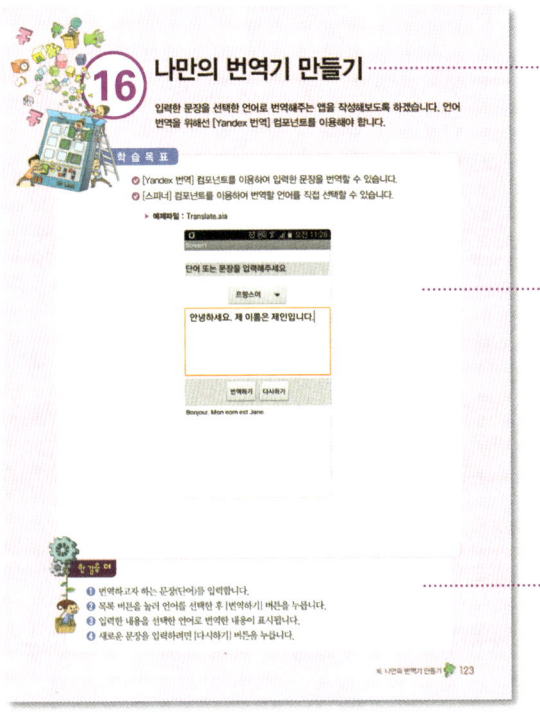

제목 및 발문
이 단원에서 무엇을 만들게 될 지를 설명합니다.

학습목표
이 단원에서 앱 인벤터를 배우게 될 목표를 이해하고 화면 구성을 익히게 됩니다.

한 걸음 더
앱이 어떤 형태로 실행되고 동작되는지를 간략하게 설명합니다.

Tip
따라하기를 하면서 추가적으로 설명될 내용이나 참고가 될 내용을 설명합니다.

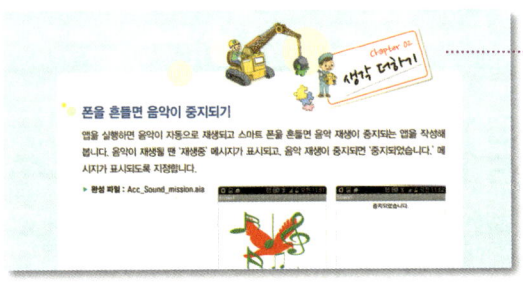

생각 더하기
단원의 예제를 따라한 후 추가적인 기능 설명을 위해 생각해보고 직접 만들어 보는 코너입니다.

차 례 CONTENTS

01 앱 인벤터 살펴보기 • 006
1. 앱 인벤터(App Inventor)란?
2. 앱 인벤터 사용 준비하기
3. 앱 인벤터 화면 살펴보기
4. 완성된 앱 테스트 준비하기
5. 완성된 앱을 컴퓨터에 저장하고 스마트 폰에 설치하기

02 폰을 흔들어 효과음 재생하기 • 016
1. 프로젝트 이름 지정하기
2. 화면 디자인하기
3. 명령 블록 구성하기
4. [AI 컴패니언] 실행하여 결과 확인하기
[생각 더하기]

03 입력한 문장을 읽어주는 앱 만들기 • 027
1. 프로젝트 이름 지정하고 화면 디자인하기
2. 화면 디자인하기
3. 명령 블록 구성하기
4. 에뮬레이터로 실행하여 결과 확인하기
[생각 더하기]

04 음악 재생 앱 만들기 • 038
1. 프로젝트 이름 지정하고 화면 디자인하기
2. 명령 블록 구성하기
[생각 더하기]

05 글자쓰기 연습 앱 만들기 • 047
1. 화면 디자인하기
2. 미디어 등록하기
3. 명령 블록 구성하기
[생각 더하기]

06 사진찍기 앱 만들기 • 058
1. 화면 디자인하기
2. 명령 블록 구성하기
[생각 더하기]

07 동영상 촬영 앱 만들기 • 066
1. 화면 디자인하기
2. 명령 블록 구성하기
[생각 더하기]

08 나만의 전화걸기 앱 만들기 • 074
1. 화면 디자인하기
2. 명령 블록 구성하기
[생각 더하기]

09 나만의 녹음기 앱 만들기 • 082
1. 화면 디자인하기
2. 명령 블록 구성하기
[생각 더하기]

10 나만의 문자보내기 앱 만들기 • 088
1. 화면 디자인하기
2. 명령 블록 구성하기
[생각 더하기]

11 인터넷 음악 방송 듣기 • 094
1. 화면 디자인하기
2. 명령 블록 구성하기
[생각 더하기]

12 유튜브 영상보기 • 099
1. 화면 디자인하기
2. 명령 블록 구성하기
[생각 더하기]

13 음성으로 웹 사이트 연결하기 • 105
- ① 화면 디자인하기
- ② 명령 블록 구성하기
- [생각 더하기]

14 전송된 메시지 읽어주는 앱 만들기 • 111
- ① 화면 디자인하기
- ② 명령 블록 구성하기
- [생각 더하기]

15 나만의 알람 만들기 • 117
- ① 화면 디자인하기
- ② 명령 블록 구성하기
- [생각 더하기]

16 나만의 번역기 만들기 • 123
- ① 화면 디자인하기
- ② 명령 블록 구성하기
- [생각 더하기]

17 나만의 갤러리 만들기 • 129
- ① 화면 디자인하기
- ② 명령 블록 구성하기
- [생각 더하기]

18 바코드 검색기 만들기 • 135
- ① 화면 디자인하기
- ② 명령 블록 구성하기
- [생각 더하기]

19 실로폰 연주하고 녹음하기 • 142
- ① 화면 디자인하기
- ② 명령 블록 구성하기
- [생각 더하기]

20 사칙 연산 계산기 만들기 • 149
- ① 화면 디자인하기
- ② 명령 블록 구성하기
- [생각 더하기]

21 나만의 그림판 만들기 • 156
- ① 화면 디자인하기
- ② 명령 블록 구성하기
- [생각 더하기]

22 나만의 메모장 만들기 • 164
- ① 화면 디자인하기
- ② 명령 블록 구성하기
- [생각 더하기]

23 지도 검색하고 가는 길 찾기 • 170
- ① 화면 디자인하기
- ② 명령 블록 구성하기
- [생각 더하기]

24 공 맞추기 • 176
- ① 화면 디자인하기
- ② 명령 블록 구성하기
- [생각 더하기]

01 앱 인벤터 살펴보기

앱 인벤터 프로그램의 화면 구성을 살펴보고 작성된 앱을 테스트할 수 있도록 'MIT A12 Companion' 프로그램과 'aistarter 에뮬레이터'를 설치하는 방법을 살펴보도록 하겠습니다.

1 앱 인벤터(App Inventor)란?

일반적으로 안드로이드 스마트 폰 앱은 자바 기반의 개발 환경을 이용해야 합니다. 그러므로 프로그래밍에 관련된 지식이 없는 초보자가 직접 앱을 만드는 것이 사실상 불가능하다고 할 수 있습니다. 이에 구글과 MIT 미디어 랩에서 누구나 쉽게 자신이 원하는 안드로이드 스마트 폰 앱을 직접 만들어 사용할 수 있도록 앱 인벤터라는 프로그래밍 도구를 개발하여 공개하였습니다. 직접 명령을 입력하여 프로그래밍을 하던 이전과 달리 앱 인벤터는 미리 만들어져 있는 명령 블록을 끼워 넣어 프로그래밍을 하기 때문에 초보자도 쉽게 이해하고 앱을 구현할 수 있습니다. 현재 '앱 인벤터 버전 2.0' 까지 공개되었으며, 별도의 프로그래밍 도구를 설치하지 않고 간단히 'http://appinventor.mit.edu/explore/' 사이트에 접속하여 직접 프로그램을 만들 수 있습니다. 사용자의 컴퓨터에 프로젝트 파일을 저장하는 것이 아니라 자체에서 제공되는 서버에 프로젝트를 저장하여 관리합니다.

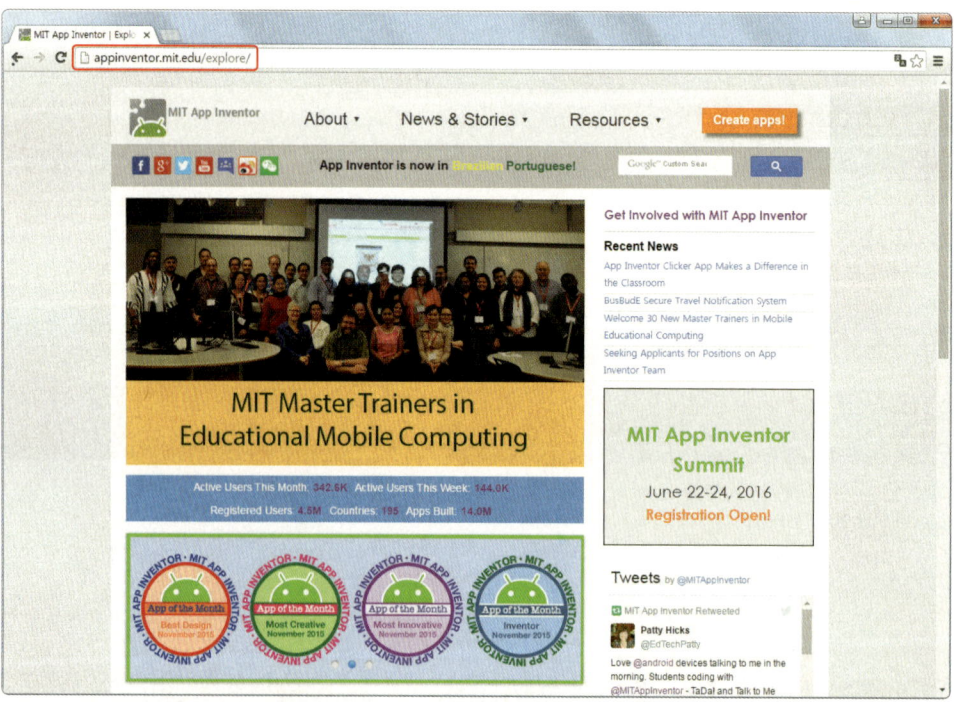

앱 인벤터 사용 준비하기

앱 인벤터 프로그램은 구글의 웹 브라우저인 크롬(Chrome)에서 가장 잘 동작하기 때문에 먼저 크롬 브라우저를 설치해야 합니다. 또한 앱 인벤터는 따로 회원가입을 하지 않는 대신 구글 아이디로 로그인해야 하므로 구글에 회원가입이 되어 있지 않다면 회원가입을 먼저 해야 합니다.

① 웹 브라우저를 실행한 후 구글 사이트(www.google.co.kr)로 이동합니다. 화면 오른쪽 상단에 표시되는 [지금 Chrome 다운로드] 버튼을 클릭합니다.

> **Tip**
> 인터넷 익스플로러에서 앱 인벤터를 이용하려면 앱 인벤터 클래식을 설치해야 하며 해당 시스템에 자바(JAVA)가 설치되어 있어야 블록 화면과 에뮬레이터를 실행할 수 있습니다.

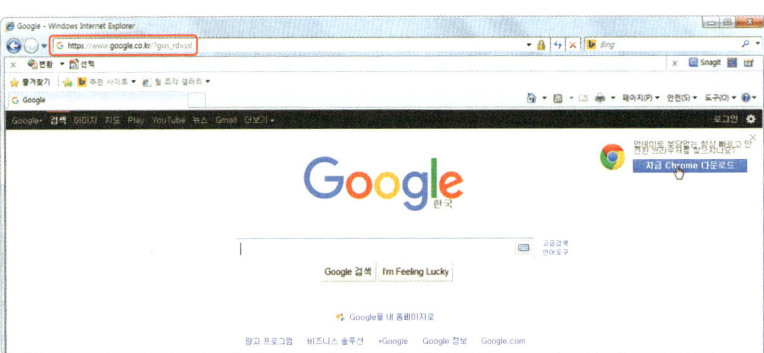

② 크롬 설치가 완료되면 크롬 브라우저가 실행된 상태에서 구글 사이트에 로그인합니다. 로그인이 완료되면 주소표시줄에 'http://appinventor.mit.edu/explore/' 주소를 입력하고 Enter 를 눌러 앱 인벤터 사이트로 이동합니다.

③ 화면 오른쪽 상단에 표시되는 Create apps! 버튼을 클릭합니다.

④ 앱 인벤터가 실행되어 화면에 표시되면 [English]를 클릭합니다. [한국어]를 선택하여 화면의 메뉴를 한글로 변경합니다.

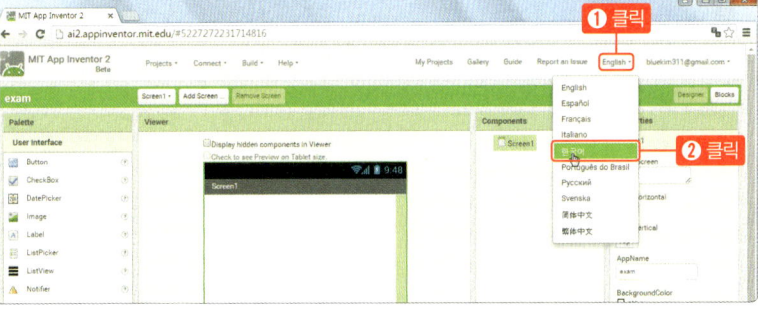

3 앱 인벤터 화면 살펴보기

앱 인벤터 화면은 크게 앱의 화면을 디자인하는 [디자이너] 화면과 앱의 동작을 구현하는 명령 블록들이 모여 있는 [블록] 화면으로 나뉩니다. 앱 인벤터를 실행하면 처음엔 [디자이너] 화면이 표시됩니다. 오른쪽 상단에 표시되는 [디자이너] [블록] 버튼을 클릭해 [디자이너] 화면과 [블록] 화면을 전환합니다.

▶ [디자이너(Designer)] 화면

실제 화면에 보이는 앱의 구조를 직접 디자인하는 화면으로 구성 요소는 다음과 같습니다.

❶ [팔레트(Palette)] : 앱을 디자인하는데 필요한 컴포넌트들을 모아놓은 곳입니다. 사용하고자 하는 컴포넌트는 [뷰어] 영역으로 드래그하여 화면을 구성합니다.

❷ [뷰어(Viewer)] : 앱이 실행되었을 때 보이는 화면으로 [팔레트(Palette)]에서 드래그한 컴포넌트들을 배치하는 곳입니다.

❸ [컴포넌트(Components)] : [뷰어(Viewer)] 영역에 배치된 컴포넌트가 목록으로 표시되는 곳입니다.

❹ [미디어(Media)] : 앱을 만드는데 필요한 사진, 음악, 동영상과 같은 데이터를 업로드하는 영역입니다.

❺ [속성(Properties)] : [컴포넌트(Components)] 영역에서 선택한 컴포넌트의 속성을 변경할 수 있는 영역입니다.

▶ [블록(Blocks)] 화면

앱을 동작시키는 명령들을 선택하고 실제 명령을 코딩하는 화면으로 구성 요소는 다음과 같습니다.

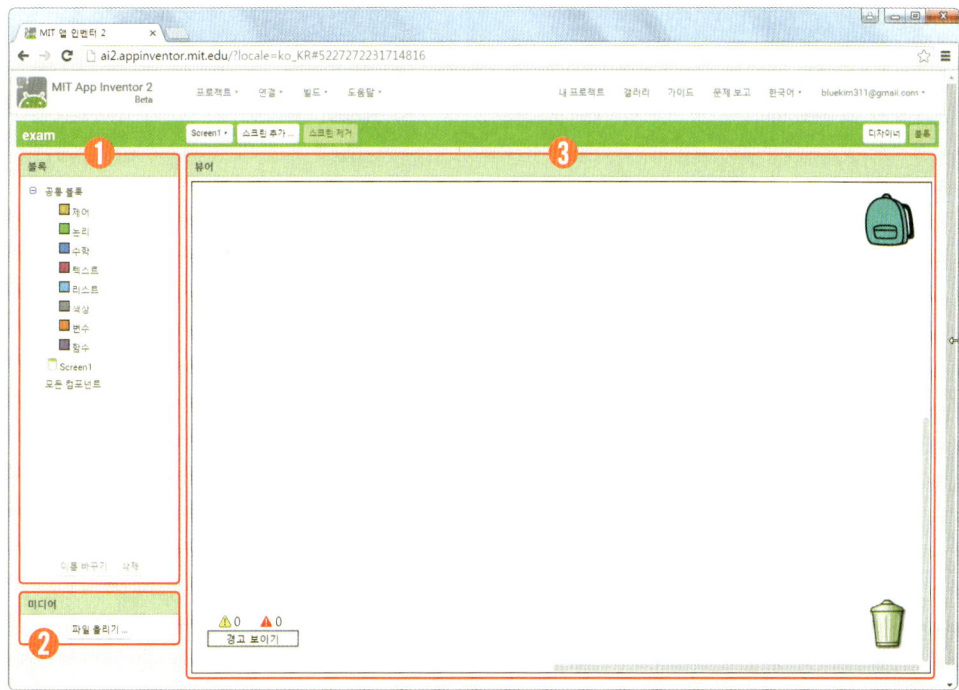

❶ [블록(Blocks)] : 앱을 실제 동작시키는 명령 블록들을 모아놓은 영역입니다.
❷ [미디어(Media)] : 사진, 음악, 동영상과 같은 데이터를 업로드하는 영역입니다.
❸ [뷰어(Viwer)] : 블록을 드래그하여 앱의 동작을 실제 코딩하는 영역입니다.

 ## 완성된 앱 테스트 준비하기

완성한 앱을 테스트하는 방법으로는 WIFI가 연결된 환경에서 테스트하는 방법과 에뮬레이터를 이용하여 가상으로 테스트하는 방법으로 나뉩니다.

▶ 스마트 폰에 MIT A12 Companion 설치하고 확인하기

앱 인벤터로 작성한 앱을 테스트하기 위해 안드로이드 스마트 폰을 이용한다면 [Play Store]에서 'MIT A12 Companion' 앱을 검색하여 설치해야 합니다.

❶ 스마트 폰의 [Play Store]에서 'MIT AI2 Companion'을 검색합니다. 검색 목록에서 'MIT AI2 Companion'을 누른 후 [설치] 버튼을 누릅니다.

❷ [동의] 버튼을 누른 후 설치가 완료될 때까지 기다립니다.

 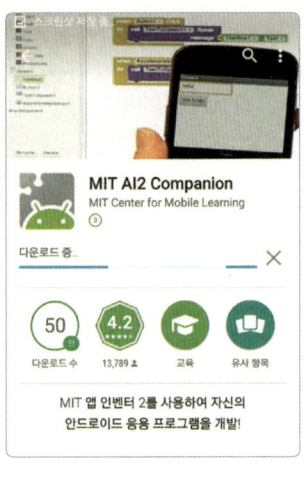

❸ 설치가 완료되면 스마트 폰 바탕화면에 이 추가되었는지 확인합니다.

▶ aistarter 에뮬레이터 설치하기

스마트 폰이 없는 경우에는 가상의 스마트 폰인 aistarter 에뮬레이터를 이용하면 됩니다.

① 웹 브라우저의 주소창에 'http://appinv.us/aisetup_windows'를 입력한 후 Enter 를 누릅니다. 프로그램 다운로드가 완료되면 해당 프로그램을 실행하기 위해 [열기] 버튼을 클릭한 후 [실행] 버튼을 클릭합니다.

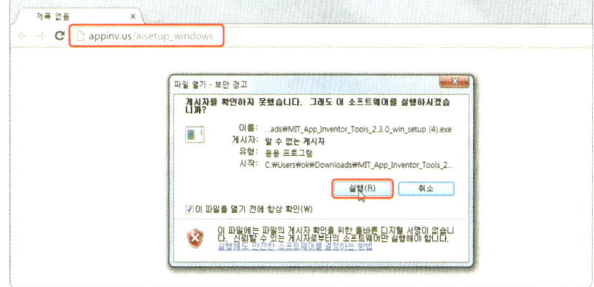

② 프로그램 설치화면이 표시되면 [Next] 버튼을 클릭합니다. [I Agree] 버튼을 클릭하여 약관에 동의합니다.

 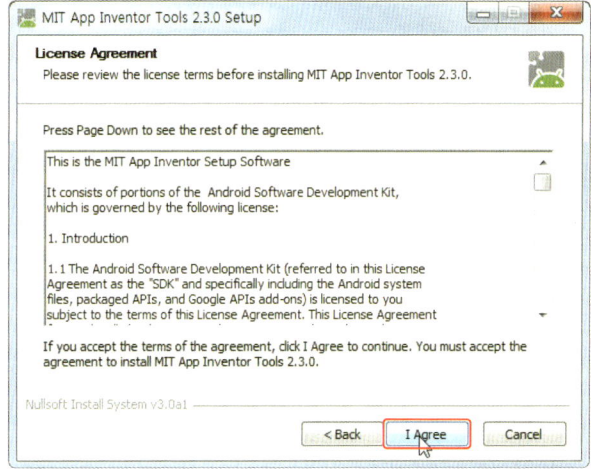

③ 'Anyone who uses this computer (all users)' 항목을 선택하고 [Next] 버튼을 클릭합니다. 'Desktop Icon' 항목을 선택하고 [Next] 버튼을 클릭합니다.

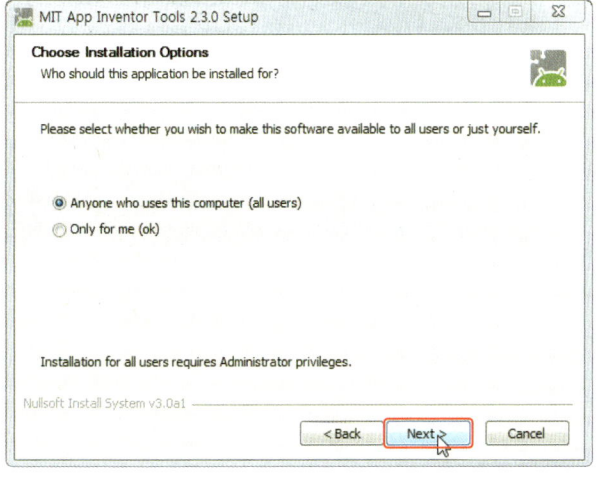 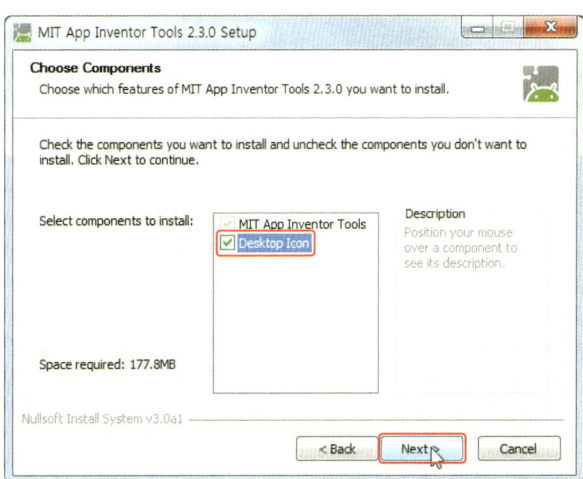

❹ 설치 경로를 지정하는 화면이 표시되면 [Next] 버튼을 클릭합니다. [Install] 버튼을 클릭합니다.

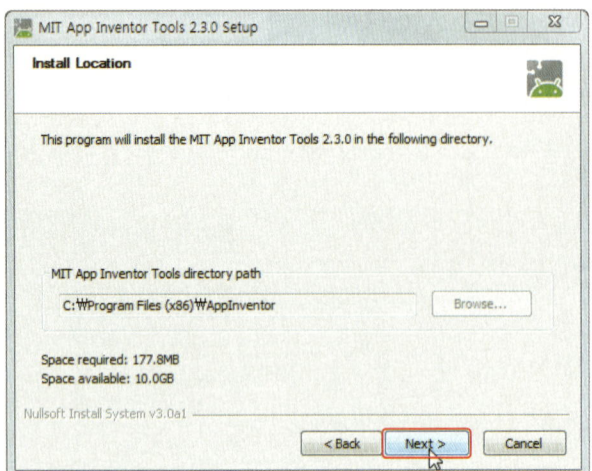 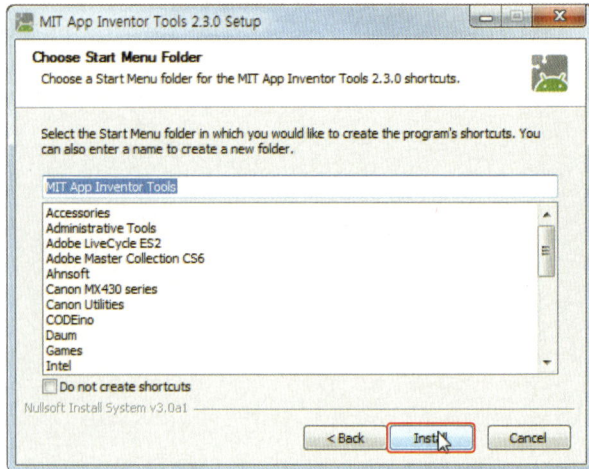

❺ 설치가 진행되면 설치가 완료될 때까지 기다립니다. 설치가 완료되면 'Start aiStarter tool now' 항목의 선택을 해제하고 [Finish] 버튼을 클릭합니다.

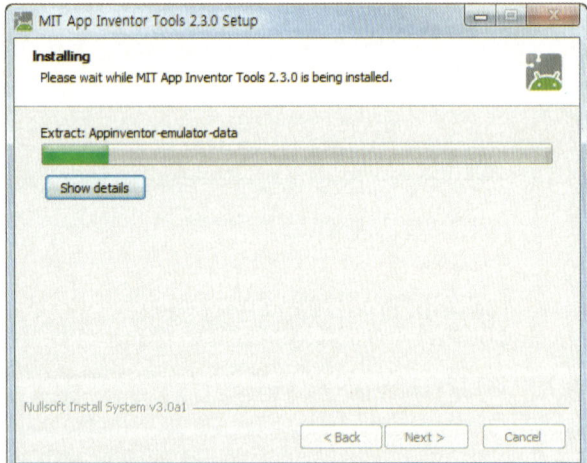 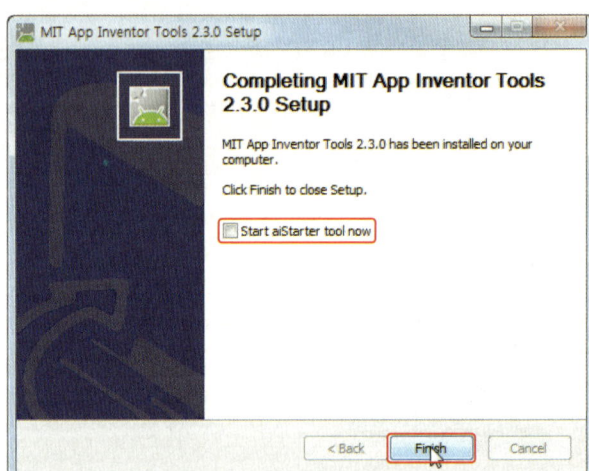

❻ 바탕화면의 🗔 아이콘을 더블 클릭하여 다음과 같은 화면이 표시되면 정상적으로 설치가 된 것입니다.

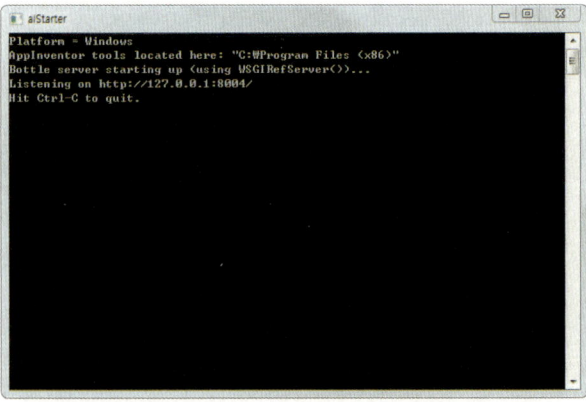

완성된 앱을 컴퓨터에 저장하고 스마트 폰에 설치하기

완성된 앱은 컴퓨터에 저장하고 직접 스마트 폰에 설치하여 프로그램을 테스트하거나 실제 활용할 수 있습니다.

▶ 컴퓨터에 저장하기

작성한 앱을 직접 컴퓨터에 보관하여 관리할 수 있습니다. 저장된 앱을 다시 편집하려면 화면 상단의 [프로젝트]를 클릭한 후 [내 컴퓨터에서 프로젝트(.aia) 가져오기] 메뉴를 클릭하면 됩니다.

❶ [앱 인벤터] 화면의 [빌드]를 클릭한 후 [앱(.apk를 내 컴퓨터에 저장하기)] 메뉴를 클릭합니다.

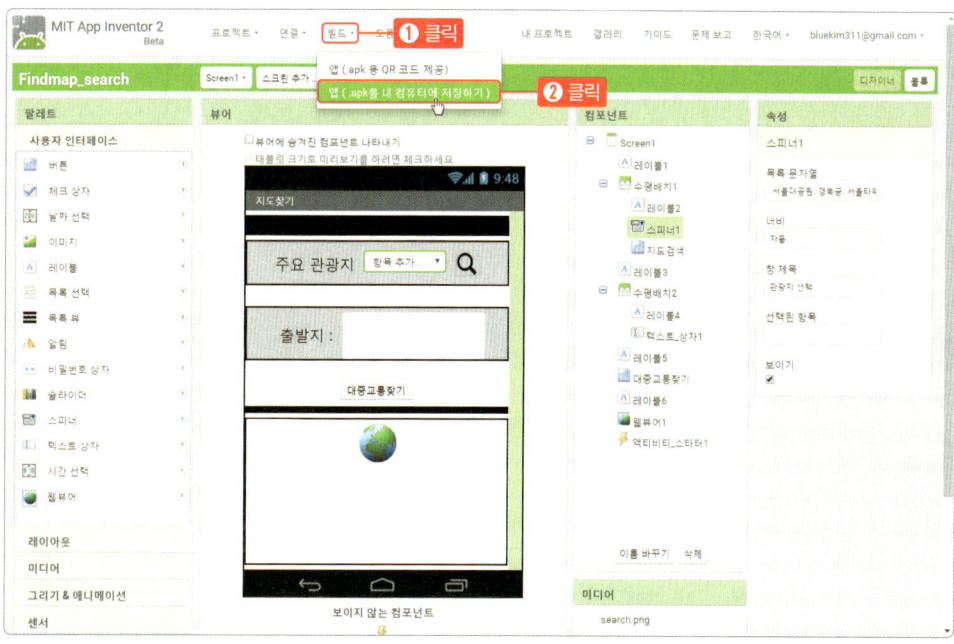

❷ 다음과 같이 다운로드 화면이 표시됩니다. 다운로드 된 앱 파일은 사용자 컴퓨터의 [다운로드] 폴더에서 확인할 수 있습니다.

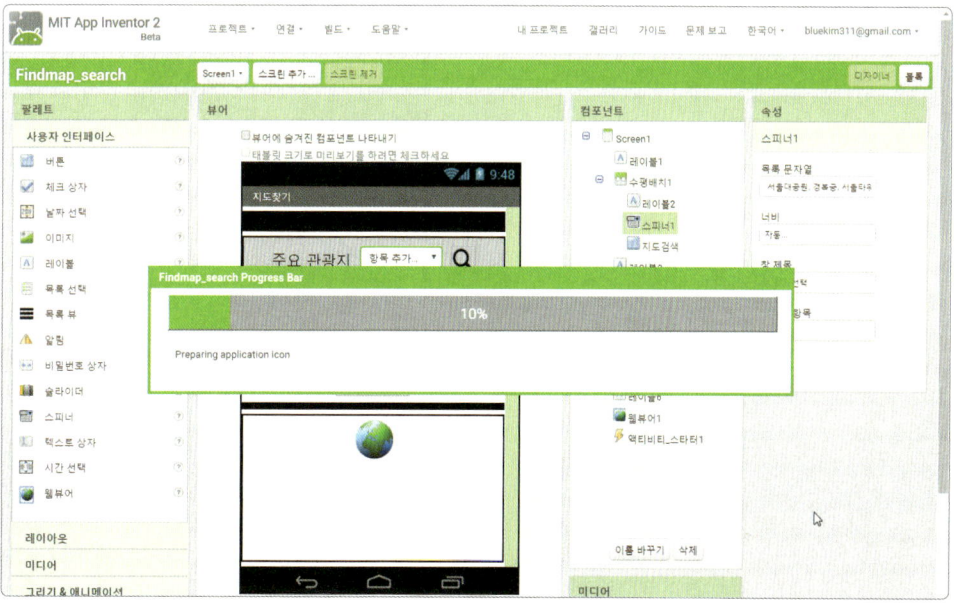

▶ 스마트 폰에 설치하기

직접 작성한 앱을 스마트 폰에 설치하여 결과를 확인할 수 있습니다. 단 QR 코드 인식 앱이 설치되어 있지 않다면 이용할 수 없으므로 구글 스토어에서 'QR 코드'를 검색한 후 관련 앱을 먼저 설치해야 합니다.

❶ 스마트 폰에 앱을 설치하려면 [빌드]를 클릭한 후 [앱(.apk 용 QR 코드 제공)]을 클릭합니다.

❷ QR 코드가 나타나면 스마트 폰의 QR 코드 앱으로 코드를 인식합니다.

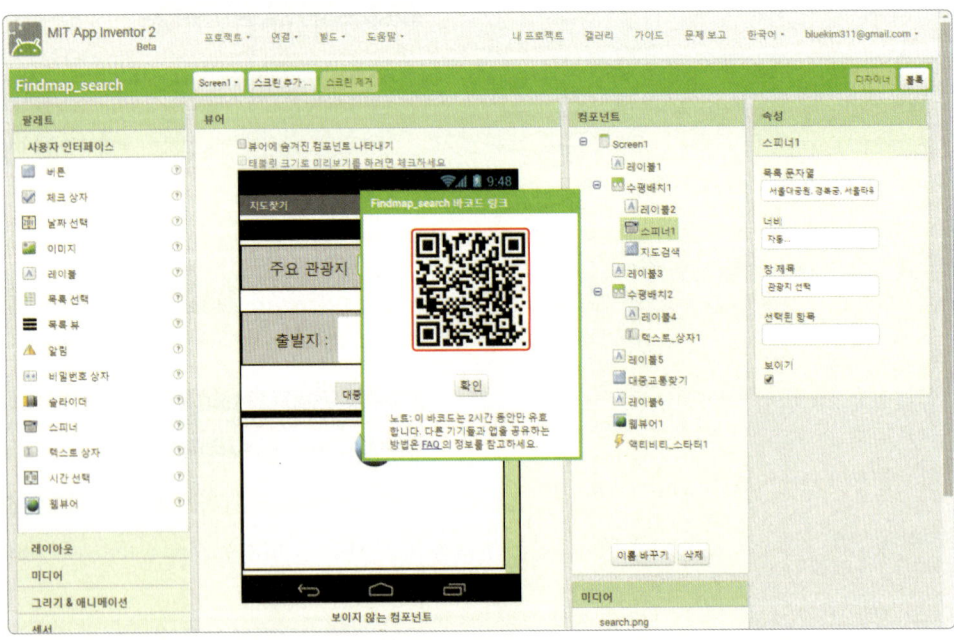

> **Tip**
> 생성된 QR 코드는 2시간만 유효한 코드입니다. 다시 앱을 설치하려면 다시 QR 코드를 생성해야 합니다.

❸ 인터넷 주소가 표시시면 해당 인터넷 주소를 눌러 앱을 다운로드 받습니다.

❹ 다운로드 받은 앱의 파일명을 누른 후 [설치] 버튼을 눌러 앱을 설치합니다.

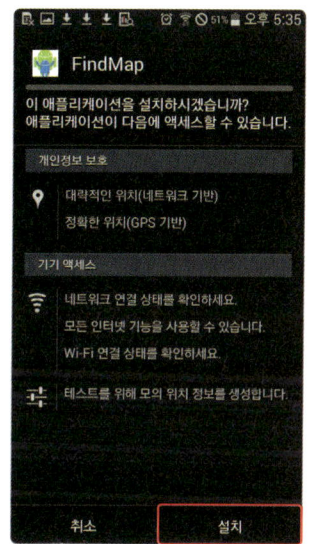 

❺ 설치가 완료되었다면 [열기] 버튼을 누릅니다. 앱이 실행되어 표시됩니다.

Tip
바코드와 QR 코드 인식기인 'QRDroid' 앱 설치하기

❶ 스마트폰에서 [Play Store]에서 'QRDroid'을 입력하여 검색합니다.
❷ 'QR Droid Code Scanner' 선택한 후 [설치] 버튼을 누릅니다.
❸ [동의] 버튼을 누른 후 설치가 완료될 때까지 기다립니다.
❹ 설치가 완료되면 스마트 폰 바탕화면에 추가되었는지 확인합니다.

02 폰을 흔들어 효과음 재생하기

앱 인벤터를 이용하여 스마트 폰을 흔들었을 때 지정된 효과음이 재생되는 앱을 만들어 보도록 하겠습니다. 스마트 폰이 흔들리는 것을 인식하기 위해 [가속도 센서]를 이용하며, 효과음을 재생하기 위해 [소리] 컴포넌트를 이용합니다.

학습목표

- 스마트 폰의 움직임을 감지하는 [가속도 센서]를 이용할 수 있습니다.
- [소리] 컴포넌트를 이용하여 간단한 효과음을 재생할 수 있습니다.
- 미디어 파일을 등록할 수 있습니다. (이미지 파일, 효과음 파일)

▶ 예제파일 : Acc_Sound.aia

한 걸음 더

❶ 앱을 실행하면 화면에 이미지가 표시됩니다.
❷ 스마트 폰을 흔들면 효과음이 재생되면서 이미지 아래에 '재생중'이라는 메시지가 표시됩니다.

 **프로젝트 이름 지정하기**

다른 프로그램과 달리 앱 인벤터는 프로젝트의 이름을 먼저 지정해야 프로젝트를 작성할 수 있습니다. 새로운 프로젝트를 시작하기 위해 이름을 지정하는 방법을 살펴보도록 하겠습니다.

❶ 앱 인벤터를 이용하여 프로젝트를 작성하려면 작성하고자 하는 프로젝트의 이름을 지정하고 새로운 화면을 표시해야 합니다. 새로운 프로젝트를 만들기 위해 [프로젝트]의 [새 프로젝트 시작하기] 메뉴를 클릭합니다.

❷ [프로젝트 이름] 입력란을 클릭한 후 만들고자 하는 프로젝트의 이름을 입력하고 [확인] 버튼을 클릭합니다.

Tip
앱 인벤터에서는 영문자와 숫자 그리고 기호 '_'만 프로젝트 이름으로 입력할 수 있습니다.

02. 폰을 흔들어 효과음 재생하기 **017**

화면 디자인하기

[팔레트] 영역의 컴포넌트를 [뷰어] 영역에 직접 드래그하여 화면을 구성하고 각 컴포넌트에 속성을 지정해보도록 하겠습니다.

❶ 화면에 삽입되는 컴포넌트를 화면 가운데 배치되도록 지정하기 위해 우선 [컴포넌트] 영역에서 [Screen1]을 선택합니다. [속성]에서 [수평 정렬] 항목의 ▼ 버튼을 클릭합니다. '중앙'을 선택합니다.

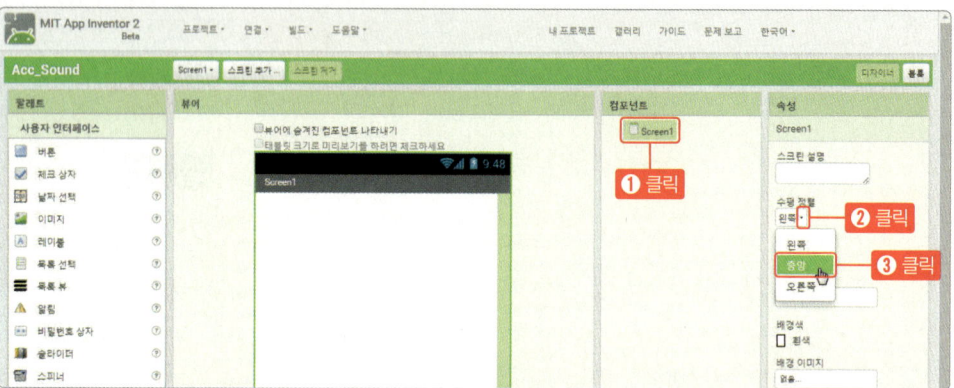

❷ 프로젝트 첫 화면이 표시되면 음표 이미지가 화면에 표시되도록 지정하기 위해 [팔레트]의 [사용자 인터페이스]에서 [이미지] 컴포넌트를 [뷰어] 영역 [Screen1] 아래에 드래그합니다.

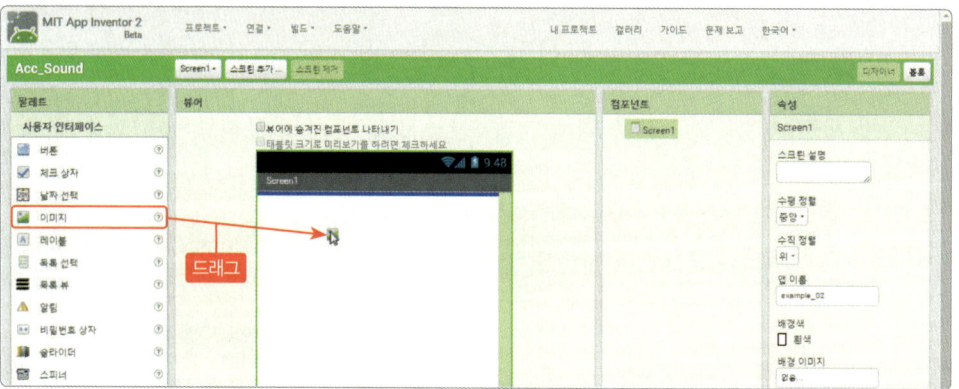

❸ [Screen1] 아래에 삽입된 이미지 컴포넌트에 삽입할 이미지를 선택하기 위해 [속성]에서 [사진] 항목의 '없음'을 선택합니다. [파일 올리기] 버튼을 클릭합니다.

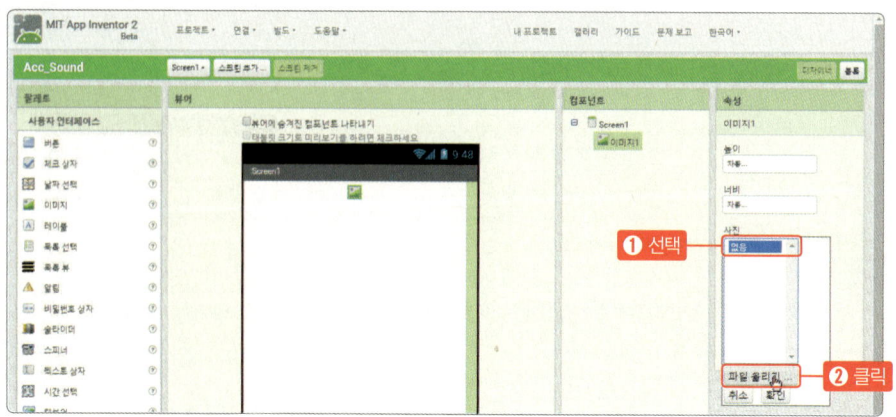

❹ [파일 선택] 버튼을 클릭한 후 [media] 폴더에 저장된 'music.png' 파일을 선택하고 [열기] 버튼을 클릭합니다. [확인] 버튼을 클릭합니다.

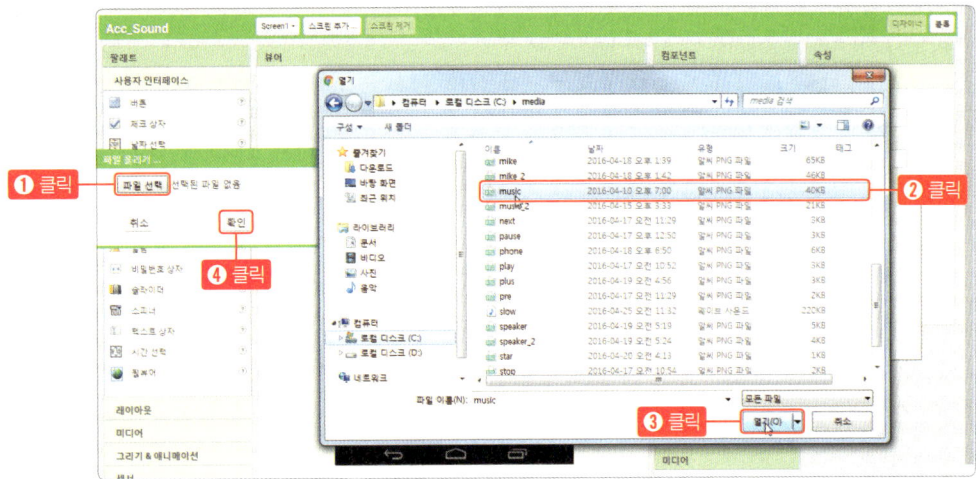

❺ 삽입된 이미지 컴포넌트의 높이를 조정하기 위해 [속성]에서 [높이]의 '자동…'을 클릭합니다. 'pixels'을 선택한 후 '300'을 입력하고 [확인] 버튼을 클릭합니다.

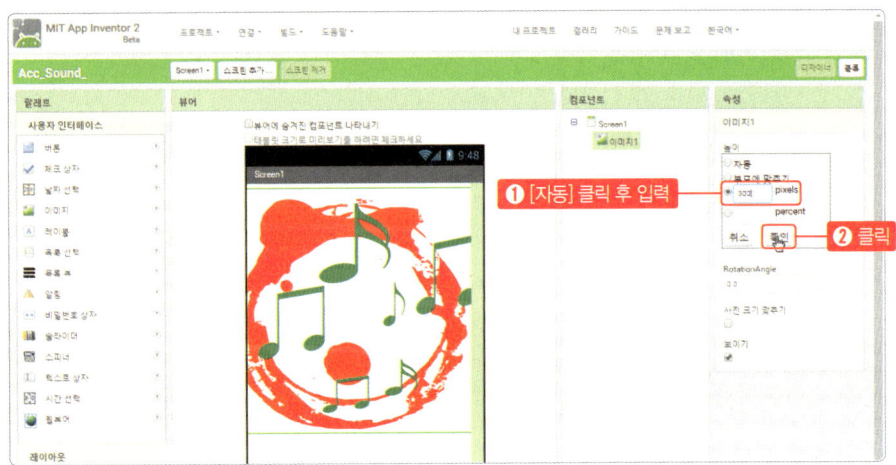

❻ 스마트 폰 너비에 맞추기 위해 [속성]에서 [너비]의 '자동…'을 클릭합니다. '부모에 맞추기' 항목을 선택하고 [확인] 버튼을 클릭합니다.

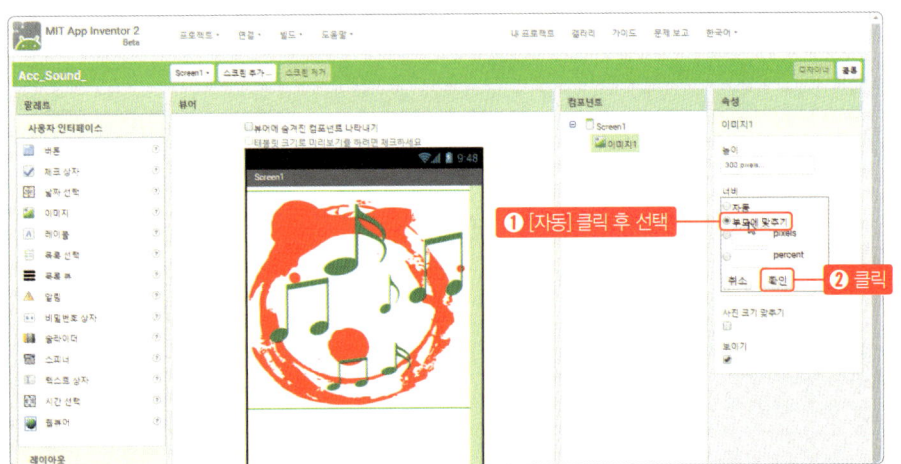

❼ 음악이 재생될 때 '재생중'이라는 메시지를 표시하기 위해 [사용자 인터페이스]에서 [레이블] 컴포넌트를 [뷰어] 영역의 [이미지1] 아래에 드래그합니다.

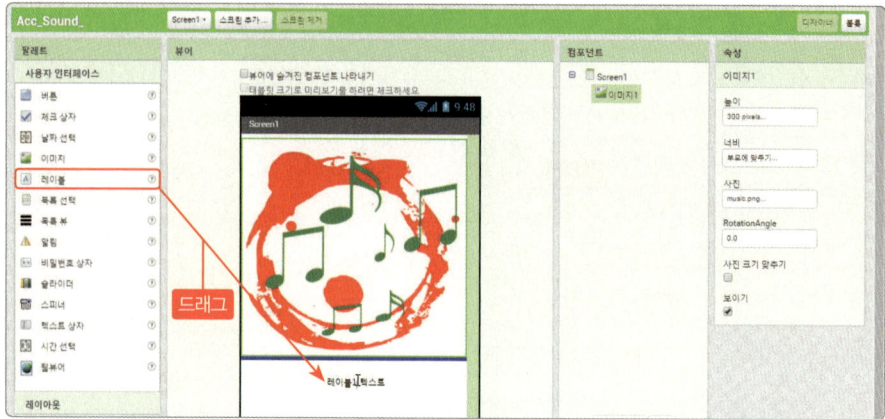

❽ 레이블 영역에 표시될 글자의 크기를 지정하기 위해 [레이블1] 컴포넌트를 선택하고 [속성]에서 [글꼴 크기] 항목에 '16'을 입력합니다. [텍스트] 항목의 '텍스트1 레이블'을 삭제합니다.

❾ 실제 연주될 효과음 파일을 삽입하기 위해 [팔레트]의 [미디어]에서 [소리] 컴포넌트를 [뷰어] 영역 [Screen1] 아래에 빈 영역으로 드래그합니다. [소리] 컴포넌트는 실제 화면에 표시되지 않는 컴포넌트이기 때문에 [Screen1] 바깥쪽 [보이지 않는 컴포넌트] 영역에 삽입됩니다.

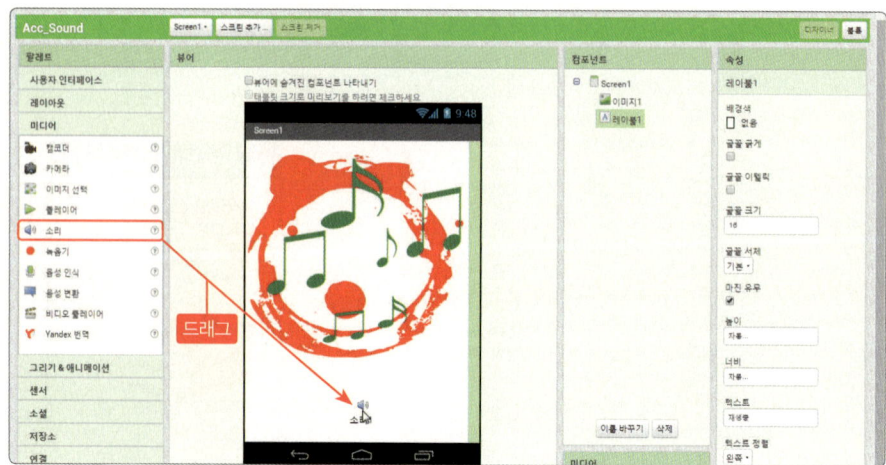

⑩ [소리] 컴포넌트에 음악을 삽입하기 위해 [소리1] 컴포넌트가 선택된 상태에서 [속성]의 [소스] 항목의 '없음'을 선택합니다. [파일 올리기] 버튼을 클릭한 후 [파일 선택] 버튼을 클릭합니다. 'computer beeps1.wav' 파일을 선택하고 [열기] 버튼을 클릭합니다.

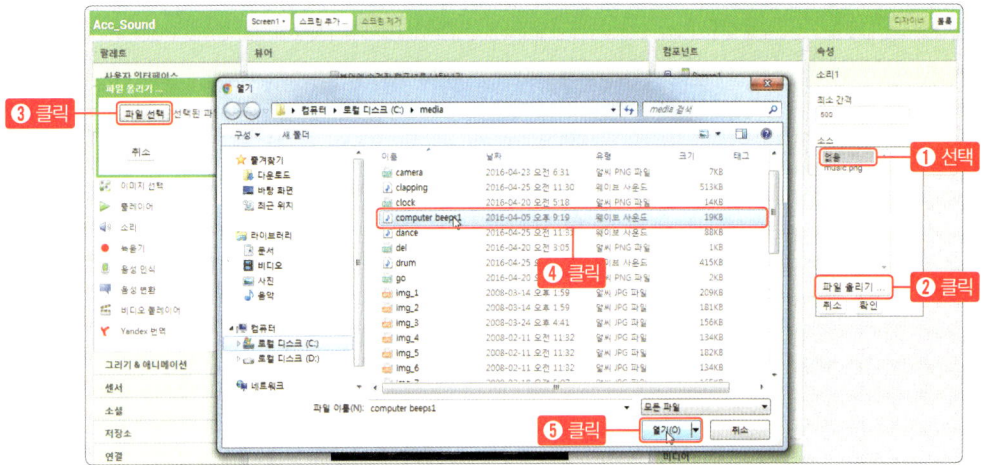

⑪ [파일 올리기] 창에 'computer beeps1.wav' 파일이 등록되어 표시되면 [확인] 버튼을 클릭합니다.

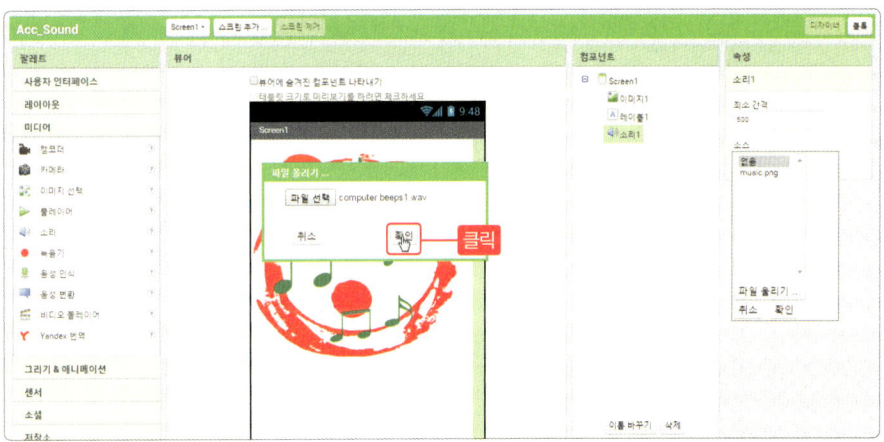

⑫ 스마트 폰의 흔들림을 감지하는 [가속도 센서]를 추가하기 위해 [팔레트]의 [센서]에서 [가속도 센서] 컴포넌트를 [뷰어] 영역 [Screen1] 아래에 드래그합니다. [가속도 센서] 컴포넌트도 실제 화면에 표시되지 않는 컴포넌트이기 때문에 [보이지 않는 컴포넌트] 영역에 삽입됩니다.

3 명령 블록 구성하기

앱을 실행시킨 후 스마트 폰을 흔들면 효과음이 재생되도록 명령 블록을 구성해보도록 하겠습니다. 소리가 재생될 땐 '재생중'이라는 메시지가 표시됩니다.

❶ 실제 명령 블록을 코딩하기 위해 [블록] 버튼을 클릭하여 [블록] 화면으로 이동합니다.

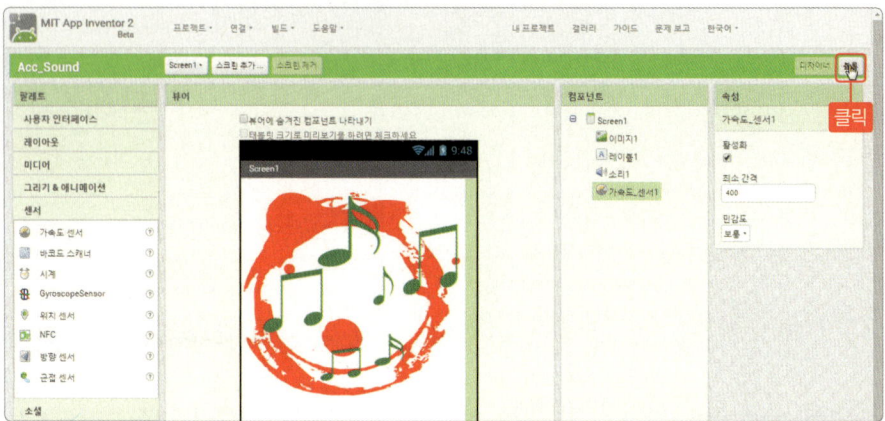

❷ 스마트 폰이 흔들렸을 때 음악이 재생되도록 지정하기 위해 [블록] 영역의 [가속도 센서1]을 선택합니다.

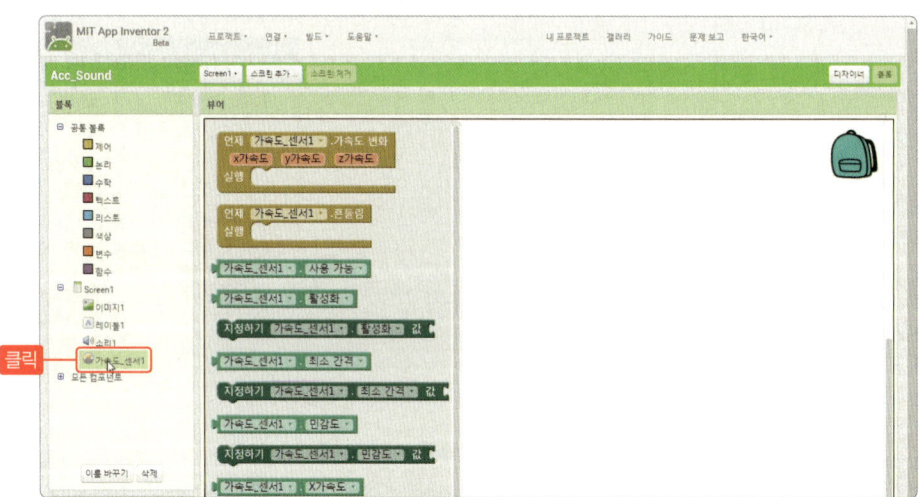

❸ [가속도 센서]에서 사용할 수 있는 여러 기능의 블록들이 표시됩니다. 스마트 폰이 흔들리는 것을 감지하는 블록을 [뷰어] 영역으로 드래그합니다.

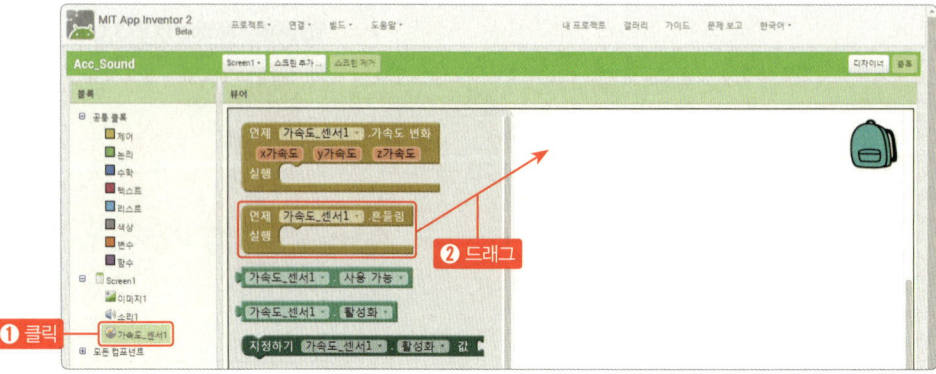

❹ 스마트 폰이 흔들렸을 때 소리가 재생되어야 하므로 [블록] 영역의 [소리1]을 선택합니다.

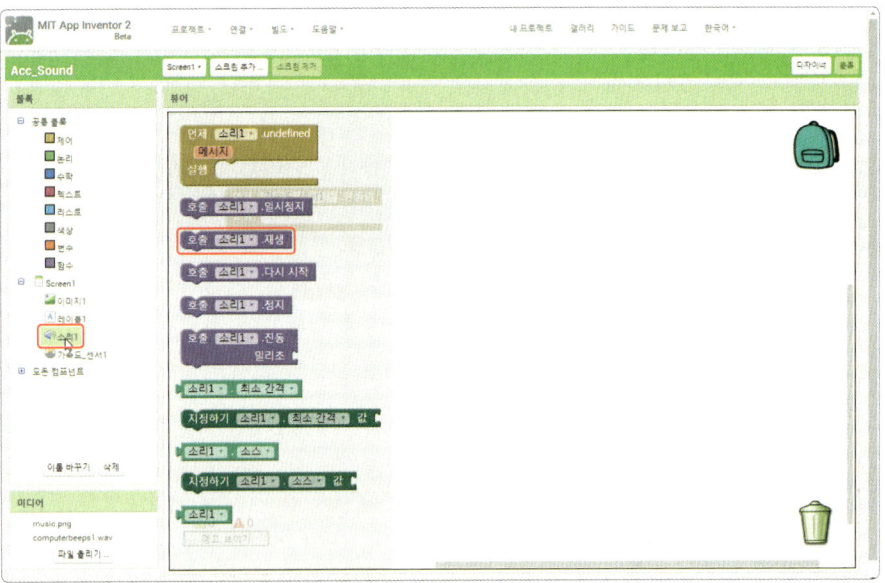

❺ `호출 소리1.재생` 블록을 [뷰어] 영역으로 드래그하여 다음과 같이 `언제 가속도_센서1.흔들림 실행` 블록 안에 삽입합니다.

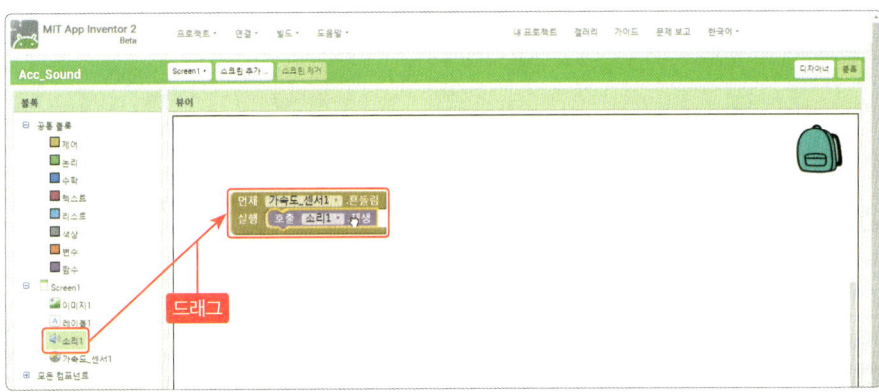

❻ 소리가 재생될 때 '재생중'이라는 메시지가 표시되도록 지정하기 위해 [블록] 영역의 [레이블1]을 선택합니다.

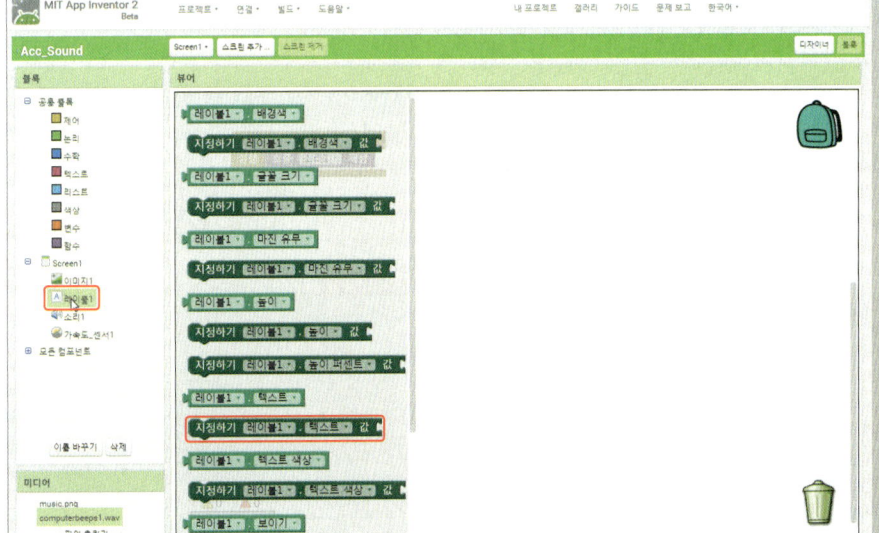

❼ `지정하기 레이블1.텍스트 값` 블록을 드래그하여 `호출 소리1.재생` 블록 아래에 삽입합니다.

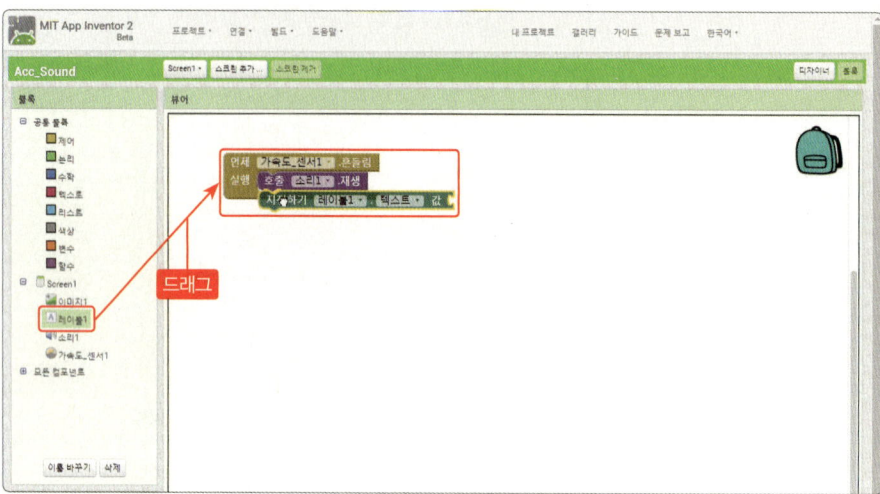

❽ '재생중'이라는 텍스트를 연결하기 위해 [공통 블록]의 [텍스트]를 선택합니다.

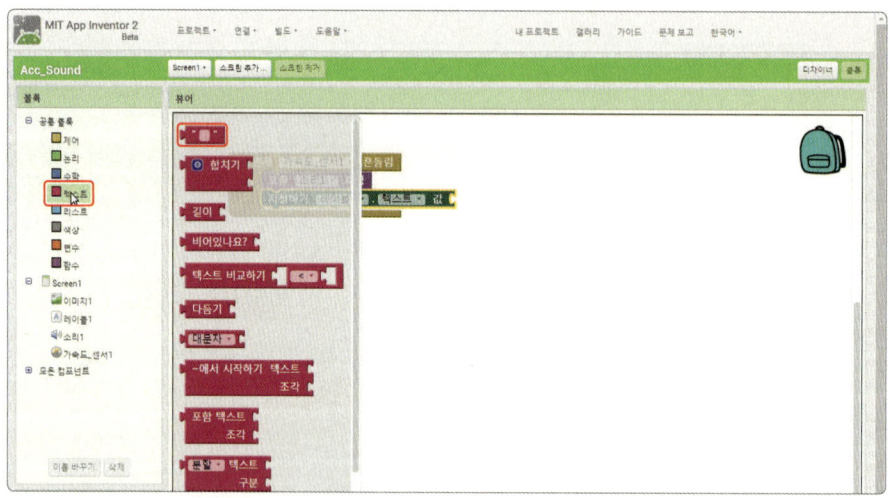

❾ 메시지를 직접입력하기 위해 `" "` 블록을 드래그하여 `지정하기 레이블1.텍스트 값` 블록 오른쪽에 연결합니다. '재생중'이라고 입력합니다.

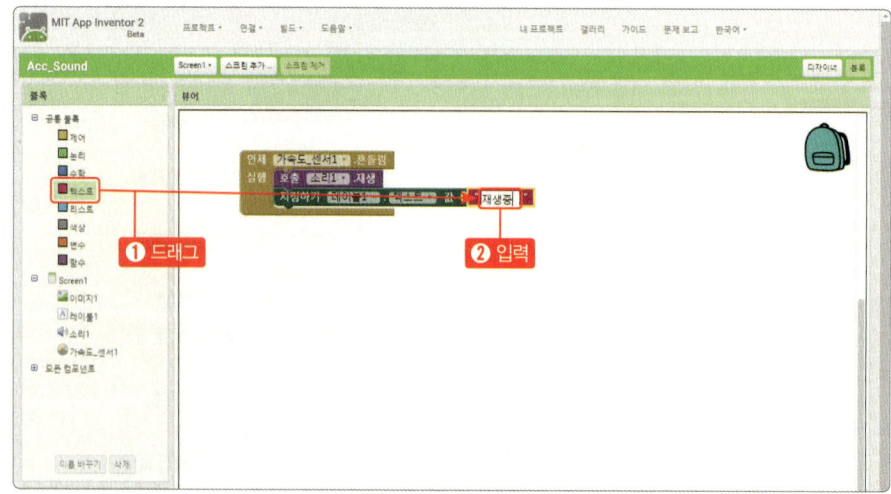

4 [AI 컴패니언] 실행하여 결과 확인하기

① [연결] 메뉴를 클릭한 후 [AI 컴패니언]을 클릭합니다.

② 다음과 같이 QR 코드가 표시되면 스마트 폰의 [MIT A12 Companion]을 실행시킨 후 [Scan QR code]를 눌러 QR 코드를 인식시킵니다. 만약 인식이 안 된다면 직접 입력한 후 [connect with code] 버튼을 누릅니다.

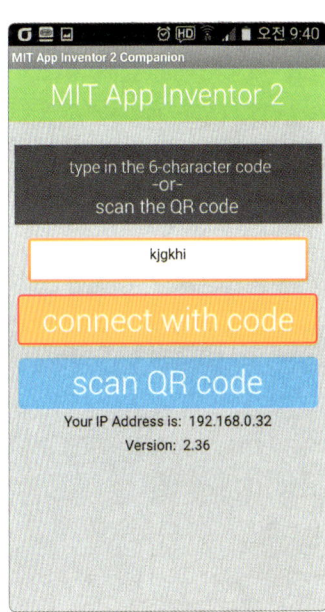

폰을 흔들면 음악이 중지되기

앱을 실행하면 음악이 자동으로 재생되고 스마트 폰을 흔들면 음악 재생이 중지되는 앱을 작성해 봅니다. 음악이 재생될 땐 '재생중' 메시지가 표시되고, 음악 재생이 중지되면 '중지되었습니다.' 메시지가 표시되도록 지정합니다.

▶ 완성 파일 : Acc_Sound_mission.aia

재생중

참고 사항

1. 앱을 처음 실행시켰을 때 특정 명령을 실행시켜 앱을 동작시키려면 [Screen1]의 `언제 Screen1 초기화 실행` 블록을 활용합니다.

2. 음악 재생을 정지하려면 [소리]의 `호출 소리1 .정지` 블록을 이용합니다.

Tip

❶ 앱이 처음 실행될 때 블록 안의 명령을 실행합니다.
❷ [소리1] 컴포넌트에 연결된 효과음을 재생합니다.
❸ '재생중'이라는 글자를 [레이블1] 컴포넌트에 표시합니다.

❶ 핸드폰이 흔들리면 블록 안의 명령을 실행합니다.
❷ [소리1] 컴포넌트에 연결된 효과음 재생을 정지합니다.
❸ [이미지1] 컴포넌트의 이미지를 삭제합니다.
❹ '중지되었습니다.'라는 글자를 [레이블1] 컴포넌트에 표시합니다.

03 입력한 문장을 읽어주는 앱 만들기

스마트 폰에 직접 입력한 문장을 읽어주는 앱을 만들어 보도록 하겠습니다. 사용자로부터 문장을 입력받기 위해선 [텍스트 상자] 컴포넌트를 이용해야하며 입력된 문장을 읽기 위해선 [음성 변환] 컴포넌트를 이용합니다. aistarter 에뮬레이터를 이용하여 결과를 확인해보도록 하겠습니다.

학 습 목 표

- [텍스트 상자] 컴포넌트를 이용하여 사용자로부터 직접 내용을 입력받을 수 있습니다.
- [음성 변환] 컴포넌트를 이용할 수 있습니다.

▶ 예제파일 : Text_Read.aia

① 앱을 실행하면 텍스트 입력상자와 [읽기], [지우기] 버튼이 표시됩니다.
② 텍스트 상자를 누른 후 문장 또는 단어를 입력합니다.
③ [읽기] 버튼을 누르면 입력된 문장이나 단어를 읽어줍니다.
④ [지우기] 버튼을 누르면 텍스트 상자에 입력된 내용이 삭제됩니다.

03. 입력한 문장을 읽어주는 앱 만들기 027

 **프로젝트 이름 지정하고 화면 디자인하기**

다른 프로그램과 달리 앱 인벤터는 프로젝트의 이름을 먼저 지정해야 프로젝트를 작성할 수 있습니다. 새로운 프로젝트를 시작하기 위해 이름을 지정하겠습니다.

① 새로운 프로젝트를 만들기 위해 [프로젝트]의 [새 프로젝트 시작하기] 메뉴를 클릭합니다.

② [프로젝트 이름] 입력란을 클릭한 후 만들고자 하는 프로젝트의 이름을 입력하고 [확인] 버튼을 클릭합니다.

화면 디자인하기

[팔레트] 영역의 컴포넌트를 [뷰어] 영역에 직접 드래그하여 화면을 구성하고 각 컴포넌트에 속성을 지정해보도록 하겠습니다.

① 프로젝트 첫 화면이 표시되면 공백(간격)을 삽입하는 용도로 [사용자 인터페이스]의 [레이블] 컴포넌트를 [뷰어] 영역 [Screen1] 아래에 드래그합니다.

② [Screen1] 아래에 삽입된 레이블 컴포넌트의 높이와 너비를 조정하기 위해 [속성]의 [높이] 항목의 '자동...'을 클릭합니다. 높이를 직접 조정하기 위해 'pixels'을 선택한 후 '30'을 입력하고 [확인] 버튼을 클릭합니다.

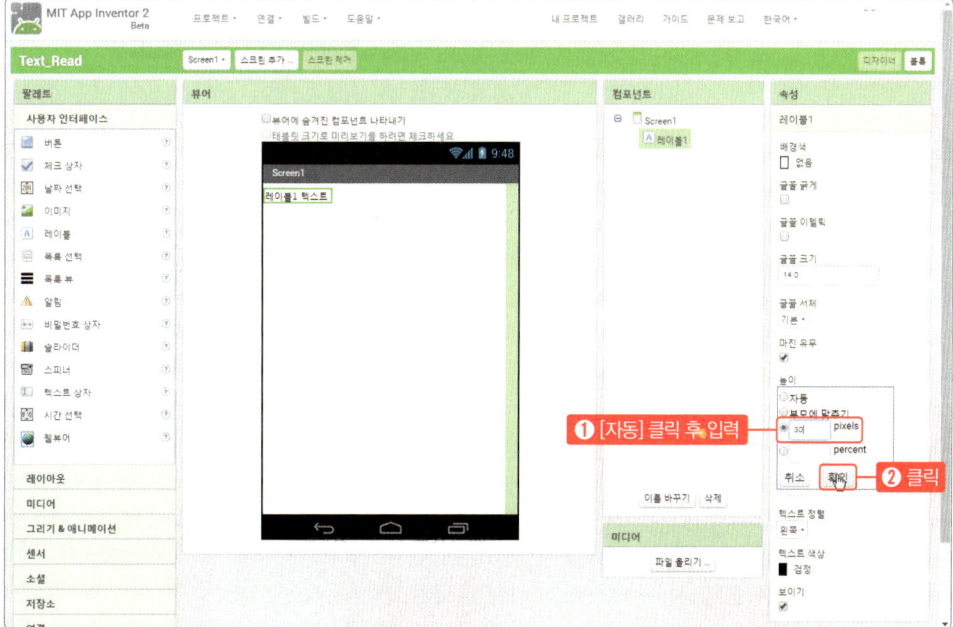

❸ 레이블의 높이가 조정되어 표시됩니다. 레이블의 너비도 조정하기 위해 [속성]의 [너비] 항목의 '자동...'을 클릭합니다. 너비를 스마트 폰 너비에 맞추기 위해 '부모에 맞추기'를 선택하고 [확인] 버튼을 클릭합니다.

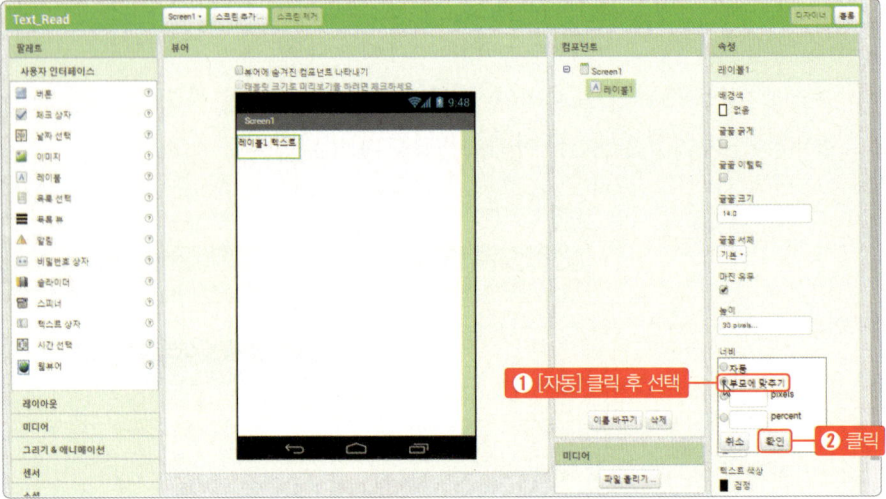

❹ 레이블에 표시되는 텍스트를 삭제하기 위해 [속성]에서 [텍스트] 항목의 '레이블1 텍스트'를 삭제합니다.

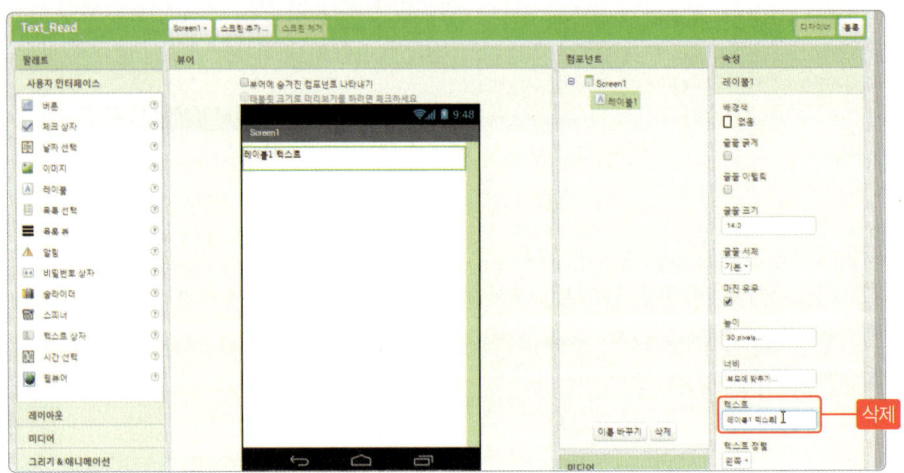

❺ 글자 입력을 위한 텍스트 상자를 입력하기 위해 [사용자 인터페이스]의 [텍스트 상자]를 [뷰어] 영역 [레이블1] 아래에 드래그합니다.

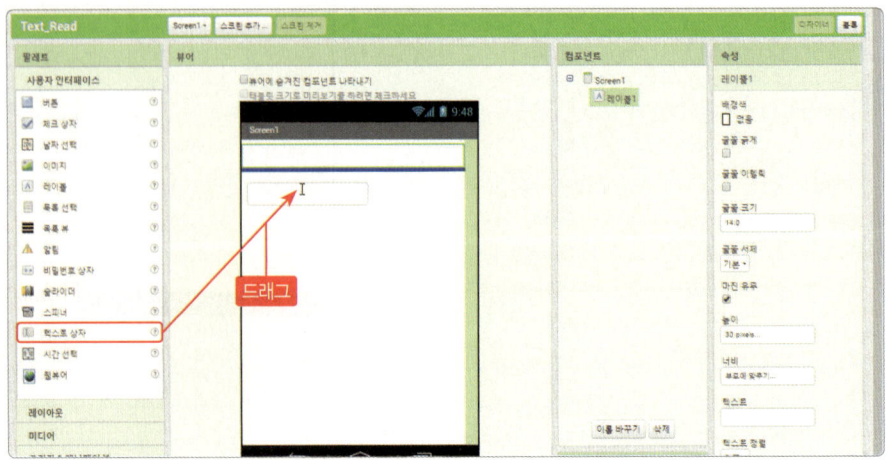

❻ [텍스트_상자1]의 너비를 조정하기 위해 [속성]의 [너비] 항목의 '자동...'을 클릭합니다. 너비를 지정하기 위해 'pixels'을 선택한 후 '250'을 입력하고 [확인] 버튼을 클릭합니다.

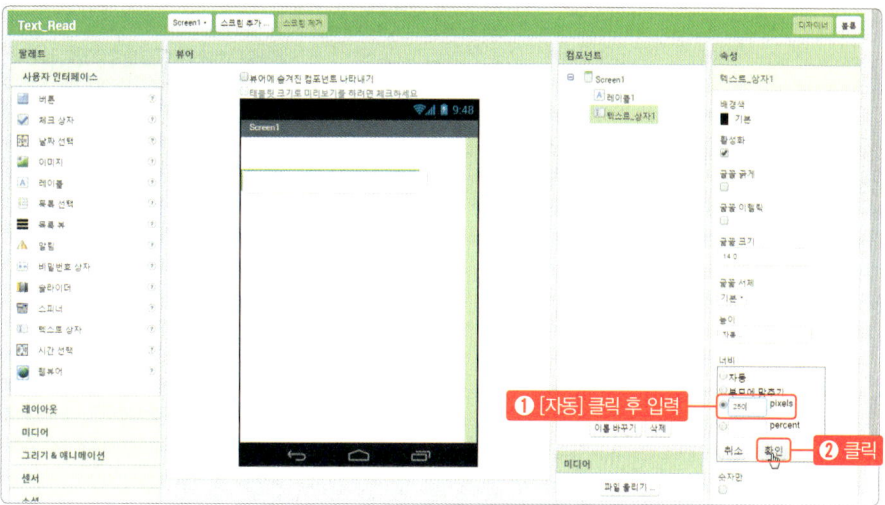

❼ '텍스트_상자1'에 표시되는 텍스트를 변경하기 위해 [속성]의 [힌트] 항목에 '입력해주세요'라고 입력합니다.

❽ [읽기] 버튼과 [지우기] 버튼을 가로로 삽입하기 위해 [레이아웃]에서 [수평배치]를 [뷰어] 영역 [텍스트_상자1] 아래에 드래그합니다.

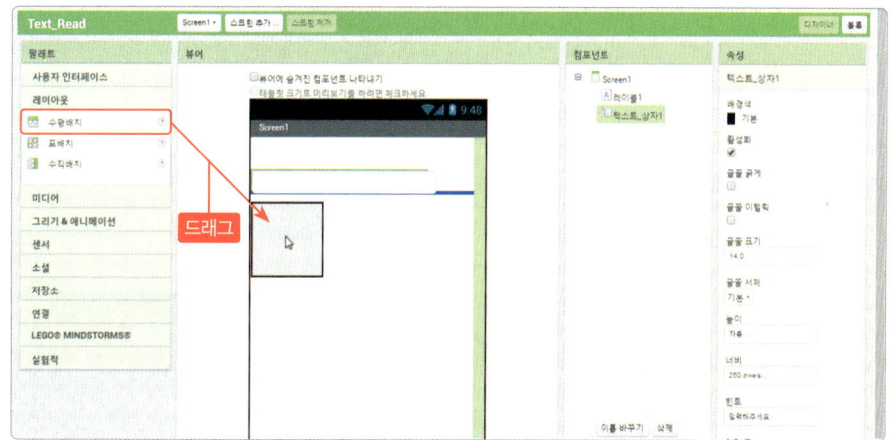

03. 입력한 문장을 읽어주는 앱 만들기 **031**

❾ 버튼을 삽입하기 위해 [사용자 인터페이스]의 [버튼]을 [뷰어] 영역 [수평배치1] 안쪽으로 드래그합니다.

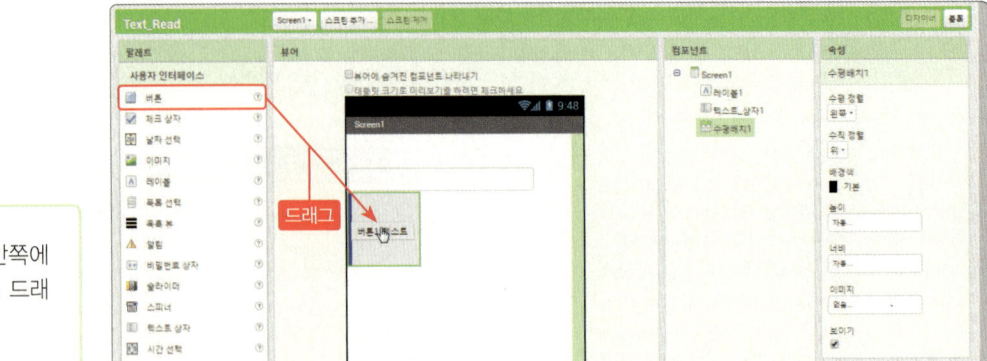

Tip
[수평배치1] 컴포넌트 안쪽에 파란색 막대가 생기도록 드래그해야 합니다.

❿ [너비] 항목의 '자동...'을 클릭합니다. 너비를 맞추기 위해 'pixels'을 선택한 후 '80'을 입력하고 [확인] 버튼을 클릭합니다. [텍스트]는 '읽기'를 입력합니다.

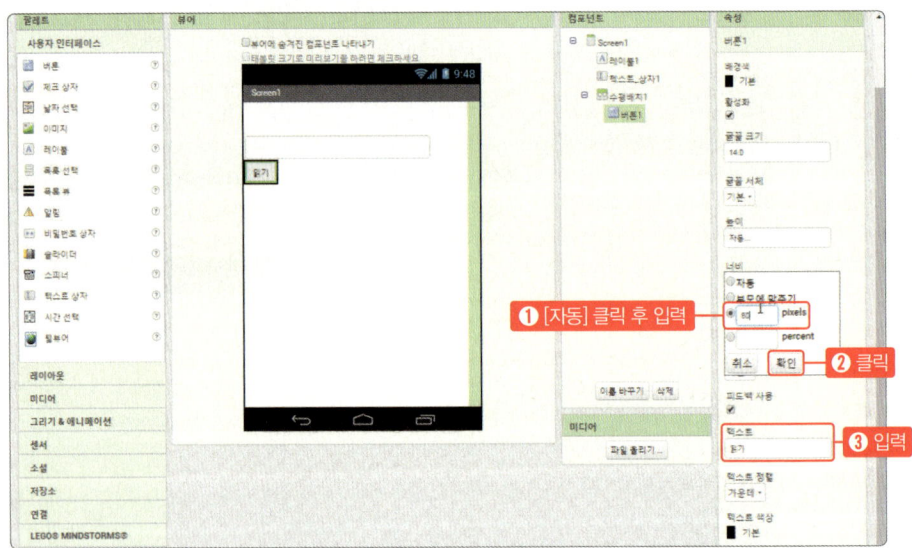

⓫ 같은 방법으로 새로운 [버튼] 컴포넌트를 [버튼1] 옆에 드래그하여 삽입한 후 [너비]는 '80 pixels', [텍스트]는 '지우기'를 입력합니다.

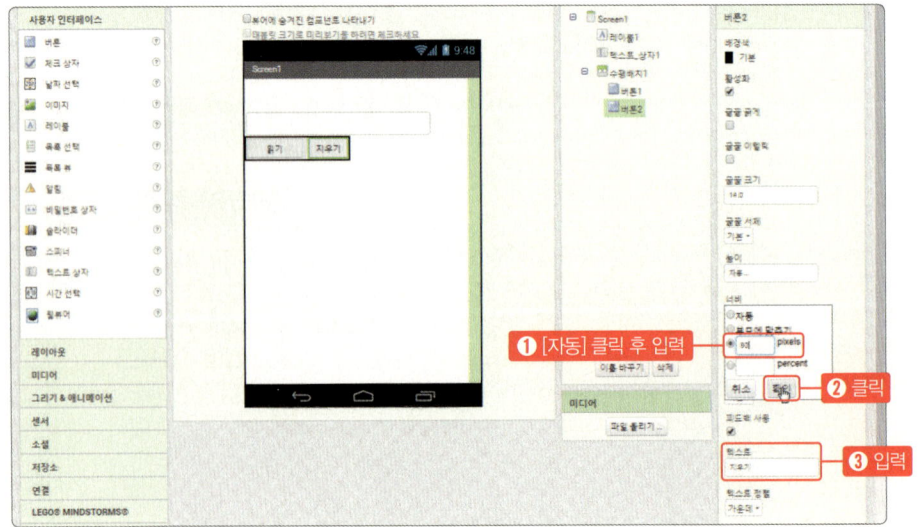

⓬ 버튼과 텍스트 상자와의 간격과 수직 위치를 정하기 위해 [컴포넌트] 영역에서 [수평배치1]을 선택합니다. [속성]의 [높이] 항목의 '자동…'을 클릭합니다. 'pixels'을 선택한 후 '100'을 입력하고 [확인] 버튼을 클릭합니다. [수평배치1] 컴포넌트가 선택된 상태에서 [수직 정렬]의 ▼을 클릭하여 '가운데'를 선택합니다.

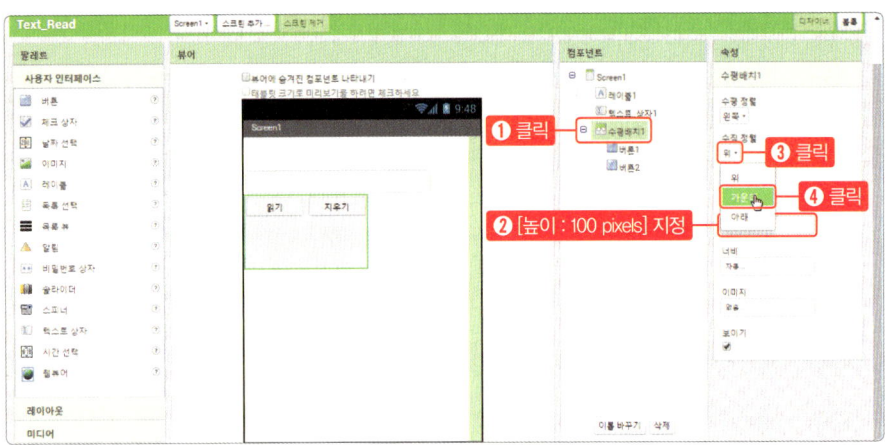

⓭ 화면에 삽입된 텍스트 상자와 버튼의 위치를 화면 가운데로 이동시키기 위해 [컴포넌트] 영역에서 [Screen1]을 선택합니다. [속성] 항목의 [수평 정렬]의 ▼을 클릭하여 [중앙]을 선택합니다.

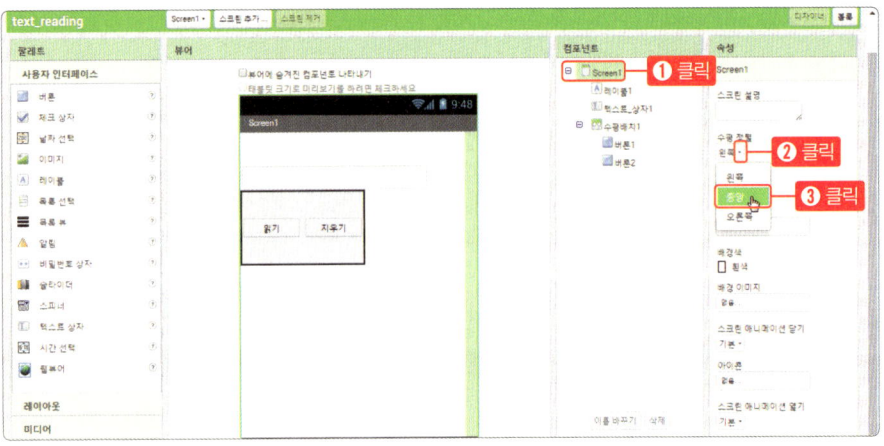

⓮ [미디어]의 [음성 변환]을 [뷰어] 영역 [버튼1] 아래에 드래그합니다. 글자를 소리로 변환하여 들려주는 컴포넌트로 실제 화면에 표시되지 않는 컴포넌트이기 때문에 [Screen1] 바깥쪽 [보이지 않는 컴포넌트] 영역에 삽입됩니다.

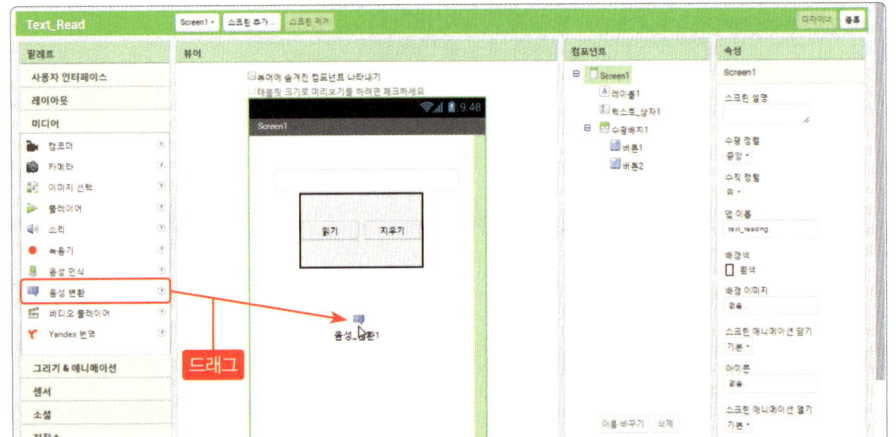

03. 입력한 문장을 읽어주는 앱 만들기 **033**

3 명령 블록 구성하기

사용자가 텍스트 상자에 입력한 텍스트를 읽어주도록 명령 블록을 구성해보도록 하겠습니다.

❶ 실제 명령 블록을 코딩하기 위해 [블록] 버튼을 클릭하여 [블록] 화면으로 이동합니다. [블록] 영역의 [버튼1]을 클릭합니다. 버튼을 클릭했을 때 입력된 문장을 읽기 위해 ▨▨▨ 을 [뷰어] 영역으로 드래그합니다.

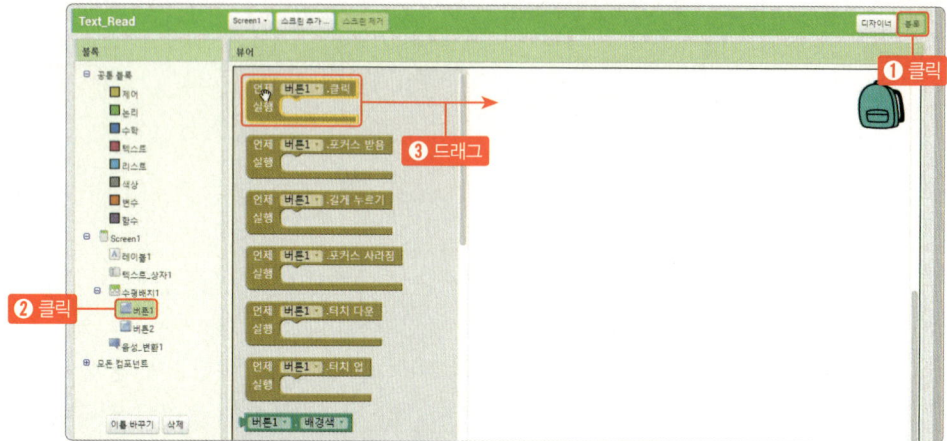

❷ [블록] 영역의 [음성_변환1]을 클릭합니다. 입력된 메시지를 직접 읽어주는 명령을 호출하는 ▨▨▨ 을 ▨▨▨ 명령 블록 사이로 드래그합니다.

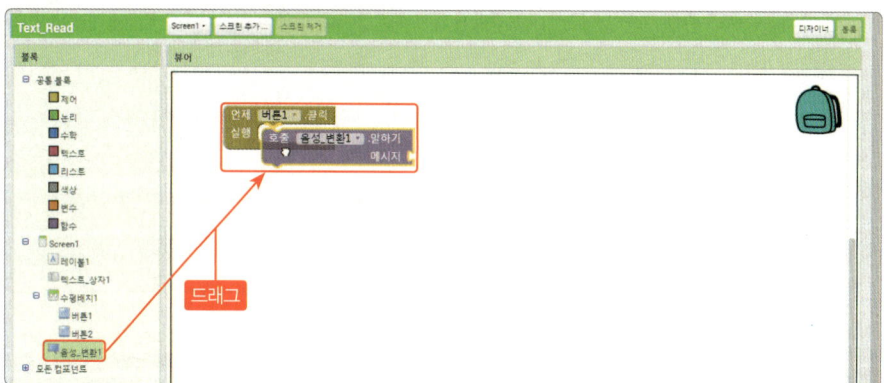

❸ [블록] 영역의 [텍스트_상자1]을 클릭합니다. 텍스트 상자에 입력된 메시지를 음성 변환하도록 ▨▨▨ 을 ▨▨▨ 명령 블록 사이로 드래그합니다.

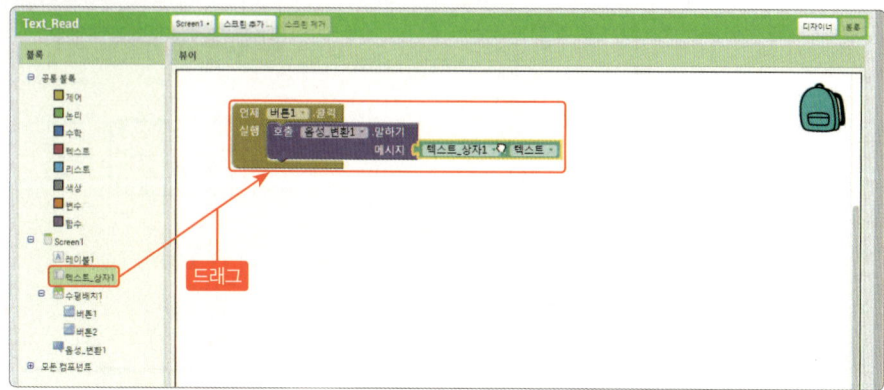

❹ [블록] 영역의 [버튼2]를 클릭합니다. 버튼을 클릭했을 때 입력된 문장을 읽기 위해 [언제 버튼2.클릭 실행] 을 [뷰어] 영역으로 드래그합니다.

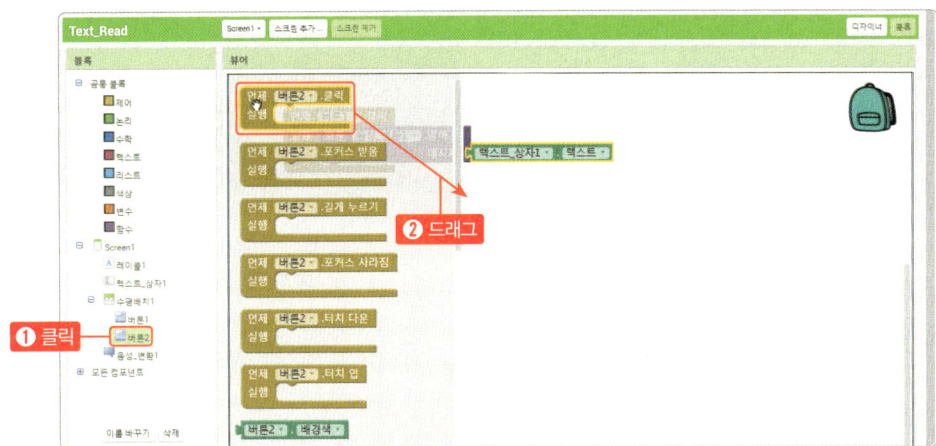

❺ [블록] 영역의 [텍스트_상자1]을 클릭합니다. 텍스트 상자의 내용 값을 직접 지정하기 위해 [지정하기 텍스트_상자1.텍스트 값] 블록을 [언제 버튼2.클릭 실행] 명령 블록 사이로 드래그합니다.

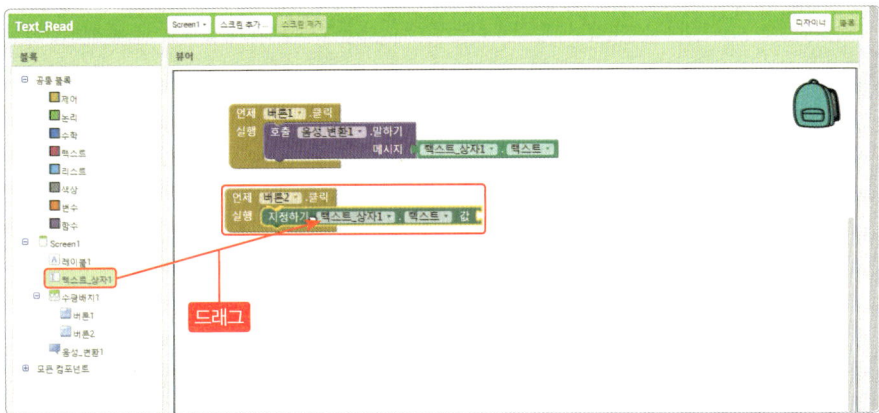

❻ [버튼2]가 눌려졌을 때 [텍스트_상자1] 컴포넌트에 입력된 내용이 삭제되도록 지정하기 위해 [공통 블록]의 [텍스트]의 [" "] 블록을 [지정하기 텍스트_상자1.텍스트 값] 블록 오른쪽에 삽입합니다.

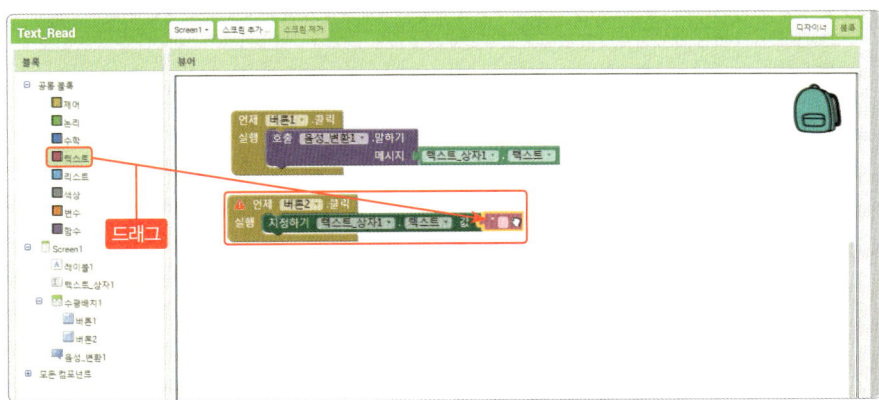

Tip
입력된 문장을 영어나 프랑스어로 번역하여 듣고 싶다면 123 페이지를 살펴봅니다.

에뮬레이터로 실행하여 결과 확인하기

❶ [연결] 메뉴를 클릭한 후 [에뮬레이터]를 클릭합니다.

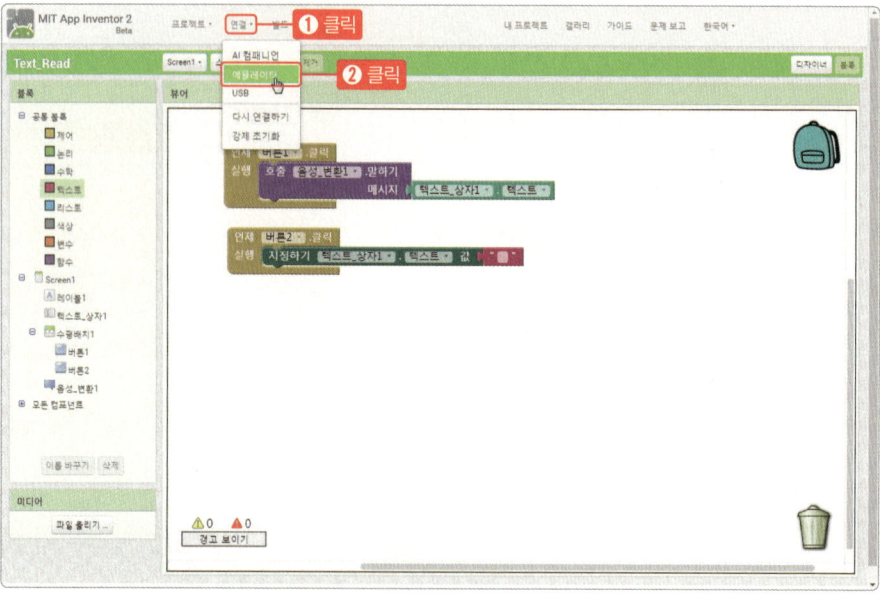

❷ 다음과 같이 에뮬레이터에 연결하는 하면이 표시됩니다. 연결이 완료되면 다음과 같이 작성한 앱이 화면에 표시됩니다. 텍스트 상자에 내용을 입력한 후 [읽기] 버튼과 [지우기] 버튼을 클릭해봅니다.

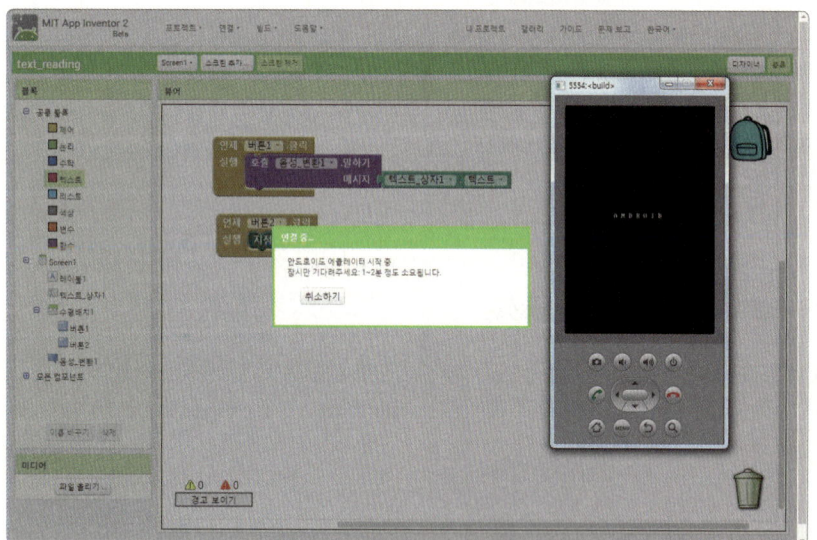

텍스트 읽기 멈추기

현재 작성된 앱에 [멈추기] 버튼을 추가 삽입한 후 [멈추기] 버튼을 클릭하면 읽기가 중지되도록 컴포넌트와 블록을 추가합니다.

▶ 완성 파일 : Text_Read_mission.aia

참고 사항

1 [버튼] 컴포넌트를 [수평배치1] 안쪽으로 드래그하여 삽입합니다.

2 텍스트 상자의 높이는 '250pixels'로 지정하고 여러 줄 입력이 가능하도록 [텍스트_상자1]의 속성에서 '여러 줄'을 선택합니다.

3 음성 변환되어 말하는 텍스트를 삭제하여 재생을 멈추도록 지정하기 위해 [공통 블록]의 [텍스트]의 블록을 이용합니다.

Tip

❶ [버튼3]이 클릭되었을 때 블록 안의 명령을 실행합니다.
❷ [음성_변환1] 컴포넌트가 공백을 말합니다. 즉, 읽기를 중지합니다.

04 음악 재생 앱 만들기

재생 버튼을 클릭하면 특정 음악이 재생되는 앱을 만들어 보도록 하겠습니다. 지정된 음악을 재생하기 위해선 [플레이어] 컴포넌트를 이용해야 합니다. 앞장에서 살펴봤던 [소리] 컴포넌트와 달리 [플레이어] 컴포넌트는 음악과 같은 긴 소리 파일을 재생할 때 주로 사용됩니다.

학 습 목 표

- [버튼] 컴포넌트에 그림(이미지)를 삽입할 수 있습니다.
- 지정된 음악을 재생해주는 [플레이어] 컴포넌트를 이용할 수 있습니다.
- [레이블] 컴포넌트에 재생중인 음악 파일 이름을 표시할 수 있습니다.

▶ 예제파일 : Music_play.aia

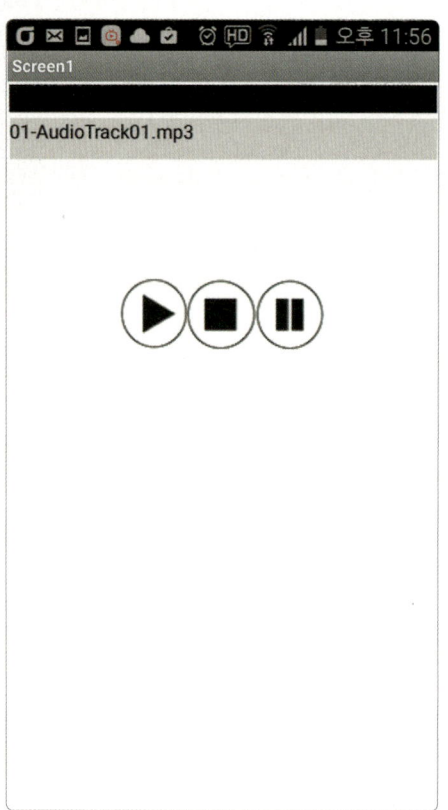

❶ 앱이 실행되면 [재생], [멈춤], [일시정지] 버튼이 표시됩니다.
❷ [재생] 버튼을 누르면 [플레이어1] 컴포넌트에 연결되어 있는 음악의 파일명이 [레이블1] 영역에 표시되고 음악이 재생됩니다.
❸ [멈춤] 버튼을 누르면 [레이블1] 영역에 표시되는 음악 제목이 삭제되고 음악 재생이 중지됩니다.
❹ [일시중지] 버튼을 누르면 음악이 일시 중지됩니다. ([레이블1] 영역에 표시되는 음악 제목이 삭제되지 않습니다.)

 **프로젝트 이름 지정하고 화면 디자인하기**

❶ [프로젝트]의 [새 프로젝트 시작하기] 메뉴를 클릭한 후 [프로젝트 이름] 입력란에 프로젝트 이름을 입력하고 [확인] 버튼을 클릭합니다.

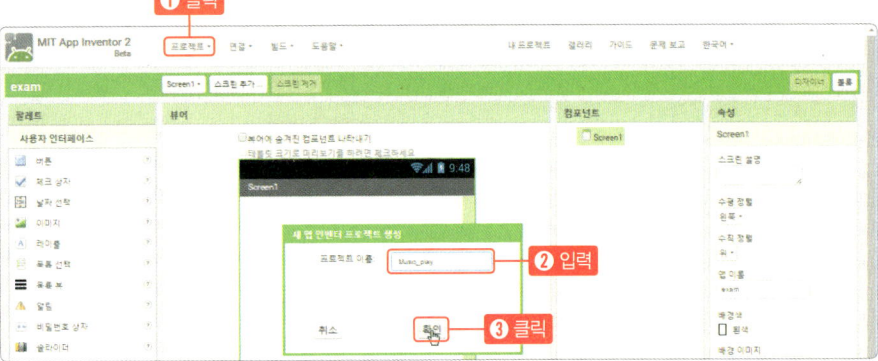

❷ [사용자 인터페이스]의 [레이블]을 [뷰어] 영역 [Screen1] 아래에 드래그합니다. [레이블1] 속성에서 [배경색 : 검정], [높이 : 20 pixels], [너비 : 부모에 맞추기]를 지정합니다. [텍스트]는 삭제합니다.

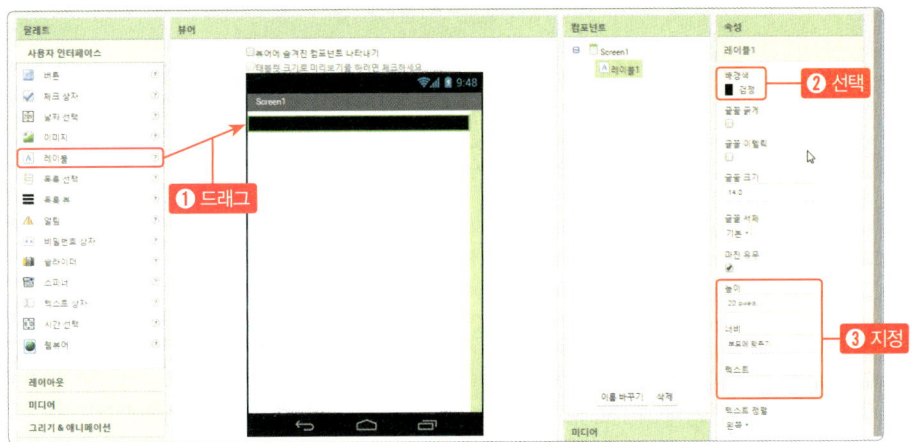

❸ 연주되는 곡의 제목이 표시되도록 지정하기 위해 [사용자 인터페이스]의 [레이블]을 [뷰어] 영역 [레이블1] 아래에 드래그합니다. [배경색 : 밝은 회색], [높이 : 30 pixels], [너비 : 부모에 맞추기]를 지정합니다. [텍스트]는 삭제합니다.

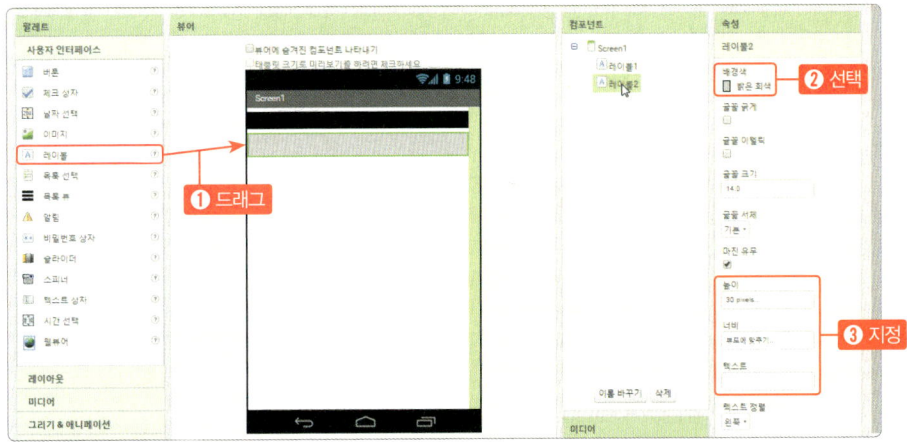

❹ 플레이어 버튼과의 간격을 조절하기 위한 레이블을 삽입하기 위해 [레이블]을 [뷰어] 영역 [레이블2] 아래에 드래그합니다. [높이 : 80 pixels], [너비 : 부모에 맞추기]를 지정합니다. [텍스트]는 삭제합니다.

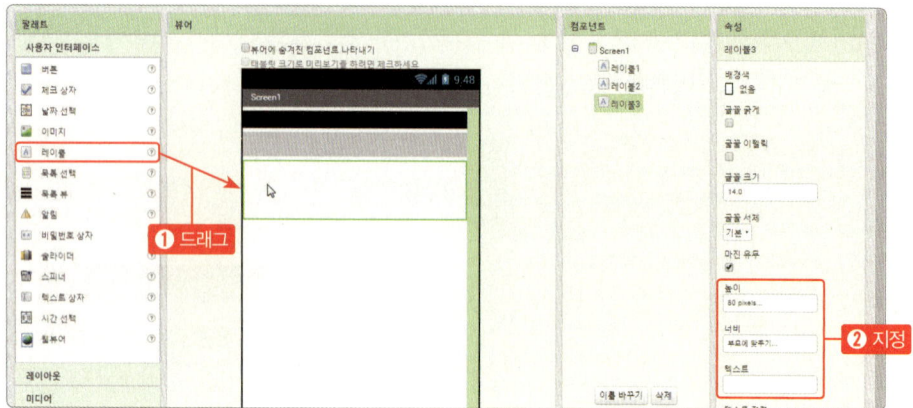

❺ [레이아웃]에서 [수평배치]를 [뷰어] 영역 [레이블3] 아래에 드래그합니다. [사용자 인터페이스]에서 [버튼]을 [뷰어] 영역 [수평배치1] 안쪽에 드래그합니다. [버튼1]에 이미지를 지정하기 위해 [속성]에서 [이미지]의 [없음]을 클릭합니다. [파일 올리기] 버튼을 클릭합니다.

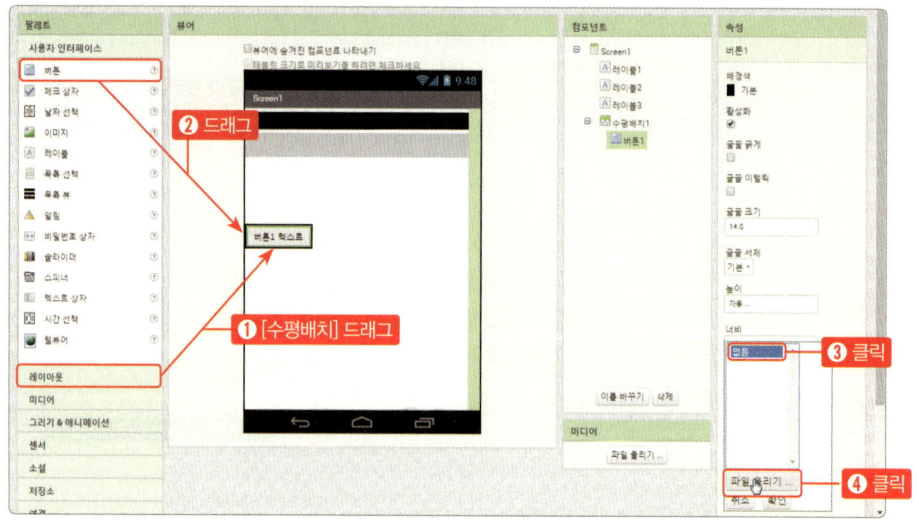

❻ [파일 선택]을 클릭합니다. [열기] 창에서 [media] 폴더에 저장된 'play.png' 파일을 선택한 후 [열기] 버튼을 클릭합니다. [확인] 버튼을 클릭합니다.

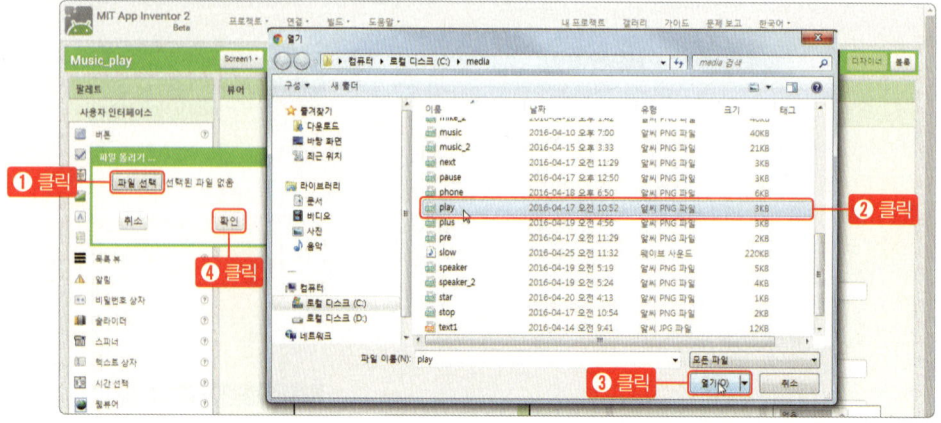

❼ 이미지가 삽입되면 [버튼1] 컴포넌트의 크기를 지정하기 위해 [속성]에서 [너비]를 선택합니다. '50 pixels'를 지정합니다. [텍스트]의 '버튼1 텍스트'를 삭제합니다.

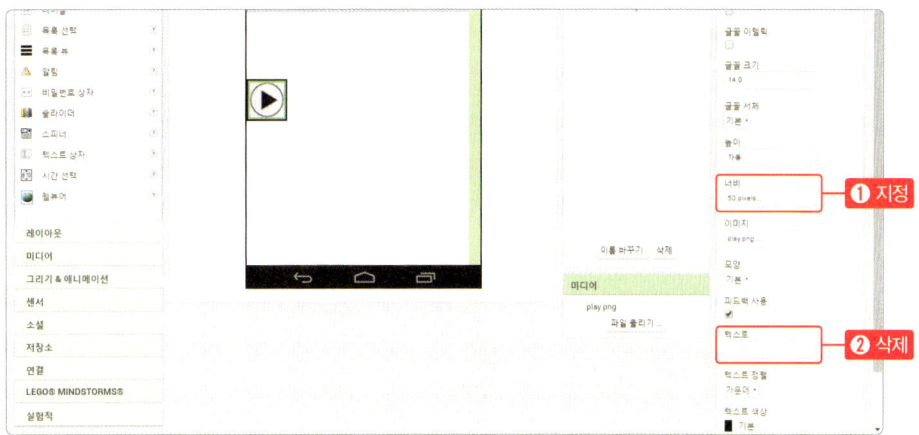

❽ 위와 같은 방법으로 [수평배치1] 컴포넌트 내부에 [버튼] 컴포넌트를 두 개 삽입한 후 'stop.png', 'pause.png' 이미지 파일을 연결합니다. [너비]를 각각 '50 pixels'로 지정한 후 [텍스트] 항목의 내용을 삭제합니다.

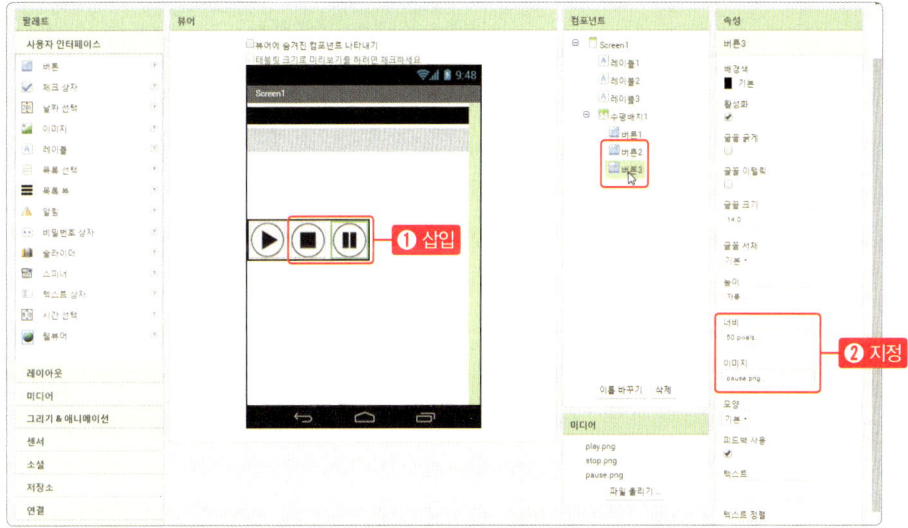

❾ 화면에 삽입되는 컴포넌트를 화면 가운데 배치되도록 지정하기 위해 [컴포넌트] 영역에서 [Screen1]을 선택합니다. [속성]에서 [수평 정렬] 항목의 ▼ 버튼을 클릭합니다. '중앙'을 선택합니다.

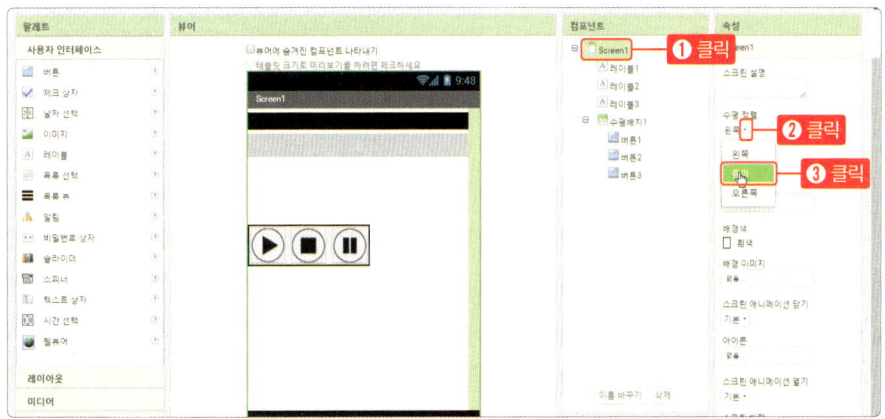

04. 음악 재생 앱 만들기　041

⑩ 음악을 연주할 수 있는 컴포넌트를 삽입하기 위해 [미디어]의 [플레이어]를 [수평배치1] 아래에 드래그합니다. 실제 화면에 표시되지 않는 컴포넌트이기 때문에 [Screen1] 바깥쪽 [보이지 않는 컴포넌트] 영역에 삽입됩니다.

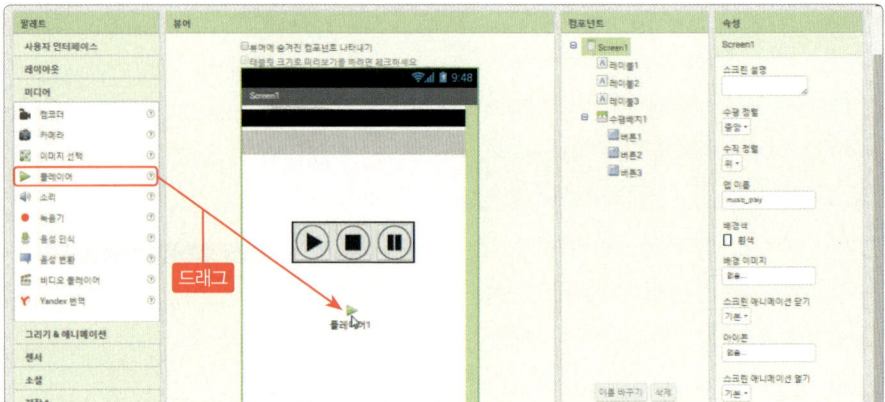

⑪ [플레이어1] 컴포넌트에 음악 파일을 연결하기 위해 [플레이어1]이 선택된 상태에서 [속성]의 [소스] 항목의 '없음...'을 클릭합니다. [파일 올리기] 버튼을 클릭합니다.

⑫ [파일 선택] 버튼을 클릭합니다. [media] 폴더에서 연주하고자 하는 음악 파일을 선택한 후 [열기] 버튼을 클릭합니다. [확인] 버튼을 클릭해 음악 파일의 업로드를 완료합니다.

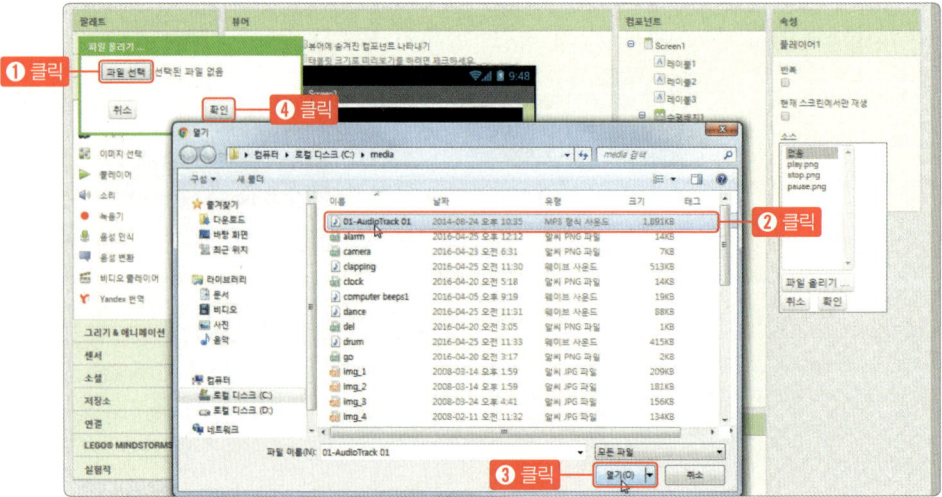

명령 블록 구성하기

[재생], [멈춤], [일시정지] 버튼을 클릭했을 때 실제로 연결된 음악이 재생되도록 명령 블록을 구성해 보도록 하겠습니다.

❶ [블록] 버튼을 클릭한 후 [블록] 영역의 [버튼1]을 클릭합니다. 버튼을 눌렀을 때 입력된 음악을 재생할 수 있도록 `언제 버튼1▼.클릭 실행`을 [뷰어] 영역으로 드래그합니다.

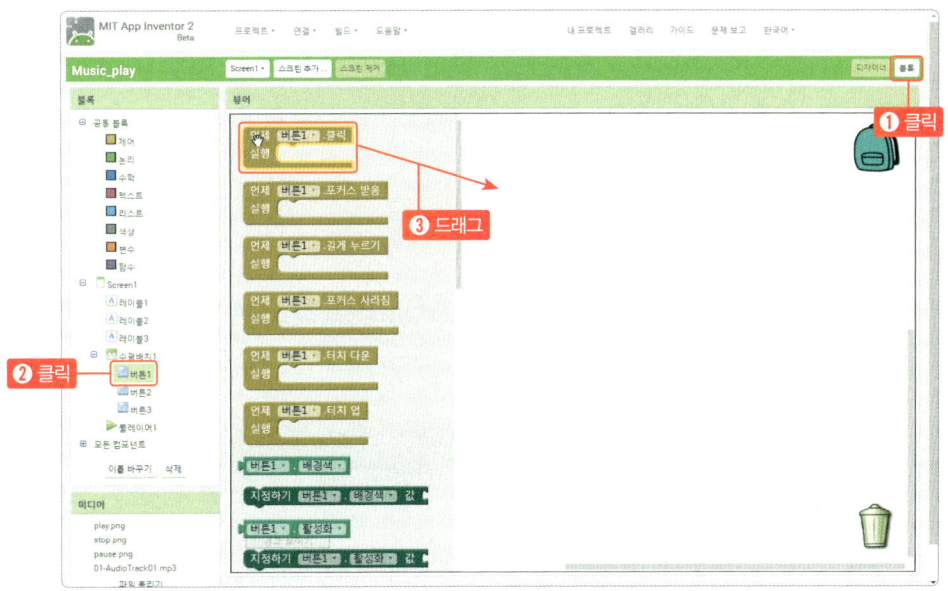

❷ [블록] 영역의 [플레이어1]을 클릭합니다. 음악을 재생하는 명령을 호출하는 `호출 플레이어1▼.시작`을 `언제 버튼1▼.클릭 실행` 명령 블록 사이로 드래그합니다.

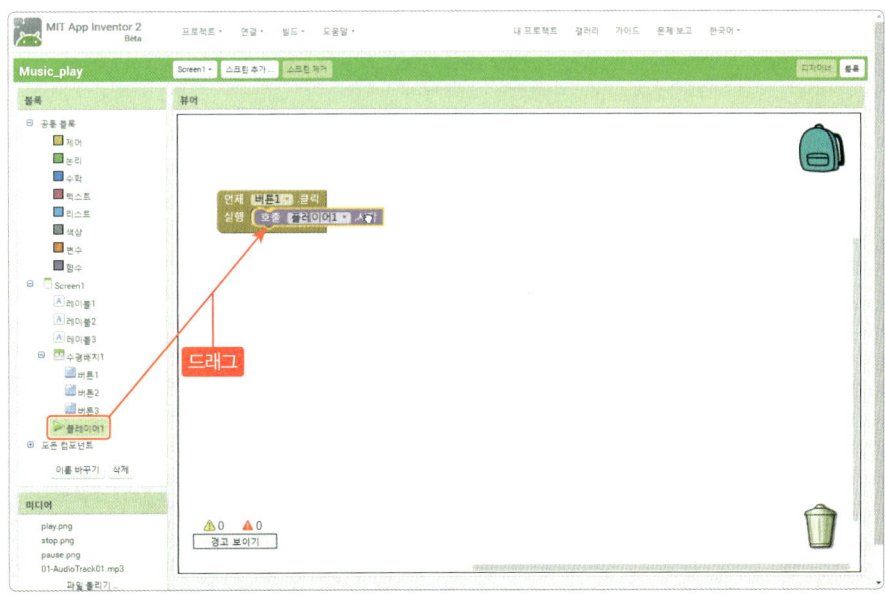

❸ 재생되는 현재 음악 파일의 파일 이름을 [레이블2] 컴포넌트에 표시되도록 [레이블2]를 클릭한 후 `지정하기 레이블2. 텍스트 값`을 드래그하여 `호출 플레이어1.시작` 블록 위쪽에 삽입합니다.

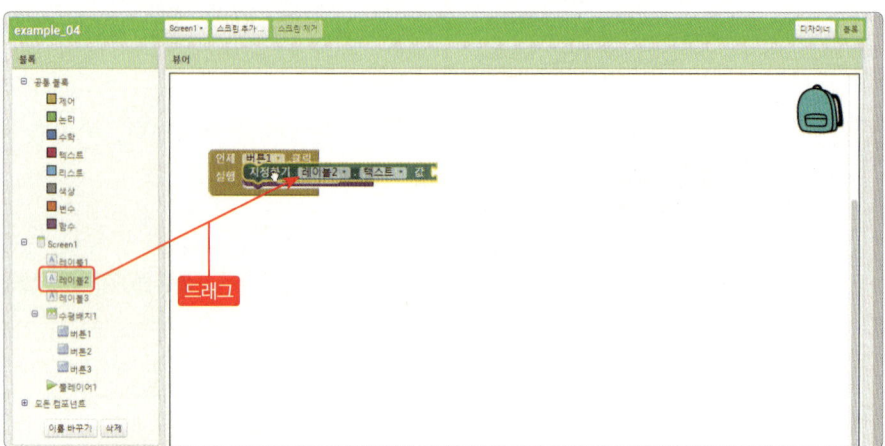

❹ [플레이어1] 컴포넌트를 선택한 후 `플레이어1.소스`을 드래그하여 `지정하기 레이블2. 텍스트 값` 명령으로 드래그합니다. 현재 [플레이어1] 컴포넌트에 등록된 소스인 음악 파일의 파일명을 [레이블] 영역에 표시합니다.

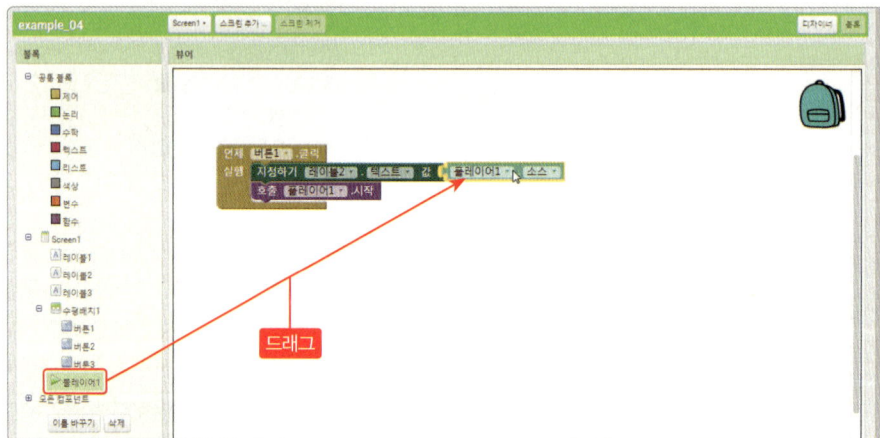

❺ [블록] 영역의 [버튼2]를 클릭합니다. `언제 버튼2.클릭 실행`을 [뷰어] 영역으로 드래그합니다. [블록] 영역의 [플레이어1]을 클릭합니다. 버튼을 클릭했을 때 입력된 음악의 재생을 정지하도록 `호출 플레이어1.정지`을 `언제 버튼2.클릭 실행` 명령 블록 사이로 드래그합니다.

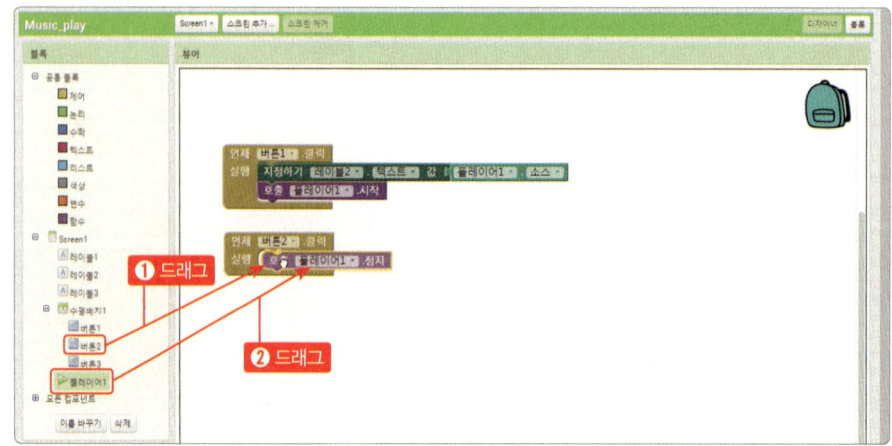

❻ 음악 재생이 중지되었을 때 파일 이름이 표시되지 않도록 지정하기 위해 [레이블2]를 선택한 후 `지정하기 레이블2. 텍스트 값`을 드래그하여 `호출 플레이어1. 정지` 블록 위쪽에 삽입합니다. [공통 블록]에서 [텍스트]를 선택한 후 `" "`을 드래그하여 `지정하기 레이블2. 텍스트 값` 오른쪽에 삽입합니다.

Tip
`" "` 블록은 공백을 의미하는 블록입니다.

❼ [블록] 영역의 [버튼3]을 클릭합니다. `언제 버튼3. 클릭 실행`을 [뷰어] 영역으로 드래그합니다. [블록] 영역의 플레이어1]을 클릭합니다. 버튼을 클릭했을 때 입력된 음악의 재생이 일시 정지되도록 `호출 플레이어1. 일시정지`을 `언제 버튼3. 클릭 실행` 명령 블록 사이로 드래그합니다.

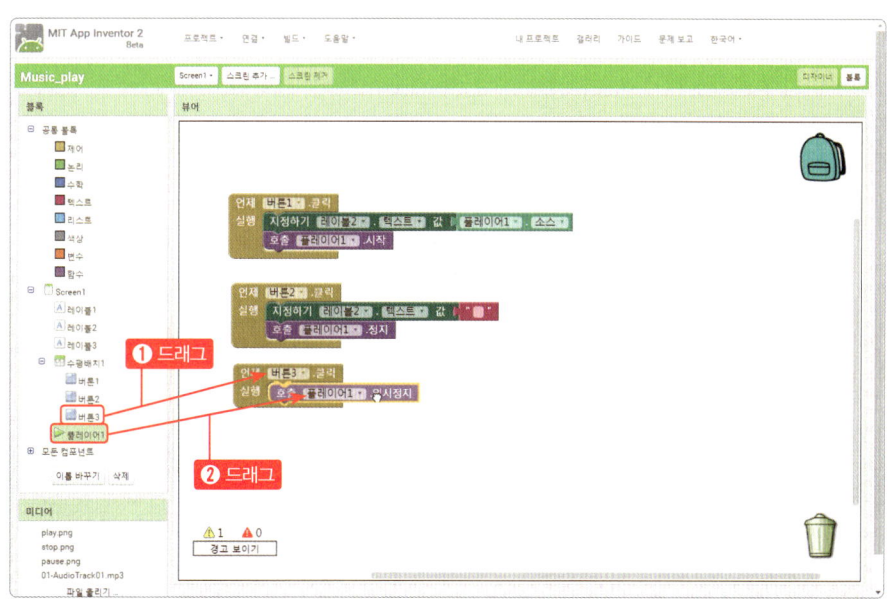

Tip
여러 곡을 등록해서 음악을 재생하고자 한다면 변수와 리스트를 이용해야 합니다. 변수와 리스트에 관련된 내용은 120, 132 페이지를 참조합니다.

이퀄라이저 삽입하기

음악이 재생되면 이퀄라이저(Equalizer)가 아래 쪽에 표시되도록 컴포넌트와 블록을 추가합니다. 기본적으로 앱 인벤터에서는 움직이는 gif 파일을 지원하지 않기 때문에 움직이는 이퀄라이저 이미지를 사용하려면 [웹뷰어] 컴포넌트를 이용해야 합니다. [웹뷰어] 컴포넌트에는 움직이는 이퀄라이저 이미지가 저장된 인터넷 주소를 지정합니다.

▶ 완성 파일 : Music_play_mission.aia

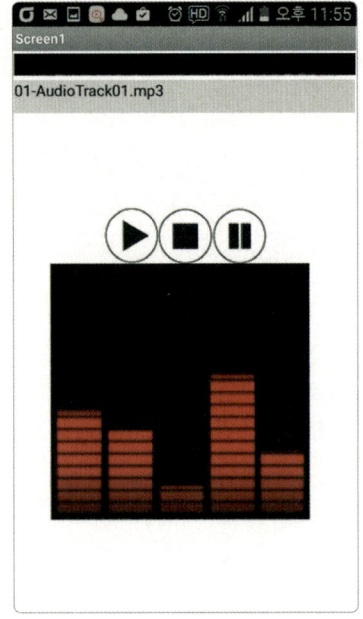

참고 사항

1. [사용자 인터페이스]의 [웹뷰어] 컴포넌트를 [수평배치1] 아래 쪽으로 드래그하여 삽입합니다.
2. [웹뷰어1] 컴포넌트의 [속성]에서 높이와 너비 모두 '250 pixels'로 지정합니다.
3. [웹뷰어1] 영역에 움직이는 이퀄라이저가 표시되도록 하기 위해 [웹뷰어1]의 `호출 웹뷰어1.URL로 이동 url` 블록을 이용합니다.
4. [정지], [중지] 버튼이 눌렸을 때 이퀄라이저가 표시되지 않도록 지정하기 위해 [공통 블록]의 [텍스트]의 `" "` 블록을 이용합니다.

Tip

❶ [버튼1]을 눌렀을 때 [웹뷰어1] 컴포넌트 영역에 연결된 사이트 주소의 이미지(이퀄라이저)가 표시됩니다.

```
언제 버튼1.클릭
실행 지정하기 레이블2.텍스트 값 플레이어1.소스
     호출 플레이어1.시작
     호출 웹뷰어1.URL로 이동
         url  "http://www.kcsi.co.kr/ko/equalizer.gif"
```

❷ [버튼2]를 눌렀을 때 [웹뷰어1] 컴포넌트 연결을 공백으로 지정합니다.
(이퀄라이저 이미지가 표시되지 않습니다.)

```
언제 버튼2.클릭
실행 지정하기 레이블2.텍스트 값 " "
     호출 플레이어1.정지
     호출 웹뷰어1.URL로 이동
         url " "
```

❸ [버튼3]을 눌렀을 때 [웹뷰어1] 컴포넌트 연결을 공백으로 지정합니다.
(이퀄라이저 이미지가 표시되지 않습니다.)

```
언제 버튼3.클릭
실행 호출 플레이어1.일시정지
     호출 웹뷰어1.URL로 이동
         url " "
```

05 글자쓰기 연습 앱 만들기

스마트 폰 화면에 표시되는 글자를 따라 쓰면서 글자쓰기 연습이 가능한 앱을 만들어 보도록 하겠습니다. 글자를 따라 쓰기(그리기)위해 [캔버스] 컴포넌트를 이용해야 합니다. [캔버스] 컴포넌트를 이용하면 선뿐만 아니라 원, 기울어진 텍스트 등을 그릴 수 있습니다.

학습목표

- ✅ [캔버스] 컴포넌트를 이용하여 앱 화면에 원하는 이미지를 표시하고 직접 그림을 그릴 수 있습니다.
- ✅ 그려진 그림을 지우고 다시 그릴 수 있습니다.
- ✅ 캔버스에 등록하는 이미지를 자유자재로 변경하여 한글뿐만 아니라 그림을 따라 그리는 앱으로도 코드를 변경할 수 있습니다.

▶ **예제파일 :** Text_draw.aia

한 걸음 더

❶ [시작] 버튼을 누르면 글자 화면(가, 나, 다, 라)이 표시됩니다. 화면에 글자가 표시되면 손가락으로 직접 따라 씁니다.
❷ [다음] 버튼을 누르면 다음 글자 화면(마, 바, 사, 아)이 표시됩니다.
❸ [다시쓰기] 버튼을 누르면 따라 쓰기 한 글자가 지워집니다.

 ## 화면 디자인하기

[팔레트] 영역의 컴포넌트를 직접 드래그하여 화면을 구성하고 각 컴포넌트에 속성을 지정해보도록 하겠습니다. [캔버스] 컴포넌트에서 사용된 이미지도 등록하겠습니다.

❶ [팔레트] 영역의 [사용자 인터페이스]에서 [레이블] 컴포넌트를 드래그하여 [Screen1] 아래에 삽입합니다. [레이블1] 속성에서 [배경색 : 검정], [글꼴 굵게 : 선택], [글꼴 크기 : 20], [높이 : 30 pixels], [너비 : 부모에 맞추기], [텍스트 정렬 : 가운데]를 지정합니다. [텍스트]에는 '글자를 따라 써보세요'를 입력하고 [텍스트 색상 : 흰색]으로 지정합니다.

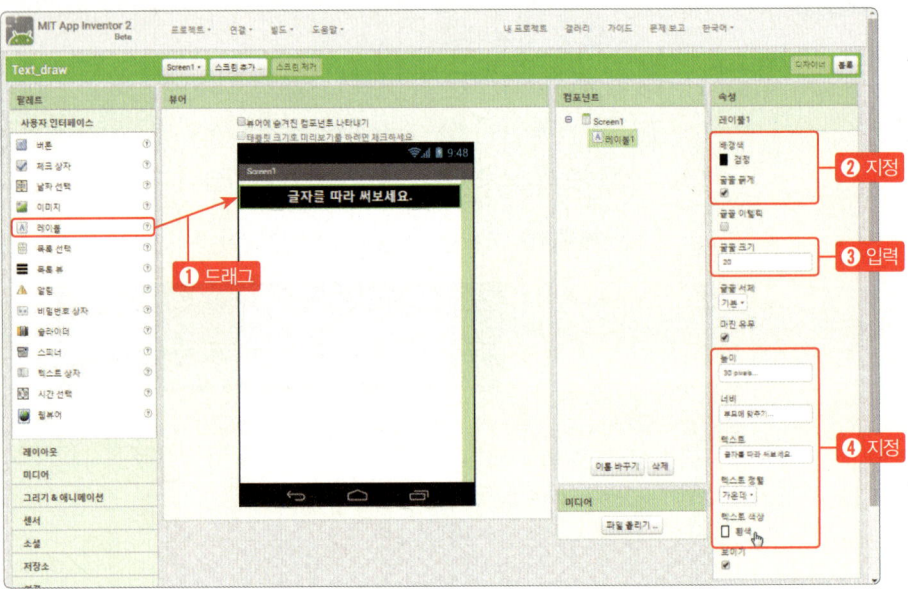

❷ [레이블] 컴포넌트를 드래그하여 [레이블1] 아래에 삽입합니다. [레이블2] 속성에서 [높이 : 30 pixels], [너비 : 부모에 맞추기]를 지정합니다. [텍스트]는 삭제합니다.

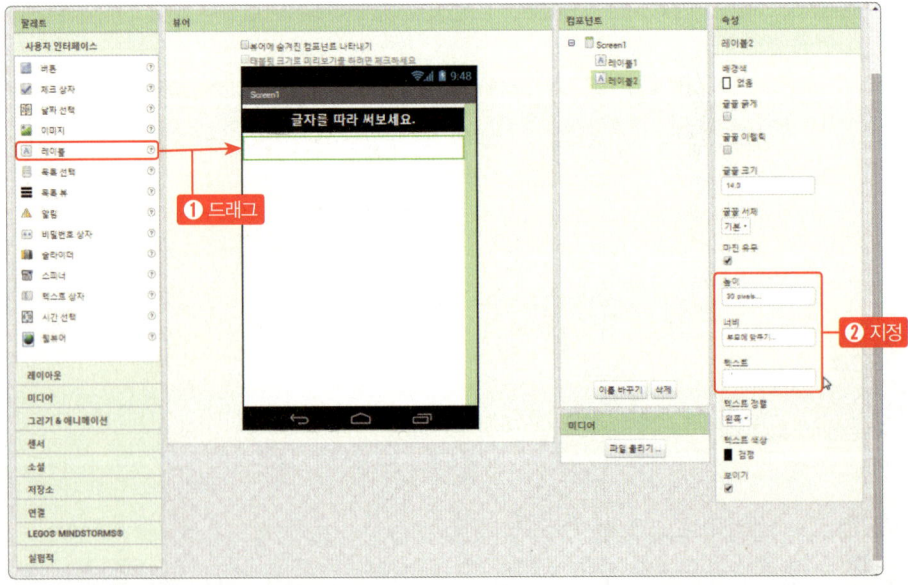

❸ [팔레트]의 [그리기&애니메이션]에서 [캔버스] 컴포넌트를 드래그하여 [레이블2] 아래에 삽입합니다. [속성]에서 [높이 : 200 pixels], [너비 : 250 pixels]을 지정합니다.

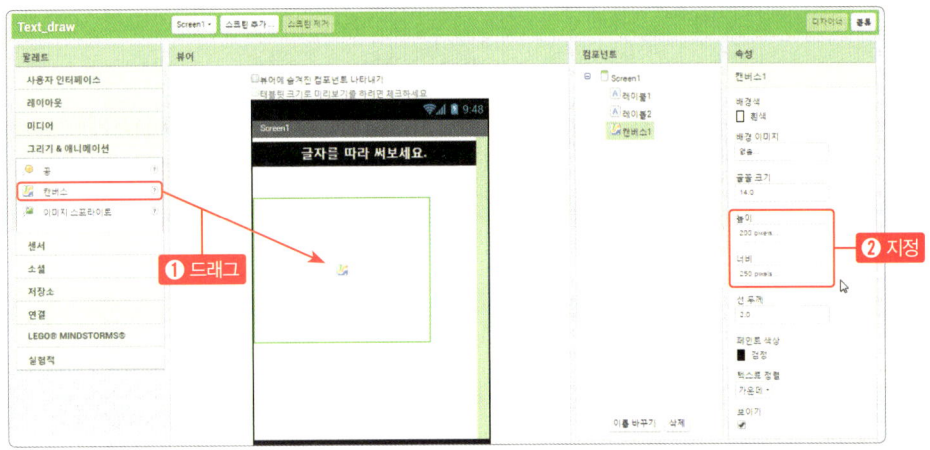

❹ [캔버스] 영역과 아래쪽에 삽입된 버튼과의 간격을 조정하기 위해 [레이블] 컴포넌트를 드래그하여 [캔버스1] 아래에 삽입합니다. [레이블3] 속성에서 [높이 : 50 pixels], [너비 : 부모에 맞추기]를 지정합니다. [텍스트]는 삭제합니다.

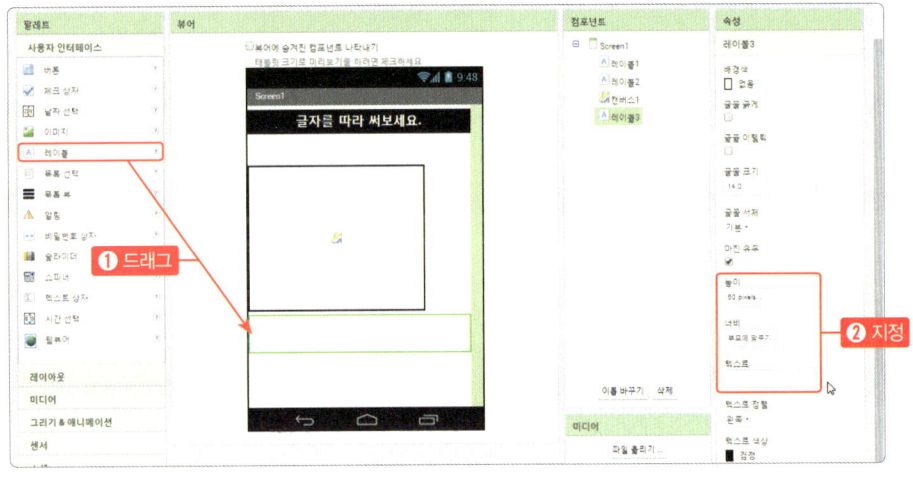

❺ 버튼을 가로로 삽입하기 위해 [레이아웃]에서 [수평배치]를 드래그하여 [레이블3] 아래에 삽입합니다. [수평배치1] 속성에서 [수평 정렬 : 중앙], [높이 : 50 pixels], [너비 : 부모에 맞추기]를 지정합니다.

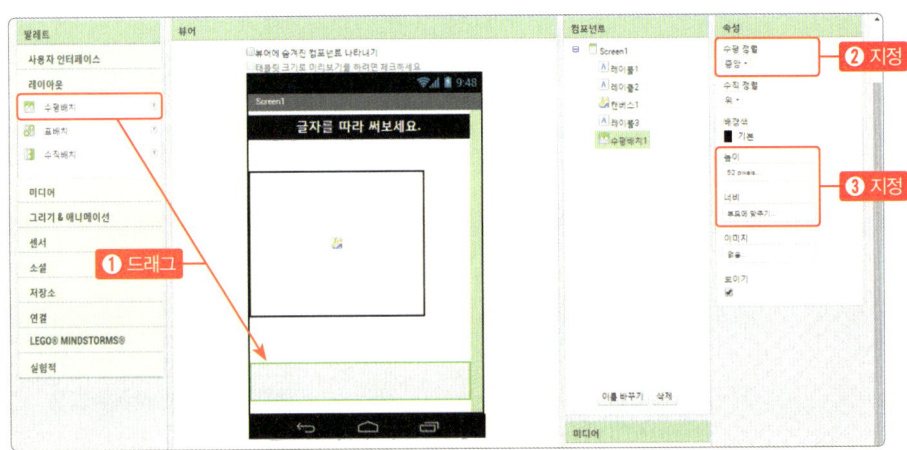

❻ [사용자 인터페이스]에서 [버튼]을 드래그하여 [수평배치1] 내부에 드래그합니다. [버튼1] 속성에서 [글꼴 크기 : 16], [높이 : 50 pixels], [너비 : 100 pixels]를 지정합니다. [텍스트]는 '시작'을 입력합니다.

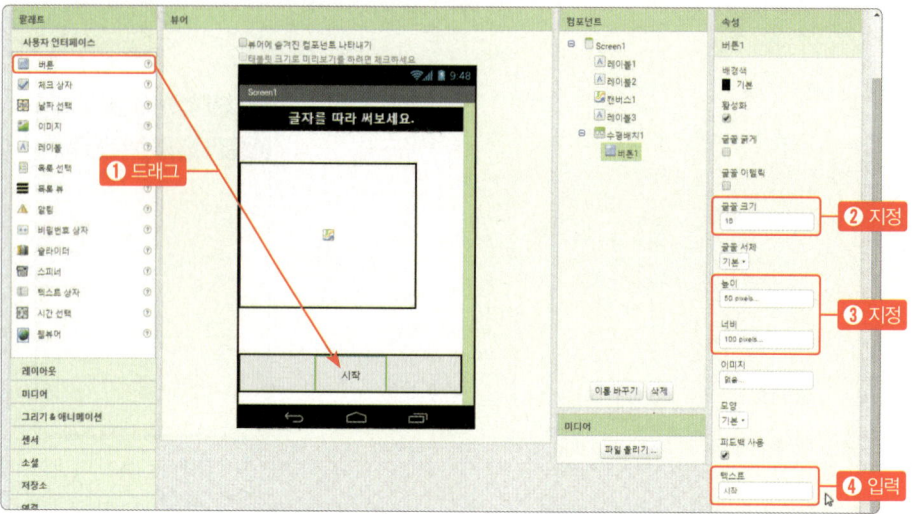

❼ 위와 같은 방법으로 [다음] 버튼과 [다시쓰기] 버튼을 삽입합니다.

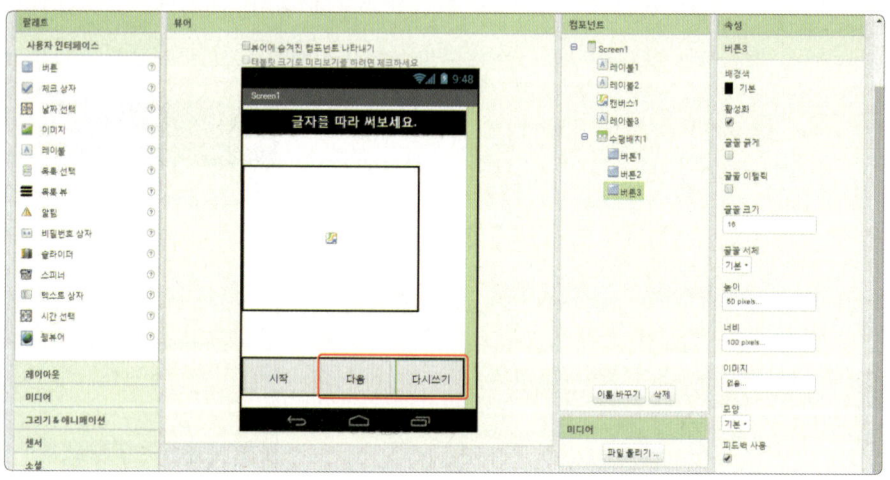

❽ 화면에 삽입되는 모든 컴포넌트를 화면 가운데 배치되도록 지정하기 위해 [컴포넌트] 영역에서 [Screen1]을 선택합니다. [속성]에서 [수평 정렬] 항목의 ▼ 버튼을 클릭합니다. '중앙'을 선택합니다.

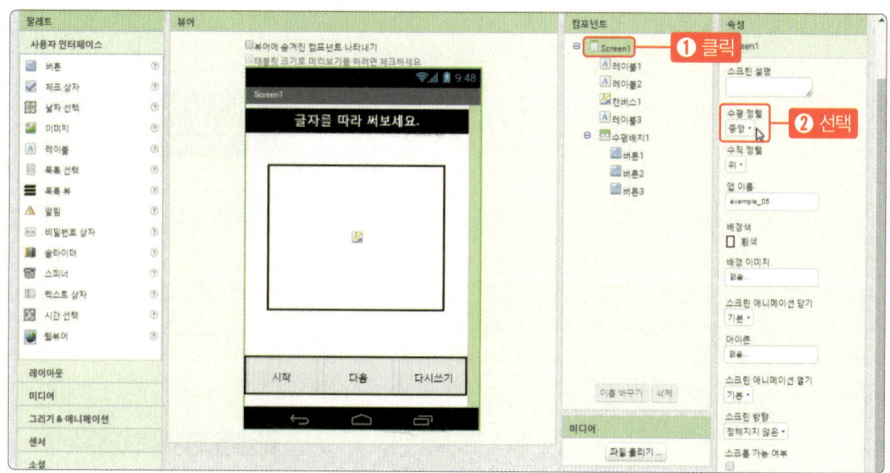

2 미디어 등록하기

[캔버스] 컴포넌트 내부의 배경이미지로 사용될 글자 그림을 등록해보도록 하겠습니다.

① 글자 그림을 등록하기 위해 [미디어] 영역의 [파일 올리기]를 클릭합니다. [파일 선택] 버튼을 클릭한 후 [media] 폴더에서 'text1.jpg'를 선택하고 [열기] 버튼을 클릭합니다. [확인] 버튼을 클릭해 업로드를 완료합니다.

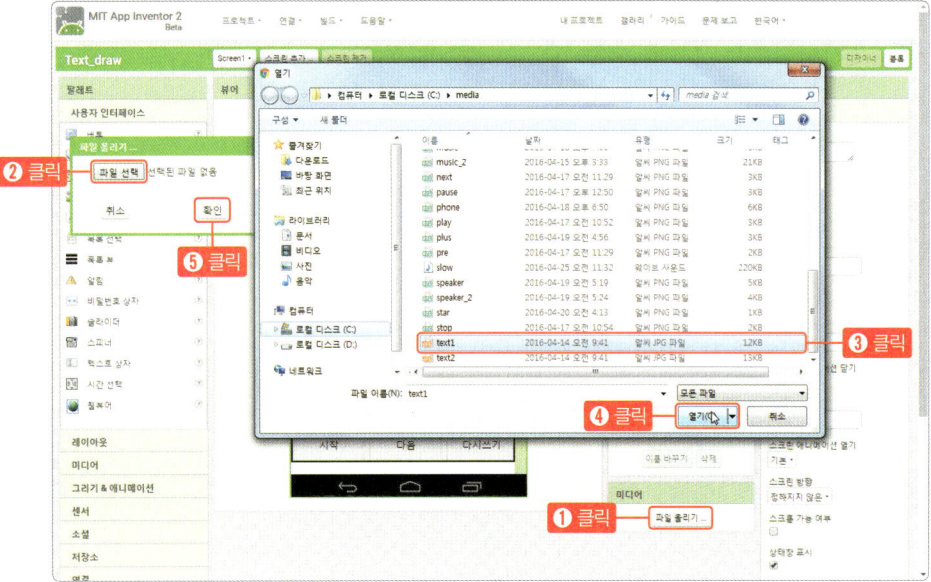

② 같은 방법으로 'text2.jpg' 파일도 업로드합니다.

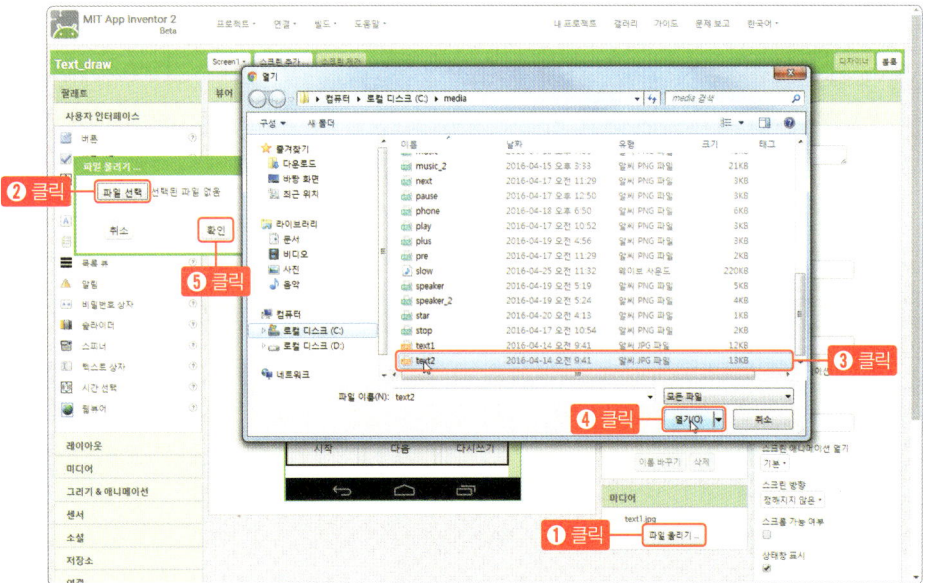

3 명령 블록 구성하기

[시작] 버튼을 누르면 글자 그림이 표시되어 따라 그리고, [다음] 버튼을 누르면 두 번째 글자 그림이 표시되도록 명령 블록을 구성해보도록 하겠습니다. [다시 쓰기] 버튼을 누르면 사용자가 따라 쓴 글자가 삭제됩니다.

❶ [블록] 화면으로 이동합니다. [블록] 영역의 [버튼1]을 클릭한 후 `언제 버튼1.클릭 실행` 을 [뷰어] 영역으로 드래그합니다. [캔버스1] 컴포넌트의 배경이미지를 지정하기 위해 [캔버스1]을 클릭한 후 `지정하기 캔버스1.배경 이미지 값` 블록을 `언제 버튼1.클릭 실행` 명령 블록 사이로 드래그합니다.

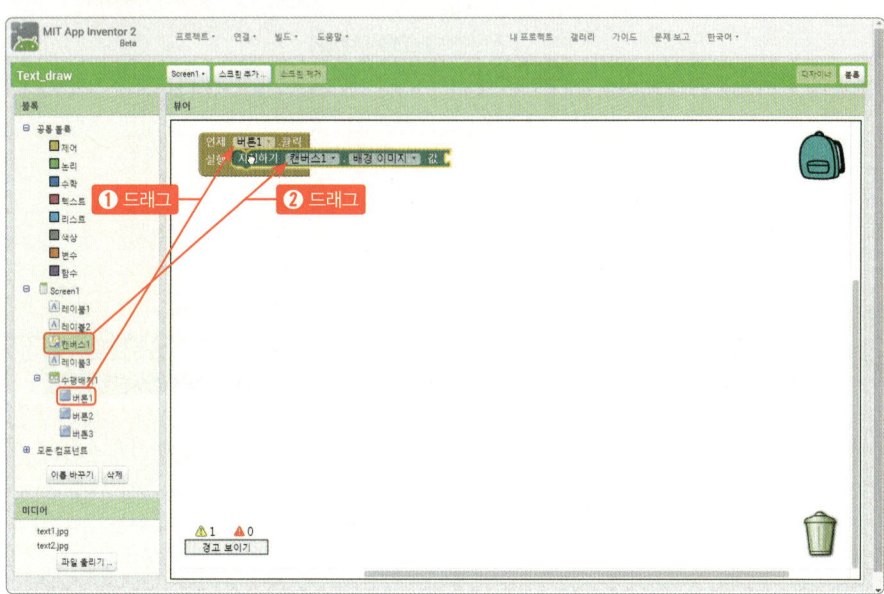

❷ 배경이미지로 지정된 그림 파일명을 지정하기 위해 [공통 블록]의 [텍스트]의 `" "` 블록을 `지정하기 캔버스1.배경 이미지 값` 블록 오른쪽에 삽입한 후 'text1.jpg'를 입력합니다.

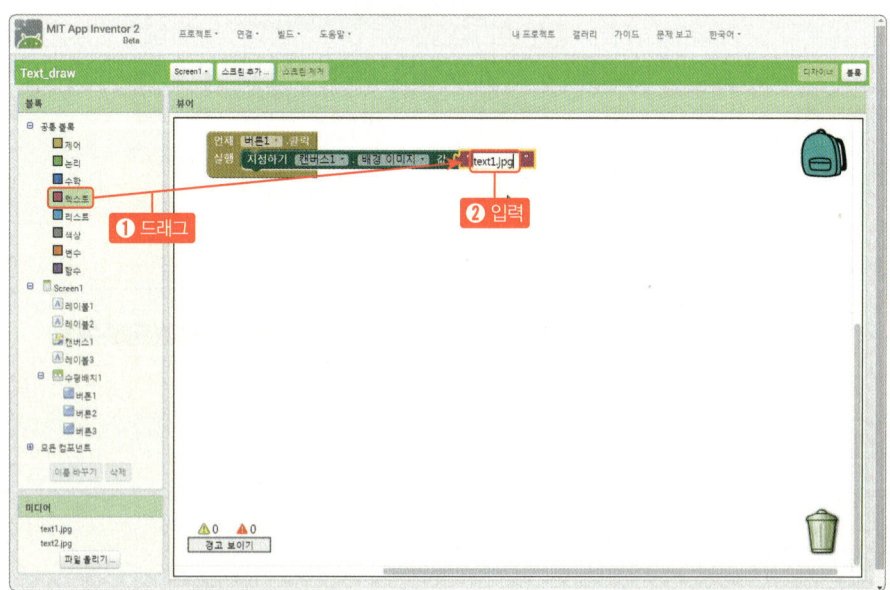

❸ [버튼2]를 클릭하면 'text2.jpg' 그림 파일이 [캔버스]의 배경이미지로 표시되도록 하기 위해 블록과 [지정하기 캔버스1 . 배경이미지 값] 블록, [" "] 블록을 이용하여 [버튼2] 컴포넌트에 명령 블록을 삽입합니다. [" "] 블록에는 'text2.jpg'를 입력합니다.

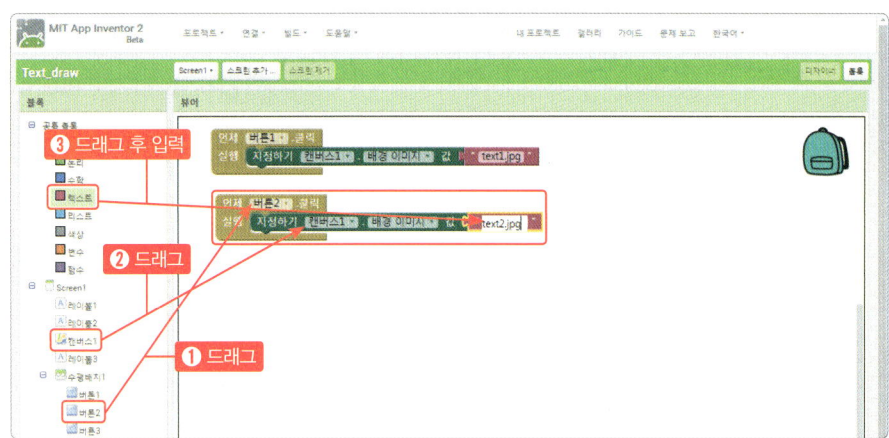

❹ [버튼3]을 클릭하면 그려진 글자가 모두 삭제되도록 지정하기 위해 [언제 버튼3 클릭 실행]을 드래그합니다. [캔버스1]을 클릭한 후 [호출 캔버스1 .지우기] 블록을 드래그하여 [언제 버튼3 클릭 실행] 명령 블록 사이로 드래그합니다.

❺ [캔버스1] 컴포넌트의 내부를 드래그 했을 때 드래그하는 방향으로 선이 그려져 글자를 따라 써지도록 하기 위해 [캔버스1]을 클릭한 후 [언제 캔버스1 드래그 시작X 시작Y 이전X 이전Y 현재X 현재Y 드래그된 스프라이트 실행] 블록을 [뷰어] 영역으로 드래그합니다.

❻ [캔버스]를 처음 클릭한 지점의 x,y 좌표와 드래그하여 옮겨진 지점의 x,y 좌표를 연결하여 선이 그려지는 방식이기 때문에 [캔버스1]을 클릭한 후 블록을 블록 내부로 드래그합니다.

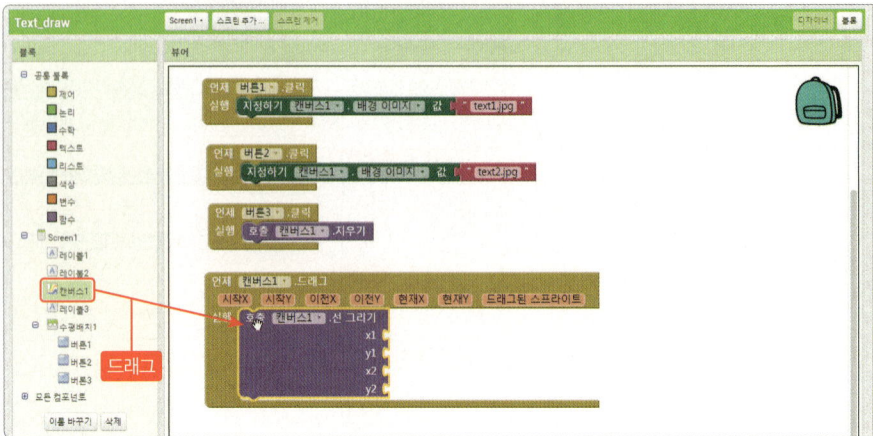

❼ 처음 클릭한 지점의 x, y 좌표가 [선 그리기] 블록의 x1, y1에 해당합니다. 이 값은 [이전X], [이전Y] 값에 해당합니다. 블록의 [이전X]에 마우스를 위치시키면 가져오기 이전X 가 표시됩니다.

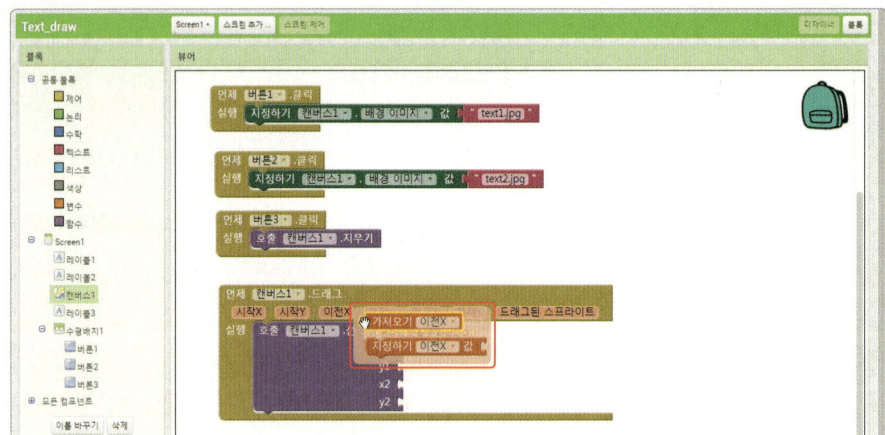

❽ 가져오기 이전X 을 드래그하여 [선 그리기] 블록의 x1 오른쪽에 삽입합니다.

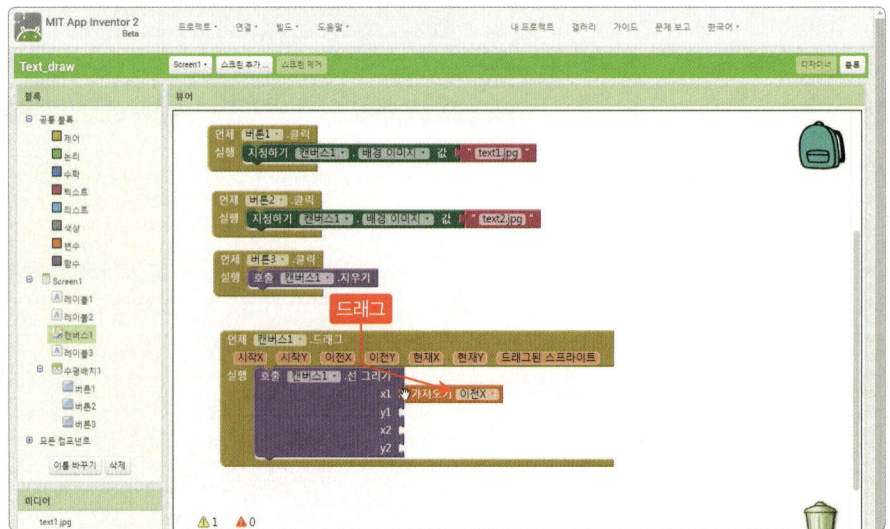

❾ [이전Y]에 마우스를 위치시키면 `가져오기 이전Y` 이 표시됩니다. [선 그리기] 블록의 y1 오른쪽에 삽입합니다.

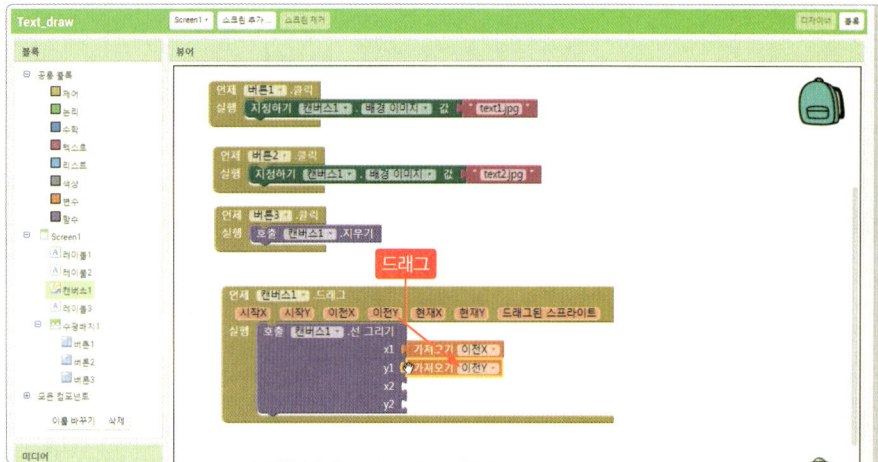

❿ 드래그하여 옮겨진 지점의 x, y 좌표가 [선 그리기] 블록의 x2, y2에 해당합니다. 이 값은 [현재X], [현재Y] 값에 해당합니다. 블록의 [현재X], [현재Y]에 위치시킨 후 `가져오기 현재X`, `가져오기 현재Y` 를 [선 그리기] 블록의 x2, y2 오른쪽에 삽입합니다.

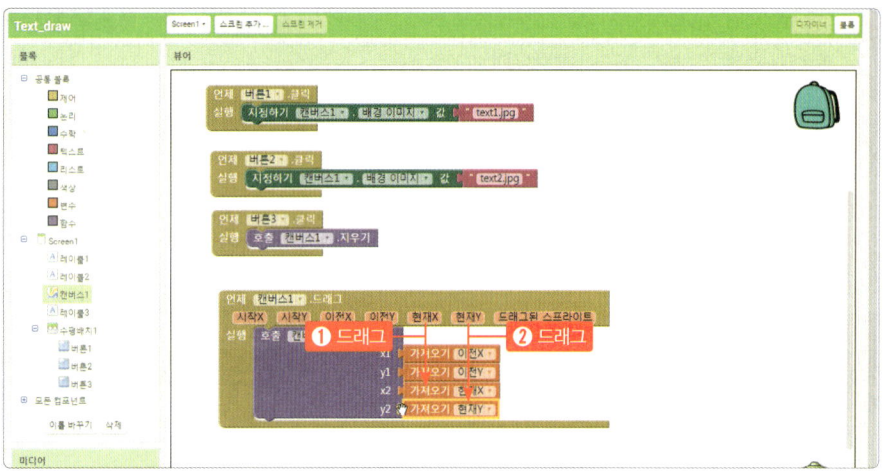

⓫ 선의 색을 지정하기 위해 [캔버스1]을 클릭한 후 `지정하기 캔버스1. 페인트 색상 값` 을 드래그하여 [선 그리기] 블록 위쪽에 삽입합니다.

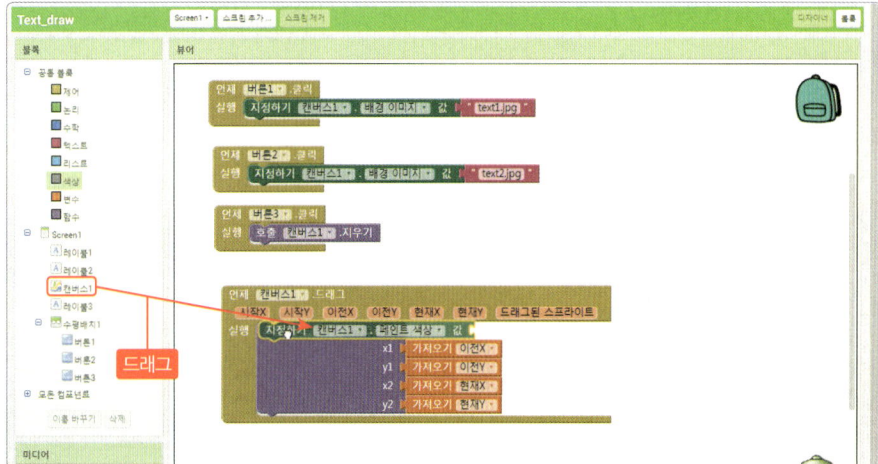

⓬ 선의 색을 빨강으로 지정하기 위해 [블록]의 [공통 블록]에서 [색상]을 클릭합니다. ■을 드래그하여 지정하기 캔버스1 ▼ . 페인트 색상 ▼ 값 블록 오른쪽에 삽입합니다.

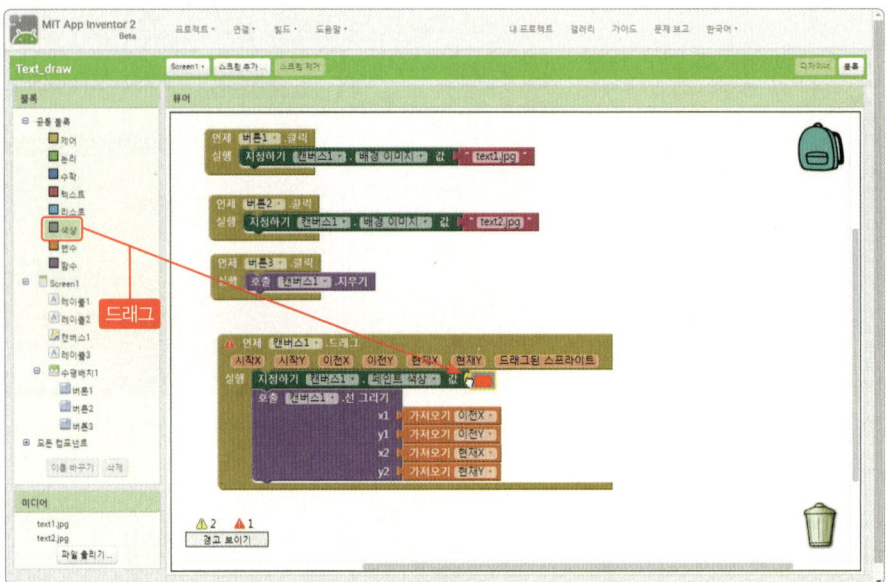

⓭ 선의 두께를 지정하기 [캔버스1]을 클릭한 후 지정하기 캔버스1 ▼ . 선 두께 ▼ 값 을 드래그하여 지정하기 캔버스1 ▼ . 페인트 색상 ▼ 값 ■ 아래쪽에 삽입합니다. 두께를 직접 지정하기 위해 [블록]의 [공통 블록]에서 [수학]을 클릭합니다. 0 블록을 지정하기 캔버스1 ▼ . 선 두께 ▼ 값 블록 오른쪽에 삽입한 후 '10'을 입력합니다.

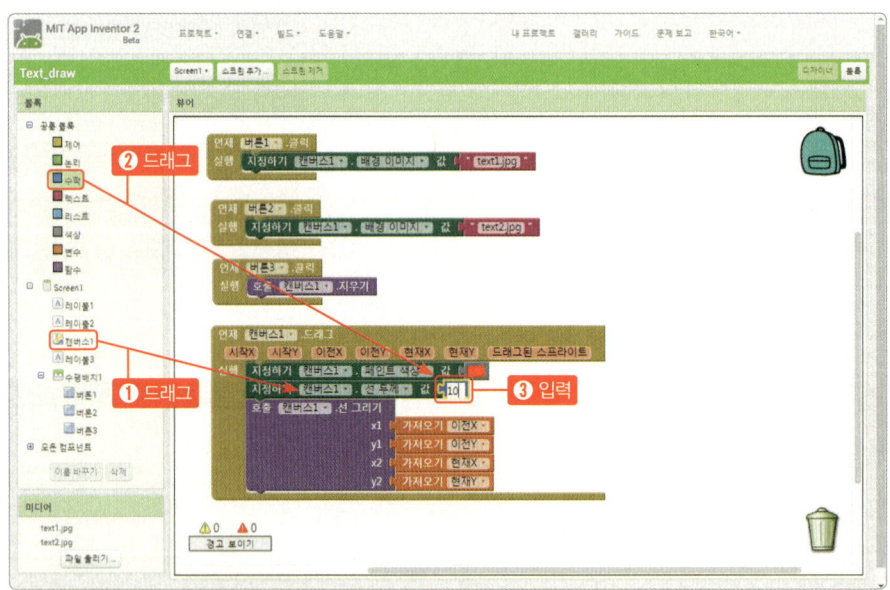

캔버스를 클릭하여 글자 지우기

[다시쓰기] 버튼을 누르지 않고 캔버스 내부를 클릭하면 따라 쓰기 한 글자가 지워지도록 코드를 추가 삽입해봅니다. [다시쓰기] 버튼은 삭제합니다.

▶ 완성 파일 : Text_draw_mission.aia

참고 사항

1 [캔버스] 영역을 터치했을 때 따라 쓰기 한 글자가 삭제되어야 하므로 [캔버스1]의  블록을 이용합니다.

Tip

❶ [캔버스1] 컴포넌트 내부가 클릭되면 `호출 캔버스1.지우기` 블록이 실행되어 [캔버스1] 내부에 따라쓰기 한 글자가 모두 삭제됩니다.

- x, y를 이용하면 특정 x, y 좌표를 클릭했을 때 글자가 지워지도록 할 수 있습니다.

≫ 추가 미션

핸드폰을 흔들었을 때 글자가 지워지도록 코드를 변경해봅니다.

06 사진찍기 앱 만들기

스마트 폰의 카메라를 이용하여 직접 사진을 찍고 확인하는 앱을 만들어 보도록 하겠습니다. 카메라를 이용하기 위해선 [카메라] 컴포넌트를 이용해야하며, 촬영한 사진을 화면에 표시하기 위해 [이미지] 컴포넌트를 이용해보도록 하겠습니다.

학습목표

- 카메라를 제어하여 직접 사진을 찍을 수 있습니다.
- 이미지가 표시되는 영역에 방금 찍은 사진을 표시할 수 있습니다.
- 사진의 방향이 세로일 경우 방향을 가로로 회전하여 확인할 수 있습니다.
- 스크린에 삽입된 컴포넌트의 이름을 변경할 수 있습니다.

▶ **예제파일** : Cam.aia

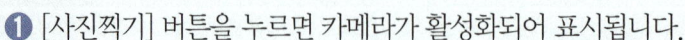

① [사진찍기] 버튼을 누르면 카메라가 활성화되어 표시됩니다.
② 카메라의 [촬영] 버튼을 누른 후 사진을 저장하면 저장된 사진이 바로 스마트 폰 화면에 표시됩니다.
③ [회전하기] 버튼을 누르면 사진의 방향을 90도 회전합니다.

 **화면 디자인하기**

[팔레트] 영역의 컴포넌트를 직접 드래그하여 화면을 구성하고 각 컴포넌트에 속성을 지정해보도록 하겠습니다.

① [팔레트] 영역의 [사용자 인터페이스]에서 [레이블] 컴포넌트를 드래그하여 [Screen1] 아래에 삽입합니다. [레이블1] 속성에서 [배경색 : 검정], [높이 : 30 pixels], [너비 : 부모에 맞추기]를 지정합니다. [텍스트]는 삭제합니다.

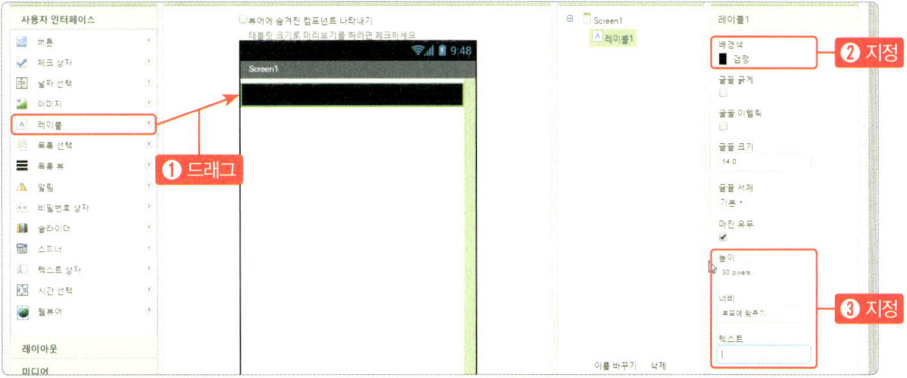

② [이미지] 컴포넌트를 드래그하여 [레이블1] 아래에 삽입합니다. [이미지1] 속성에서 [높이 : 300 pixels], [너비 : 부모에 맞추기]를 지정합니다. [사진]의 [없음...]을 클릭한 후 [파일 올리기] 버튼을 클릭합니다.

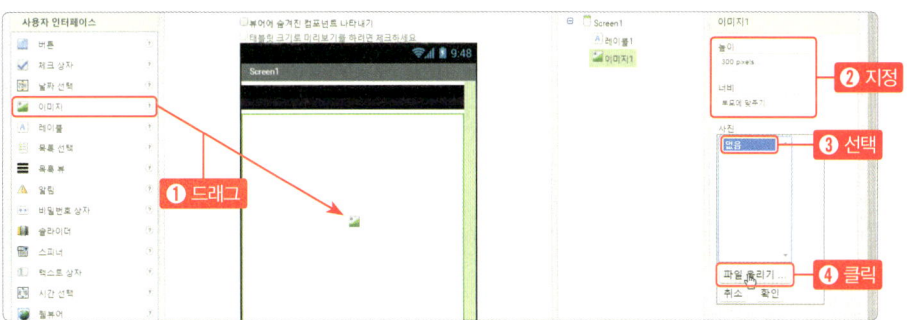

③ [파일 선택] 버튼을 클릭한 후 [media] 폴더에서 'camera.png' 파일을 선택하고 [열기] 버튼을 클릭합니다. [확인] 버튼을 클릭합니다.

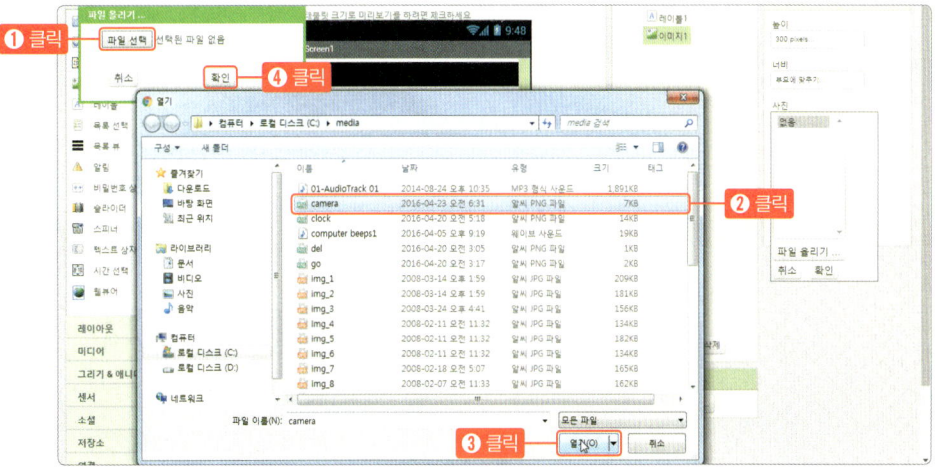

❹ [레이블] 컴포넌트를 드래그하여 [이미지1] 아래에 삽입합니다. [레이블2] 속성에서 [배경색 : 검정], [높이 : 50 pixels], [너비 : 부모에 맞추기]를 지정합니다. [텍스트]는 삭제합니다.

❺ 버튼을 가로로 삽입하기 위해 [레이아웃]에서 [수평배치]를 드래그하여 [레이블2] 아래에 삽입합니다. [수평배치1] 속성에서 [수평 정렬 : 중앙], [수직 정렬 : 아래], [높이 : 50 pixels], [너비 : 부모에 맞추기]를 지정합니다.

❻ [사용자 인터페이스]에서 [버튼]을 드래그하여 [수평배치1] 내부에 삽입합니다. 컴포넌트의 이름을 변경하기 위해 [컴포넌트] 영역의 [버튼1]을 클릭한 후 [이름 바꾸기]를 클릭합니다. [새 이름] 입력란에 '사진찍기'를 입력한 후 [확인] 버튼을 클릭합니다.

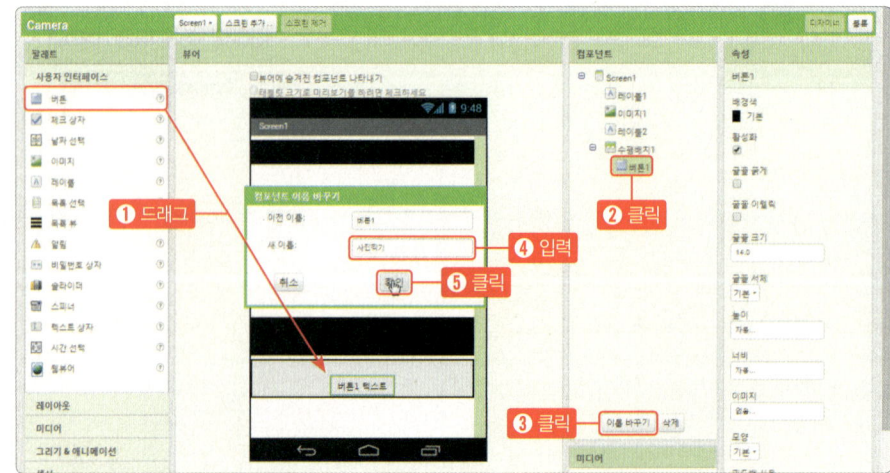

❼ [사진찍기] 버튼의 [속성]의 [텍스트]에 '사진찍기'를 입력합니다.

❽ [버튼]을 드래그하여 [사진찍기] 버튼 오른쪽에 삽입합니다. [컴포넌트] 영역의 [버튼1]을 클릭한 후 [이름 바꾸기]를 클릭합니다. [새 이름] 입력란에 '회전하기'를 입력한 후 [확인] 버튼을 클릭합니다. [회전하기] 버튼의 [속성]의 [텍스트]에 '회전하기'를 입력합니다.

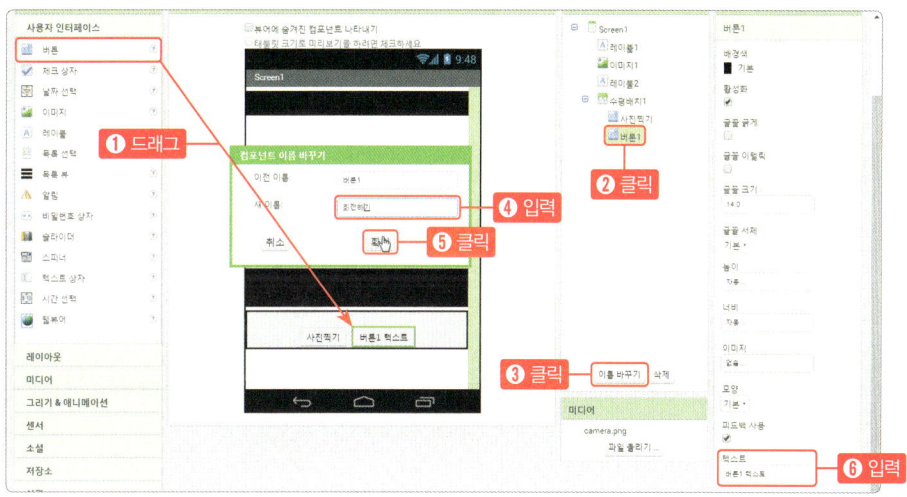

❾ [미디어]에서 [카메라] 컴포넌트를 [수평배치1] 컴포넌트 아래쪽으로 드래그합니다. [카메라] 컴포넌트는 [보이지 않는 컴포넌트] 영역에 삽입됩니다.

06. 사진찍기 앱 만들기　061

2 명령 블록 구성하기

[사진찍기] 버튼을 클릭하면 카메라가 활성화되고, 사진 촬영이 종료되면 촬영된 사진이 표시되도록 명령 블록을 구성해보도록 하겠습니다. [회전하기] 버튼을 클릭하면 사진의 방향이 90도 회전됩니다.

❶ [블록] 화면으로 이동합니다. [블록] 영역의 [사진찍기]을 클릭한 후 `언제 사진찍기 클릭 실행` 을 [뷰어] 영역으로 드래그합니다. [카메라1] 컴포넌트를 클릭합니다. `호출 카메라1 .사진 찍기` 블록을 `언제 사진찍기 클릭 실행` 명령 블록 사이로 드래그합니다.

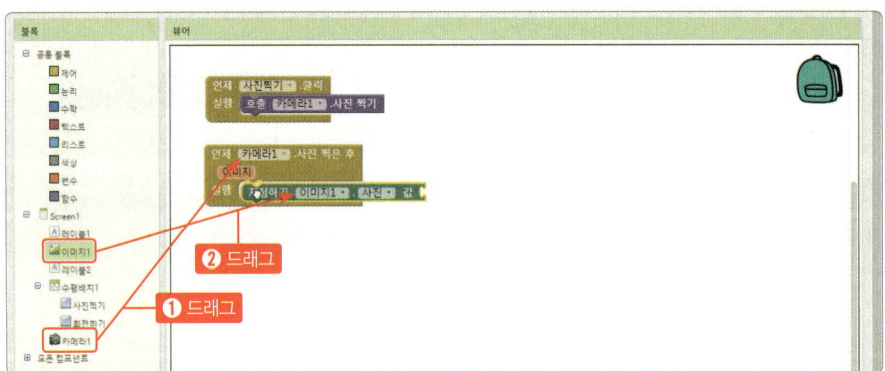

❷ 촬영된 사진이 [이미지1] 영역에 표시되도록 지정하기 위해 [카메라1] 컴포넌트를 클릭한 후 `언제 카메라1 .사진 찍은 후 이미지 실행` 을 [뷰어] 영역으로 드래그합니다. [이미지1]을 클릭한 후 `지정하기 이미지1 .사진 값` 블록을 `언제 카메라1 .사진 찍은 후 이미지 실행` 명령 블록 사이로 드래그합니다.

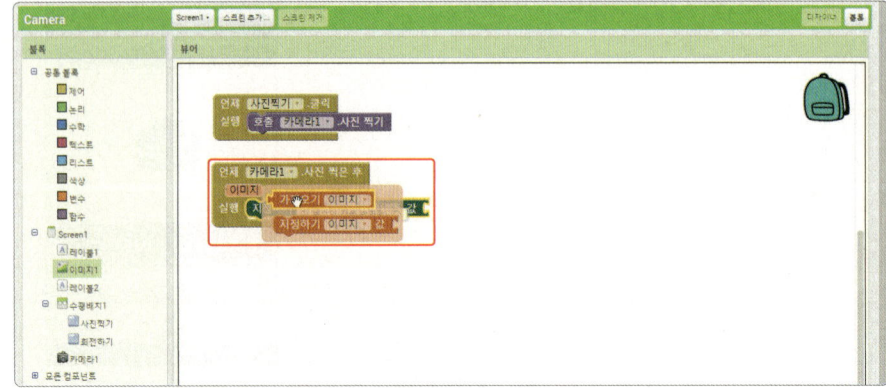

❸ 방금 찍어서 저장한 사진을 표시하기 위해 [이미지]에 마우스를 이동시킨 후 `가져오기 이미지` 를 선택합니다. `지정하기 이미지1 .사진 값` 블록 오른쪽에 삽입합니다.

❹ [회전하기]를 클릭한 후 [언제 회전하기 클릭 실행] 블록을 드래그합니다. 회전된 이미지의 높이와 너비값을 지정하기 위해 [이미지]를 클릭한 후 [지정하기 이미지1 높이 값] 블록을 [언제 회전하기 클릭] 블록에 삽입합니다.

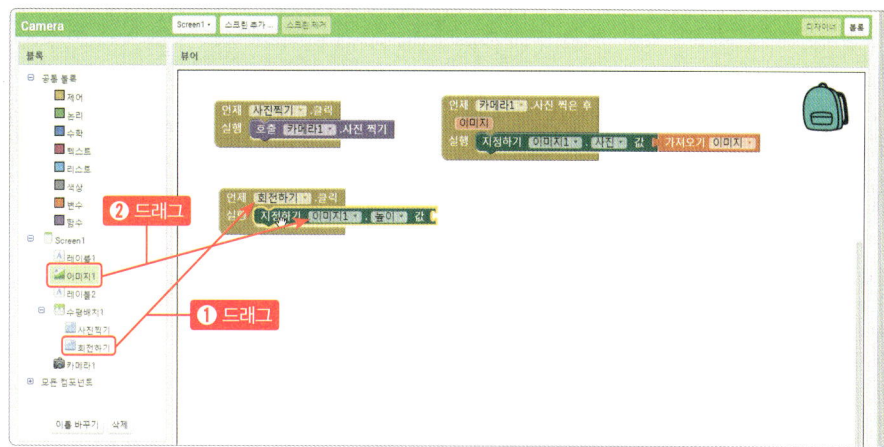

❺ [공통 블록]의 [수학]을 클릭한 후 [0] 블록을 [지정하기 이미지1 높이 값] 블록 뒤에 삽입합니다. 값을 '300'으로 변경 입력합니다.

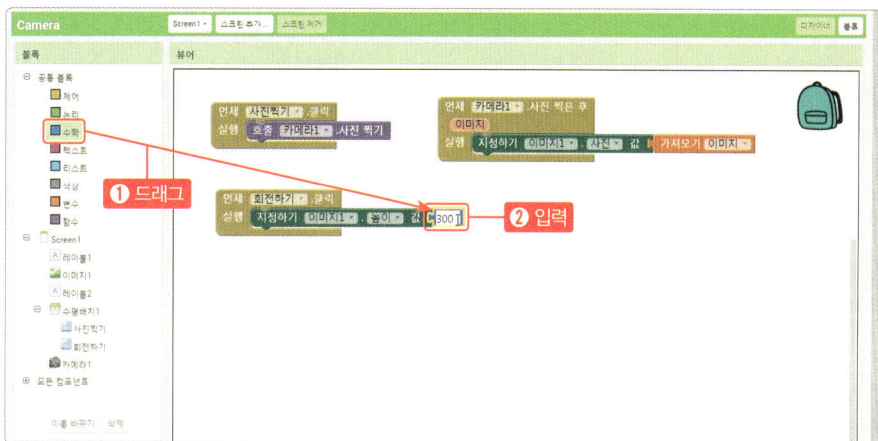

❻ [지정하기 이미지1 높이 값 300]을 클릭한 후 마우스 오른쪽 버튼을 클릭합니다. [복제하기] 메뉴를 클릭합니다. 블록이 복제되면 아래에 붙여 삽입합니다.

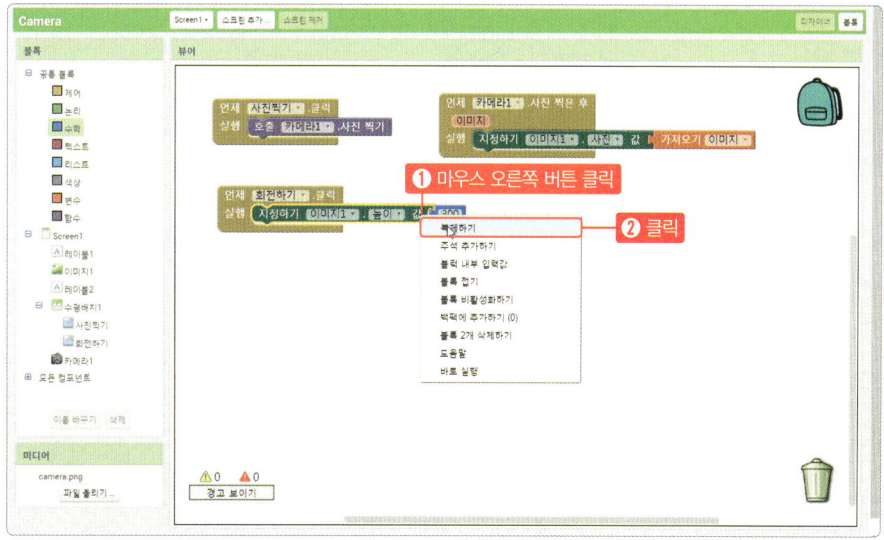

❼ [높이]의 목록 버튼을 클릭한 후 [너비]를 선택합니다. [이미지]의 방향을 90도 변경하기 위해 [블록] 영역에서 [이미지1]을 선택한 후 `지정하기 이미지1 . RotationAngle 값` 을 `지정하기 이미지1 . 너비 값 300` 아래에 삽입합니다.

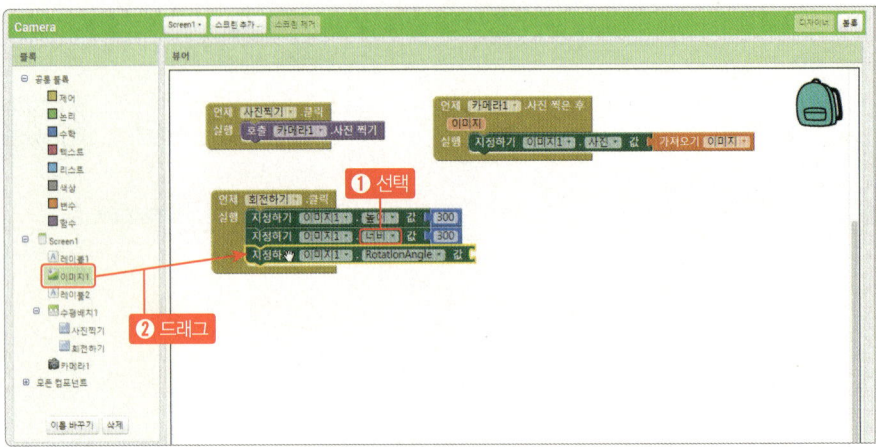

❽ [공통 블록]의 [수학]을 클릭한 후 `0` 블록을 `지정하기 이미지1 . 높이 값` 블록 뒤에 삽입합니다. 값을 '90'으로 변경 입력합니다.

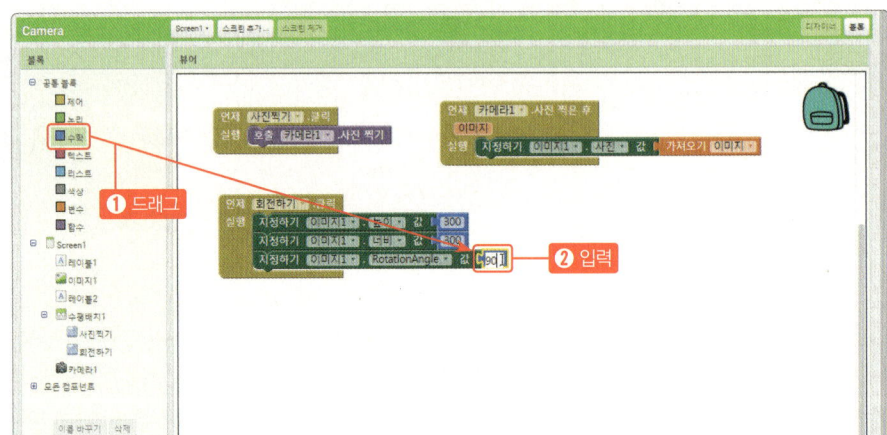

❾ [회전하기] 버튼을 누르면 사진이 회전 된 후 새로운 사진을 찍을 때는 다시 방향이 원래대로 지정되어야하므로 `지정하기 이미지1 . RotationAngle 값 0` 블록을 `지정하기 이미지1 . 사진 값 가져오기 이미지` 위쪽에 삽입합니다.

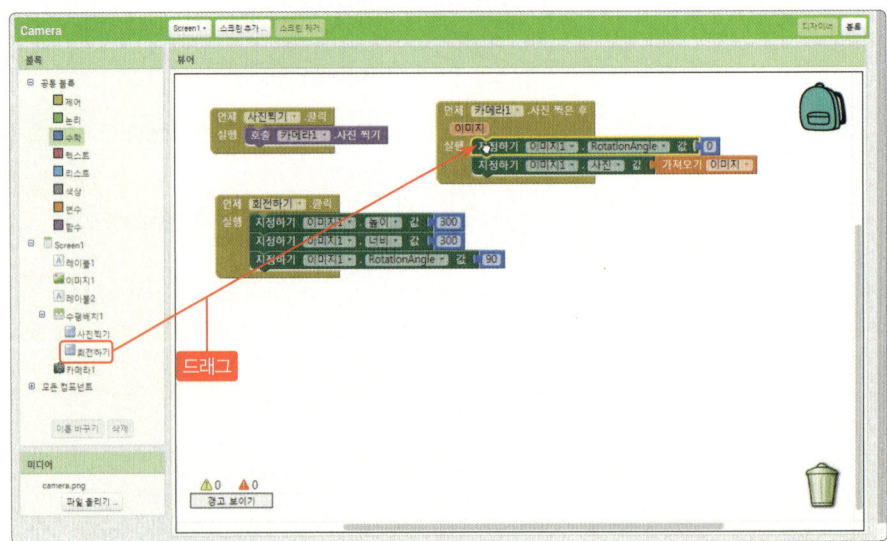

스마트 폰에 저장된 이미지 살펴보기

[열기] 버튼을 누르면 스마트 폰의 메모리가 연결되어 원하는 사진을 선택하여 확인할 수 있도록 코드를 추가 삽입해봅니다. 스마트 폰의 이미지는 [미디어]의 [이미지 선택] 컴포넌트를 이용합니다. [회전하기] 버튼을 누를 때마다 방향이 변경되도록 코드를 변경 삽입합니다.

▶ 완성 파일 : Camera_mission.aia

참고 사항

1. [팔레트]의 [미디어]에서 [이미지 선택] 컴포넌트를 선택하여 [회전하기] 버튼 컴포넌트 오른쪽에 삽입한 후 [텍스트]를 '열기'로 변경 입력합니다.

2. [열기]를 눌렀을 때 스마트 폰의 메모리로 연결되어야 하므로 [이미지_선택1] 컴포넌트의 `언제 이미지_선택1.선택 후 실행` 블록을 이용합니다.

3. 메모리에서 선택된 사진이 표시되어야 하므로 `이미지_선택1.선택된 항목` 블록을 이용합니다.

4. 현재 [이미지1] 컴포넌트의 방향을 비교하기 위해 [제어]의 `만약 그러면` 블록과 [논리]의 `=` 블록을 이용합니다. `아니고...만약` 블록 삽입은 ⚙를 클릭한 후 드래그하여 삽입합니다.

Tip

❶ [이미지_선택1] 컴포넌트인 [열기] 버튼을 클릭하면 [이미지1] 컴포넌트의 방향의 '0'으로 지정합니다.
❷ [이미지_선택1] 컴포넌트에서 선택된 항목을 [이미지1] 영역에 표시합니다.

❶ [회전하기] 버튼을 눌렀을 때 [이미지1] 컴포넌트의 방향이 '0'이면 '90'으로 지정하고 '90'이면 '0으로 지정합니다.

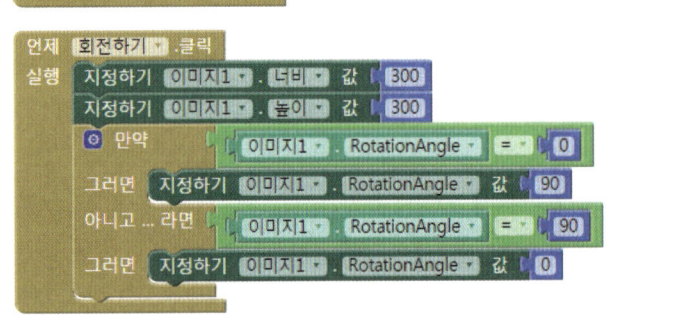

※ [제어]의 `만약 그러면` 블록에 관련된 자세한 내용은 97 페이지를 참조합니다.

07 동영상 촬영 앱 만들기

스마트 폰을 이용하여 동영상 촬영이 가능한 앱을 만들어 보도록 하겠습니다. 동영상 촬영을 위해선 [캠코더] 컴포넌트와 [비디오 플레이어] 컴포넌트를 이용해야합니다.

학 습 목 표

- ✓ 카메라를 제어하여 동영상을 촬영할 수 있습니다.
- ✓ 촬영된 동영상을 재생할 수 있습니다.
- ✓ 재생되는 동영상의 소리를 제거할 수 있습니다.

▶ 예제파일 : Cam.aia

한 걸음 더

❶ [녹화시작] 버튼을 누르면 카메라의 녹화기능이 활성화되어 표시됩니다.
❷ [재생하기] 버튼을 누르면 방금 녹화한 동영상이 재생됩니다.
❸ [일시정지] 버튼을 누르면 재생 중이던 동영상의 재생이 중지됩니다.
❹ [음소거] 버튼을 누르면 동영상의 소리가 제거됩니다.

 ## 화면 디자인하기

[팔레트] 영역의 컴포넌트를 직접 드래그하여 화면을 구성하고 각 컴포넌트에 속성을 지정해보도록 하겠습니다. [캔버스] 컴포넌트에서 사용된 이미지도 등록하겠습니다.

❶ [Screen1]을 클릭한 후 [속성]에서 [수평 정렬 : 중앙]을 지정합니다.

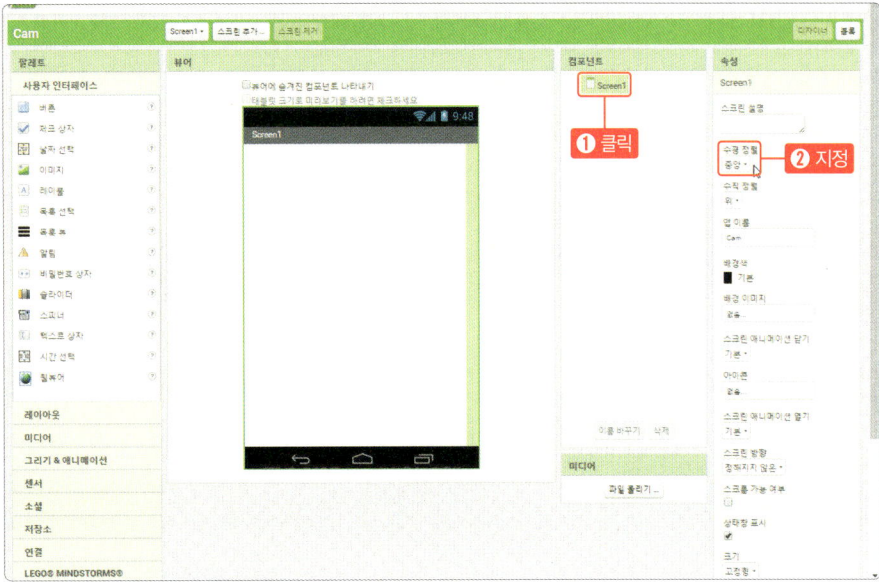

❷ [팔레트] 영역의 [사용자 인터페이스]에서 [레이블] 컴포넌트를 드래그하여 [Screen1] 아래에 삽입합니다. [레이블1] 속성에서 [높이 : 50 pixels], [너비 : 300 pixels]를 지정합니다. [텍스트]는 삭제합니다.

07. 동영상 촬영 앱 만들기 **067**

❸ [미디어]에서 [비디오 플레이어] 컴포넌트를 드래그하여 [레이블1] 아래에 드래그합니다. [비디오_플레이어1] 속성에서 [높이 : 300 pixels], [너비 : 300 pixels]로 지정합니다.

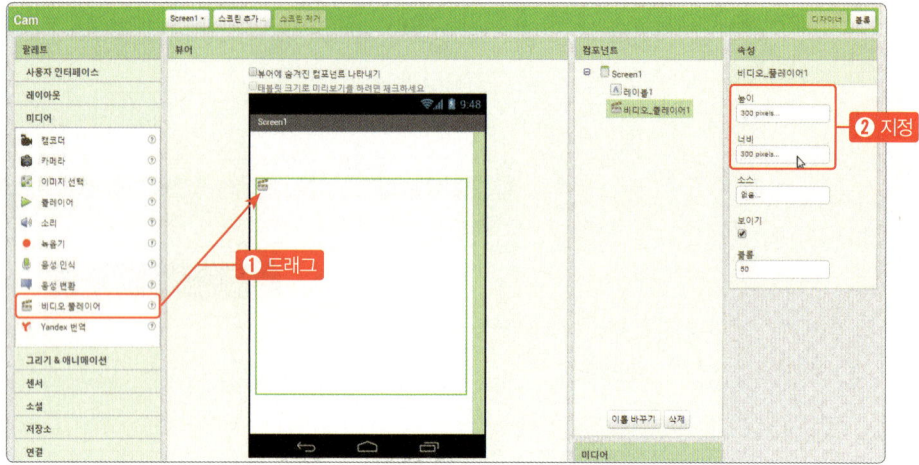

❹ 버튼을 가로로 삽입하기 위해 [레이아웃]에서 [수평배치]를 드래그하여 [비디오_플레이어1] 아래에 삽입합니다. [수평배치1] 속성에서 [수평 정렬 : 중앙], [수직 정렬 : 아래], [높이 : 100 pixels]을 지정합니다.

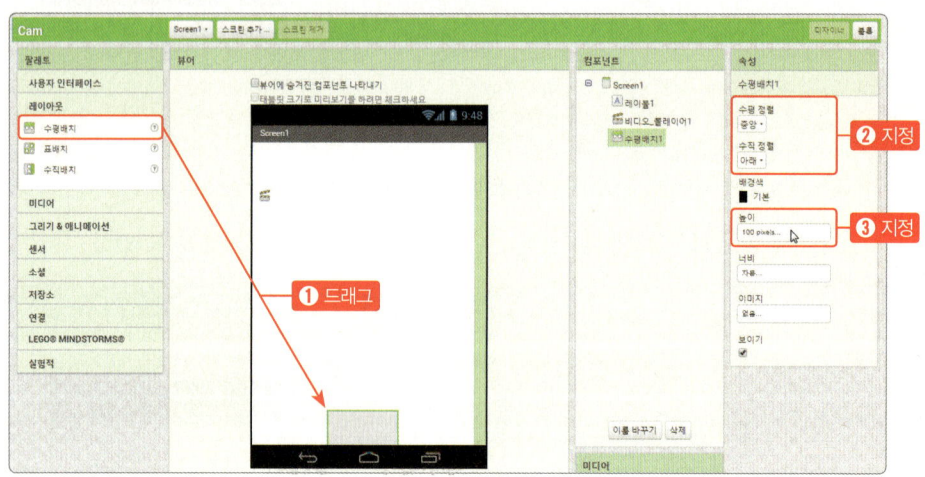

❺ [버튼] 컴포넌트를 드래그하여 [수평배치1] 내부에 삽입합니다. [컴포넌트]에서 [버튼1]을 클릭한 후 [이름 바꾸기]를 클릭합니다. [새이름] 입력란에 '녹화'를 입력한 후 [확인] 버튼을 클릭합니다.

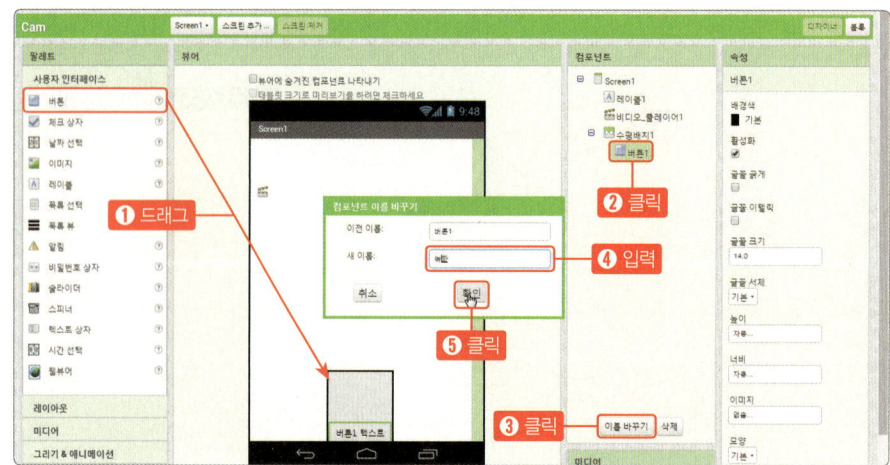

❻ [속성]에서 [텍스트]를 '녹화시작'으로 변경합니다.

❼ 위와 같은 방법으로 [녹화] 버튼 오른쪽에 [재생], [일시정지], [음소거] 버튼을 삽입한 후 [텍스트]를 '재생하기', '일시정지', '음소거'로 변경합니다.

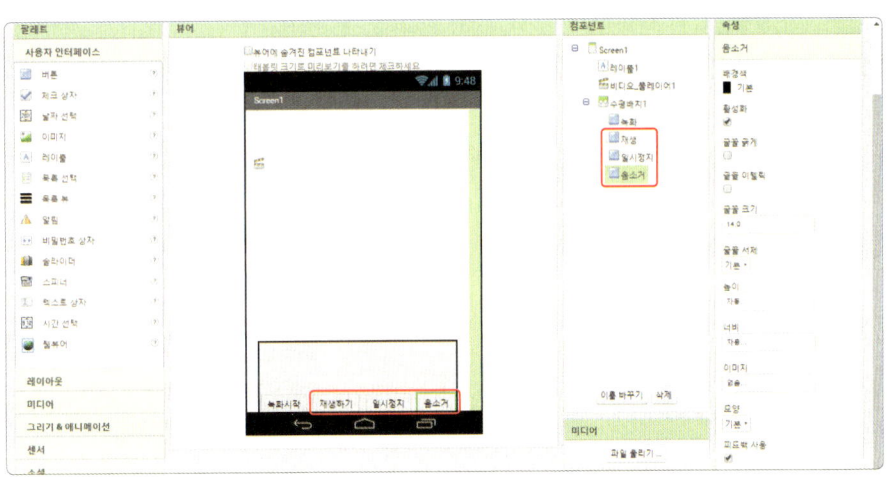

❽ [미디어]에서 [캠코더] 컴포넌트를 드래그하여 [수평배치1] 컴포넌트 아래쪽으로 삽입합니다. [캠코더] 컴포넌트는 [보이지 않는 컴포넌트] 영역에 삽입됩니다.

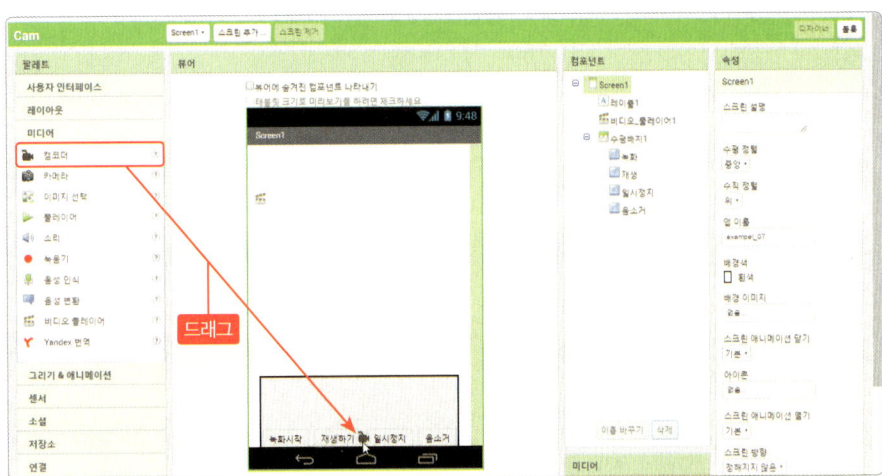

07. 동영상 촬영 앱 만들기 **069**

2 명령 블록 구성하기

[녹화하기] 버튼을 누르면 카메라가 활성화되어 동영상 녹화가 가능하고 동영상 녹화가 종료되면 녹화된 동영상을 재생하고 멈추기가 가능하도록 명령 블록을 구성해보도록 하겠습니다. [음소거] 버튼을 누르면 동영상의 소리가 제거됩니다.

❶ [블록] 화면으로 이동합니다. [블록] 영역의 [녹화]를 클릭한 후 `언제 녹화.클릭 실행`을 [뷰어] 영역으로 드래그합니다. [캠코더1] 컴포넌트를 클릭합니다. `호출 캠코더1.비디오 녹화하기` 블록을 `언제 녹화.클릭 실행` 명령 블록 사이로 드래그합니다.

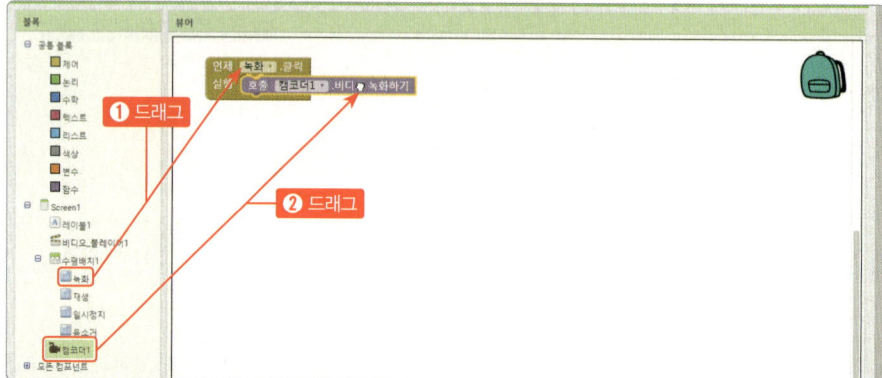

❷ 녹화가 완료된 후 녹화된 데이터를 [비디오 플레이어1] 컴포넌트의 소스 값으로 지정하기 위해 [캠코더1]을 클릭한 후 `언제 캠코더1.녹화 후 클립 실행`을 [뷰어] 영역으로 드래그합니다. [비디오_플레이어1]을 선택한 후 `지정하기 비디오_플레이어1.소스 값` 블록을 `언제 캠코더1.녹화 후 클립 실행` 블록 사이에 드래그합니다.

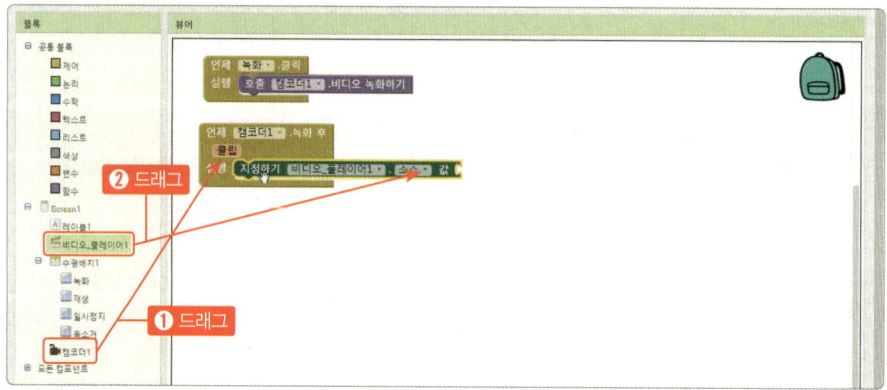

❸ `클립`에 마우스를 이동시킨 후 `가져오기 클립`를 선택합니다. `지정하기 비디오_플레이어1.소스 값` 블록 오른쪽에 삽입합니다.

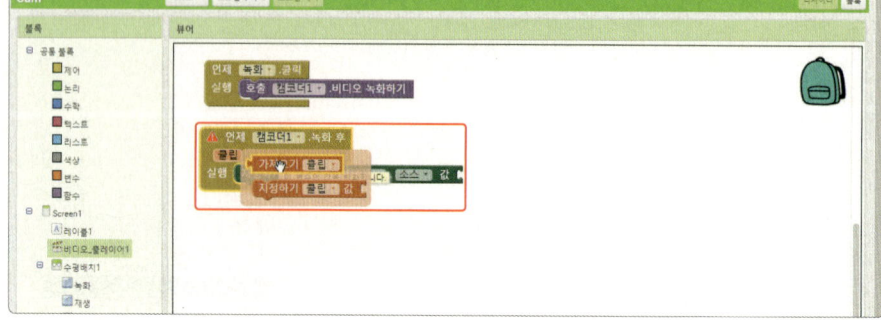

❹ 녹화된 동영상이 저장된 경로를 표시하기 위해 [레이블1]을 클릭한 후 `지정하기 레이블1▼ . 텍스트▼ 값` 블록을 `지정하기 비디오_플레이어1▼ . 소스▼ 값 가져오기 클립` 블록 아래에 삽입합니다.

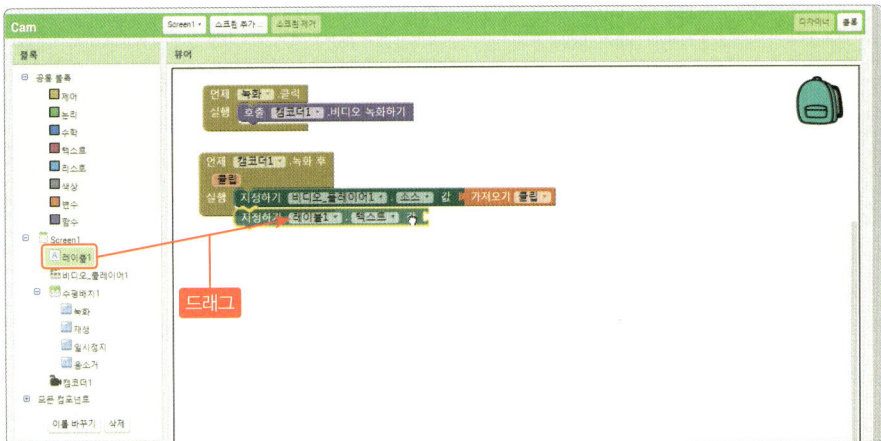

❺ `클립`에 마우스를 이동시킨 후 `가져오기 클립▼`를 선택합니다. `지정하기 비디오_플레이어1▼ . 소스▼ 값` 블록 오른쪽에 삽입합니다.

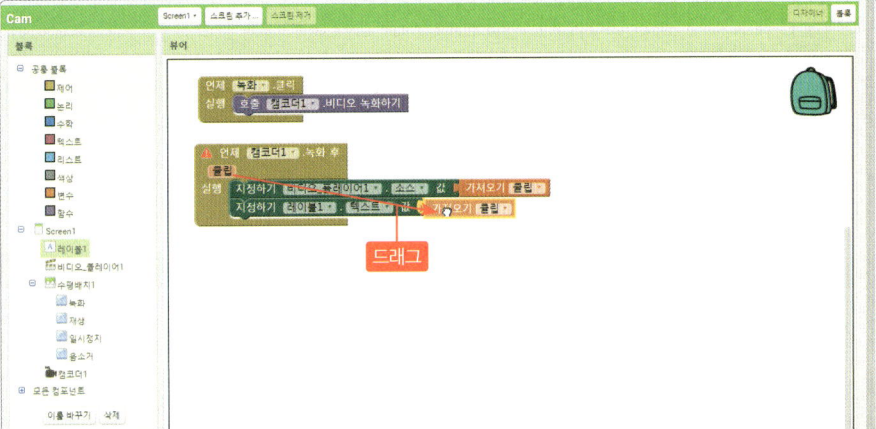

❻ 녹화된 동영상을 재생하기 위해 [블록] 영역의 [재생]을 클릭합니다. `언제 재생▼ .클릭 실행`을 [뷰어] 영역으로 드래그합니다. [비디오_플레이어1]을 클릭한 후 `호출 비디오_플레이어1▼ .시작` 블록을 `언제 재생▼ .클릭 실행` 명령 블록 사이로 드래그합니다.

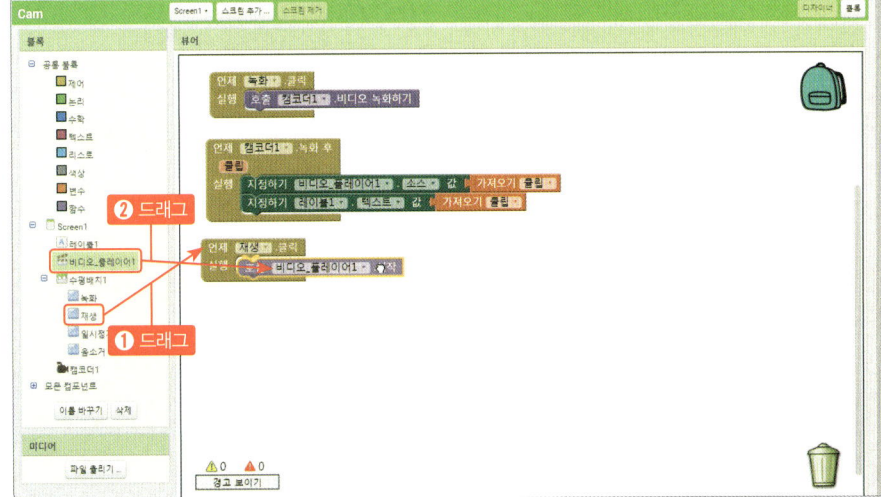

07. 동영상 촬영 앱 만들기 **071**

❼ 동영상 재생을 일시 정지시키기 위해 [블록] 영역의 [일시정지]를 클릭합니다. 을 [뷰어] 영역으로 드래그합니다. [비디오_플레이어1]을 클릭한 후 블록을 명령 블록 사이로 드래그합니다.

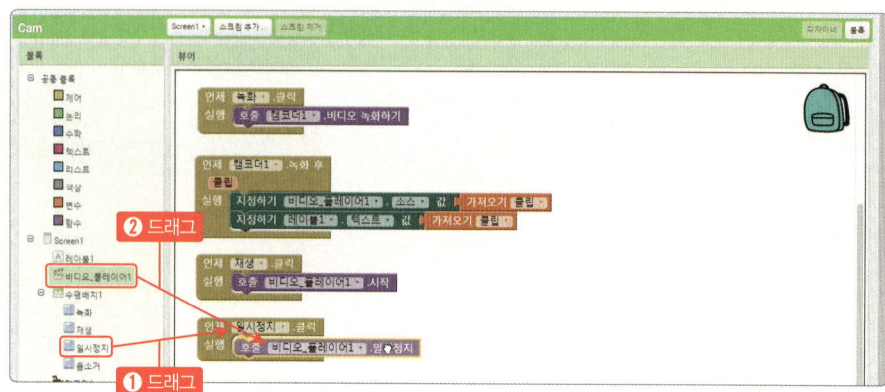

❽ 동영상 재생 중 들리는 소리를 제거하기 위해 [블록] 영역의 [음소거]를 클릭합니다. 을 [뷰어] 영역으로 드래그합니다. [비디오_플레이어1]을 클릭한 후 블록을 명령 블록 사이로 드래그합니다.

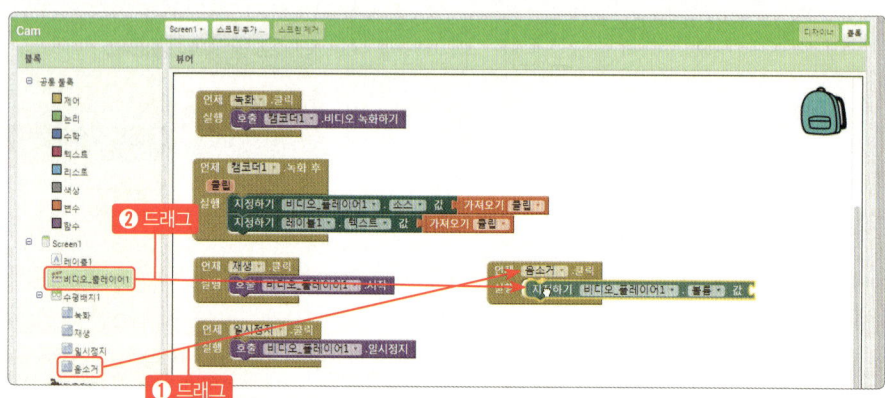

❾ [블록]의 [수학]을 클릭한 후 블록을 블록 뒤에 삽입합니다.

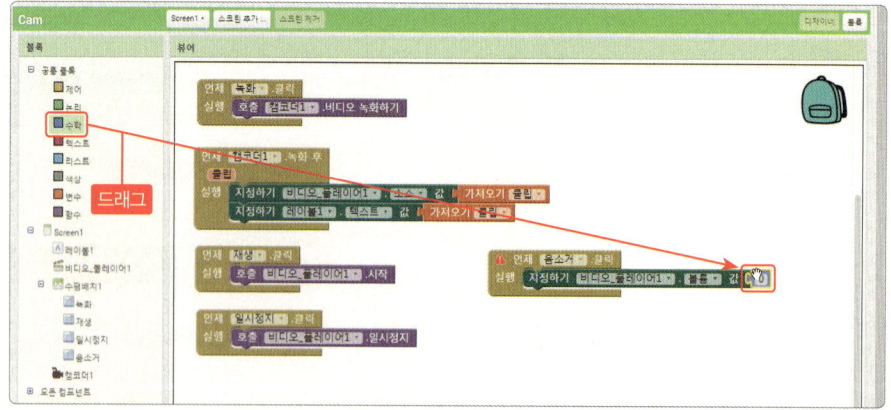

Tip
[비디오 플레이어] 컴포넌트는 [비디오 플레이어] 컴포넌트 화면을 터치하면 영상 내부에 [재생], [정지] 버튼이 표시되어 [버튼]을 만들지 않고서도 간단히 동영상을 재생/정지할 수 있습니다.

녹화한 동영상 재생시간 표시하기

동영상 재생이 완료되면 동영상의 총 재생시간이 표시되도록 코드를 추가 삽입해봅니다. [비디오 플레이어] 컴포넌트는 밀리세컨드 단위로 동영상의 재생 시간을 사용자에게 알려줍니다. 초단위로 계산하기 위해 [수학] 블록의 명령 블록을 활용해야 합니다.

▶ 완성 파일 : Cam_mission.aia

참고 사항

1. [비디오_플레이어] 컴포넌트의 재생시간은 `호출 비디오_플레이어1.재생시간 가져오기` 블록을 이용합니다.

2. [비디오_플레이어] 컴포넌트의 재생시간은 밀리세컨드 단위이기 때문에 초 단위로 표시하기 위해선 '재생시간/1000'라는 수식을 이용해야 합니다. [수학] 블록의 `▢/▢`을 이용하면 간단히 수식을 작성할 수 있습니다.

3. [레이블1] 영역에 표시되는 재생시간에 '초' 문자열을 연결하여 표시하기 위해 [텍스트] 블록의 `합치기` 명령 블록을 이용합니다.

Tip

① [비디오_플레이어1] 의 재생시간을 1000으로 나눕니다.
② '초'라는 문자열과 연결한 후 [레이블1] 컴포넌트 영역에 표시합니다.

08 나만의 전화걸기 앱 만들기

스마트 폰에 저장된 전화번호에서 번호를 선택하여 전화를 거는 앱을 만들어 보도록 하겠습니다. 전화번호를 입력하지 않고 스마트 폰에 저장된 전화번호를 표시하여 선택할 수 있도록 [전화번호 선택] 컴포넌트를 이용합니다.

학습목표

- 스마트 폰에 저장된 전화번호를 선택할 수 있습니다.
- 선택된 전화번호로 전화를 걸 수 있습니다.

▶ **예제파일** : Phone_Call.aia

한 걸음 더

❶ [연락처] 버튼을 누르면 스마트 폰에 저장되어 있는 전화번호 목록이 표시됩니다.
❷ 표시된 전화번호 중 하나를 선택하면 선택된 전화번호의 이름과 전화번호가 표시됩니다.
❸ [전화걸기] 버튼을 누르면 전화가 걸립니다.

화면 디자인하기

[팔레트] 영역의 컴포넌트를 직접 드래그하여 화면을 구성하고 각 컴포넌트에 속성을 지정해보도록 하겠습니다. [캔버스] 컴포넌트에서 사용된 이미지도 등록하겠습니다.

❶ [Screen1]을 클릭한 후 [속성]에서 [수평 정렬 : 중앙]을 지정합니다.

❷ [팔레트] 영역의 [사용자 인터페이스]에서 [레이블] 컴포넌트를 드래그하여 [Screen1] 아래에 삽입합니다. [레이블1] 속성에서 [높이 : 30 pixels], [너비 : 부모에 맞추기]를 지정합니다. [텍스트]는 삭제합니다.

❸ [소셜]에서 [전화번호 선택] 컴포넌트를 드래그하여 [레이블1] 아래에 삽입합니다. [전호번호_선택1] 속성에서 [높이 : 50 pixels], [너비 : 100 pixels]를 지정합니다. [텍스트]는 '연락처'로 변경합니다.

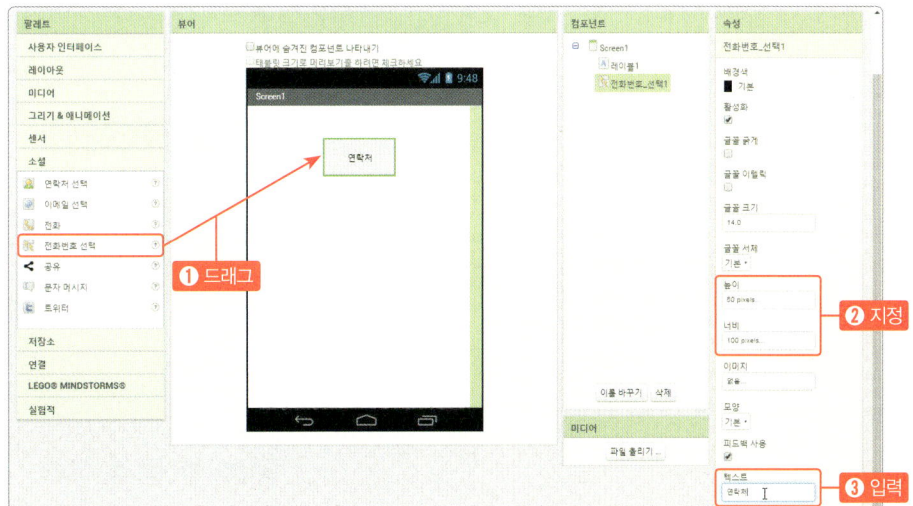

❹ 레이블을 세로로 삽입하기 위해 [레이아웃]에서 [수직배치]를 드래그하여 [전화번호_선택1] 컴포넌트 아래에 삽입합니다. [수직배치1] 속성에서 [배경색 : 회색], [높이 : 60 pixels], [너비 : 부모에 맞추기]를 지정합니다.

❺ [레이블] 컴포넌트를 드래그하여 [수직배치1] 내부에 삽입합니다. [컴포넌트]에서 [레이블2]을 클릭한 후 [이름 바꾸기]를 클릭합니다. [새이름] 입력란에 '이름'을 입력한 후 [확인] 버튼을 클릭합니다. [속성]에서 [높이 : 30pixels], [너비 : 부모에 맞추기]를 지정하고 [텍스트]는 삭제합니다.

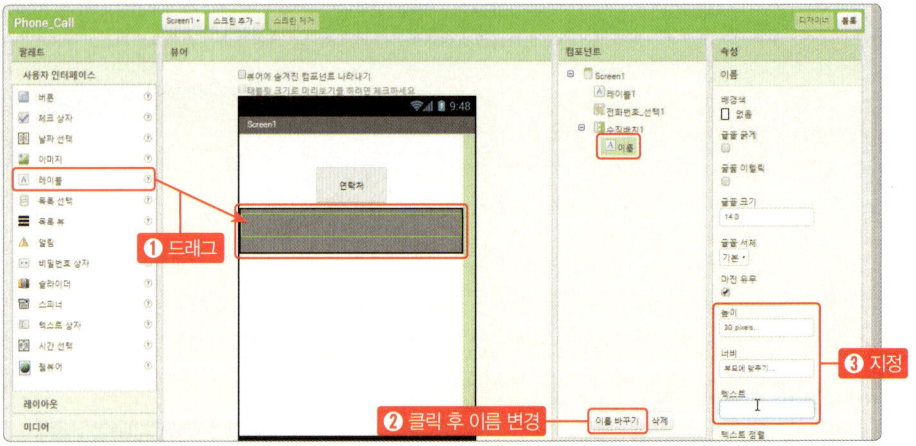

❻ [이름] 레이블 아래쪽에 새로운 레이블을 삽입합니다. [컴포넌트]에서 [레이블2]를 클릭한 후 [이름 바꾸기]를 클릭합니다. [새이름] 입력란에 '전화번호'를 입력한 후 [확인] 버튼을 클릭합니다. [속성]에서 [높이 : 30pixels], [너비 : 부모에 맞추기]를 지정하고 [텍스트]는 삭제합니다.

❼ [레이블] 컴포넌트를 드래그하여 [수직배치1] 아래쪽에 삽입합니다. [레이블2] 속성에서 [높이 : 30 pixels], [너비 : 부모에 맞추기]를 지정하고 [텍스트]는 삭제합니다.

❽ [사용자인터페이스]에서 [버튼] 컴포넌트를 드래그하여 [레이블2] 컴포넌트 아래쪽으로 드래그합니다. [속성]에서 [이미지]의 [없음…]을 클릭한 후 [파일 올리기]를 클릭합니다. [파일 선택] 버튼을 클릭한 후 [media] 폴더에서 'phone.png' 파일을 선택한 후 [열기] 버튼과 [확인] 버튼을 클릭합니다. [텍스트]는 삭제합니다.

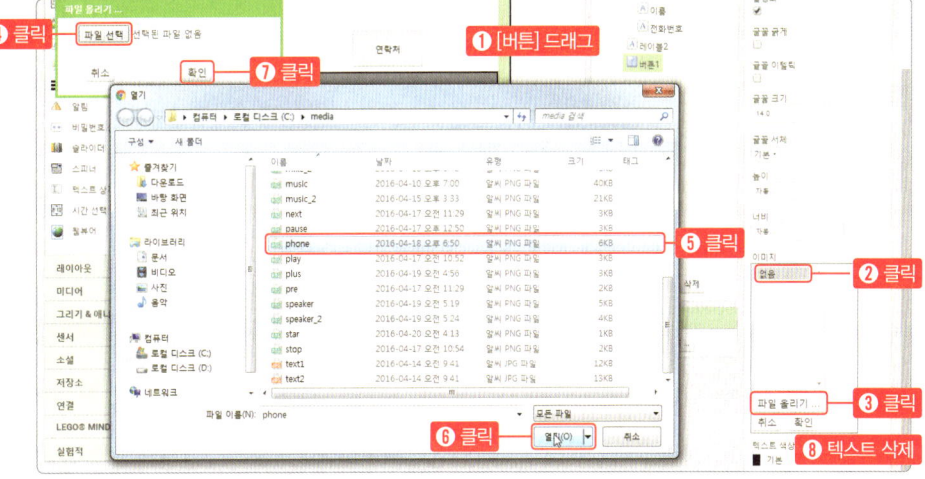

❾ [소셜]에서 [전화] 컴포넌트를 드래그하여 [버튼1] 아래로 삽입합니다. [전화] 컴포넌트는 [보이지 않는 컴포넌트] 영역에 삽입됩니다.

2 명령 블록 구성하기

[연락처] 버튼을 누르면 연락처 목록이 표시되며, 목록에서 하나의 전화번호를 선택하면 전화번호의 이름과 전화번호가 표시되도록 명령 블록을 구성해보도록 하겠습니다. [전화] 이미지를 누르면 전화가 걸립니다.

❶ [블록] 화면으로 이동합니다. 전화번호 목록이 표시되도록 지정하기 위해 [블록] 영역의 [전화번호_선택1]을 클릭한 후 `언제 전화번호_선택1▼ .포커스 받음 실행`을 [뷰어] 영역으로 드래그합니다. [전화번호_선택1] 컴포넌트를 클릭합니다. `호출 전화번호_선택1▼ .열기` 블록을 `언제 전화번호_선택1▼ .포커스 받음 실행` 명령 블록 사이로 드래그합니다.

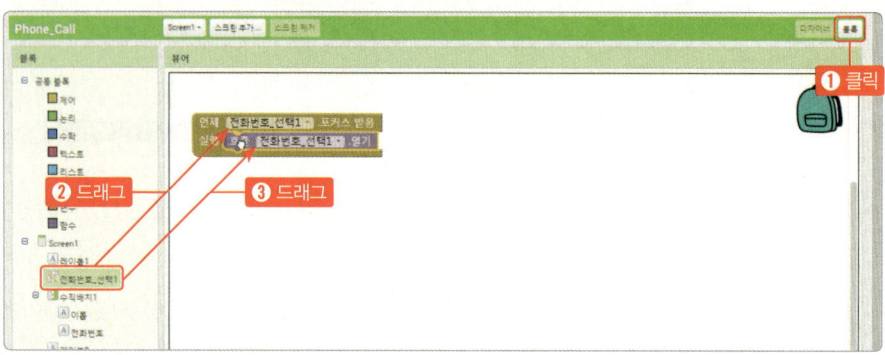

❷ 전화번호 목록에서 전화번호를 선택하면 선택된 전화번호를 [전화1] 컴포넌트의 전화번호로 지정하기 위해 [전화번호_선택1] 컴포넌트를 클릭한 후 `언제 전화번호_선택1▼ .선택 후 실행`을 [뷰어] 영역으로 드래그합니다. [전화1]을 클릭한 후 `지정하기 전화1▼ .전화번호▼ 값` 블록을 `언제 전화번호_선택1▼ .선택 후` 사이로 삽입합니다.

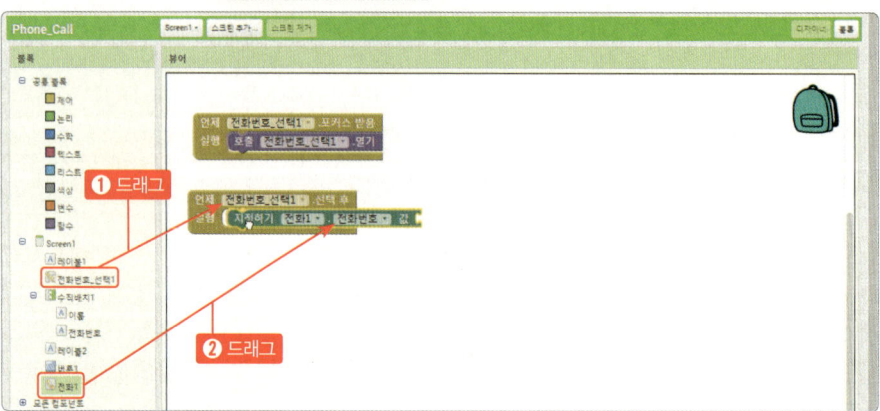

❸ [전화번호_선택1]을 클릭한 후 `전화번호_선택1▼ .전화번호▼`을 `지정하기 전화1▼ .전화번호▼ 값` 블록 오른쪽에 삽입합니다.

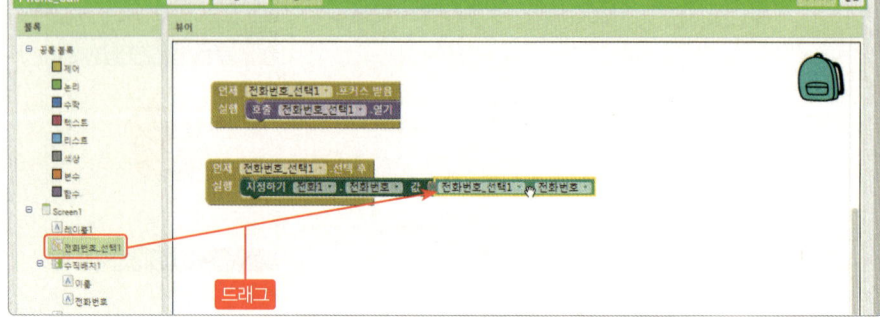

❹ 선택된 전화번호의 이름을 [이름] 레이블에 표시하기 위해 [이름]을 클릭한 후 `지정하기 이름▼ .텍스트▼ 값` 블록을 `지정하기 전화1▼ .전화번호▼ 값 전화번호_선택1▼ .전화번호▼` 아래에 삽입합니다.

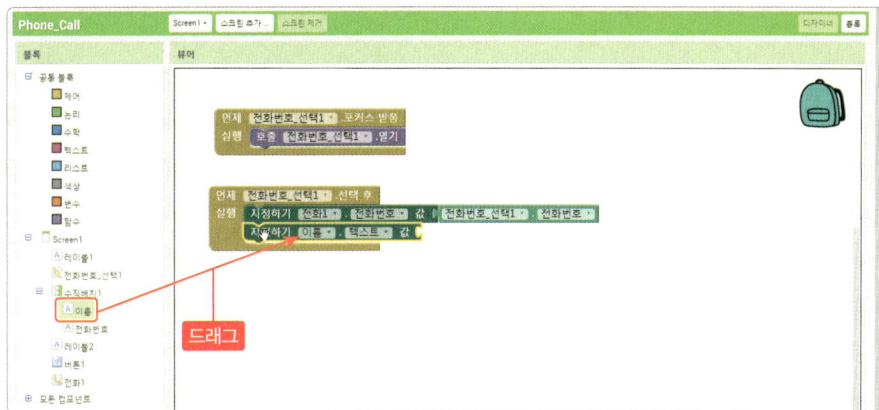

❺ '이름' 이라는 문자열과 선택한 전화번호의 이름을 표시하기 위해 [텍스트]의 `합치기` 블록을 `지정하기 이름▼ .텍스트▼ 값` 오른쪽에 삽입합니다. `" "` 블록을 오른쪽에 삽입한 후 '이 름 : '을 입력합니다.

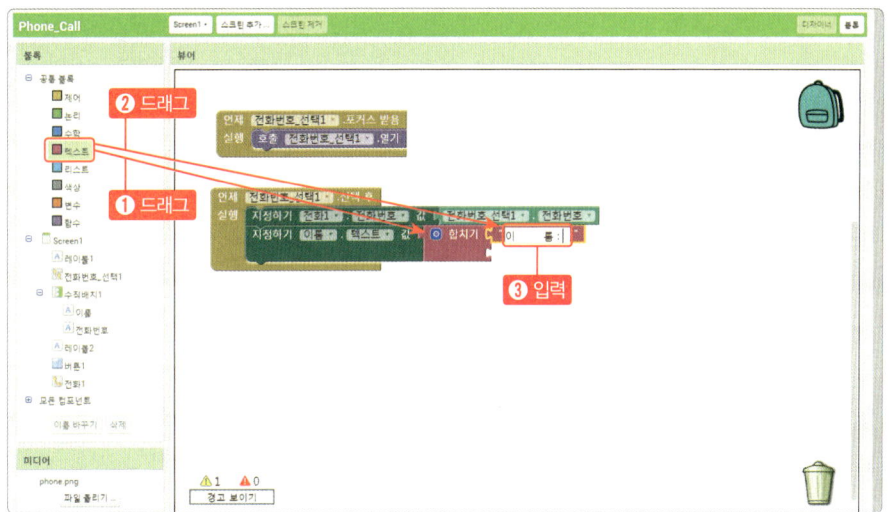

❻ [전화번호_선택1]을 선택한 후 `전화번호_선택1▼ .연락처 이름▼` 블록을 드래그하여 삽입합니다.

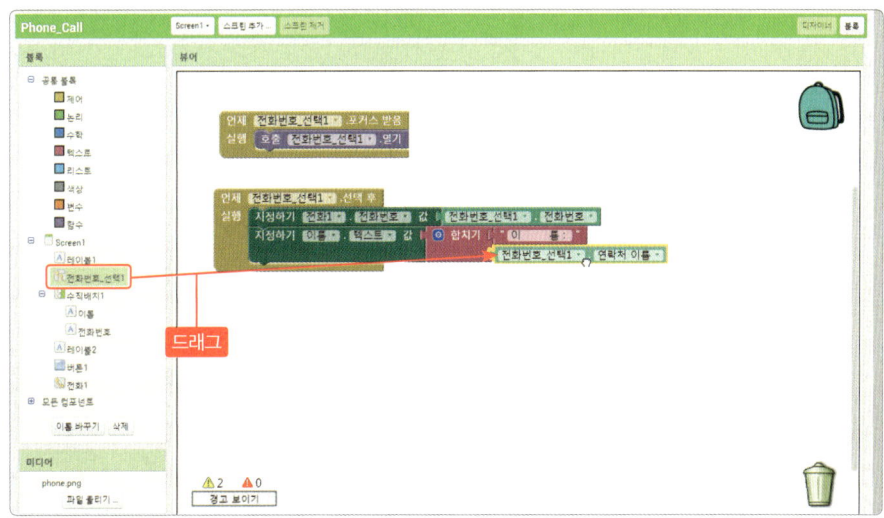

08. 나만의 전화걸기 앱 만들기 **079**

7 [전화번호] 레이블에는 '전화번호 : '라는 텍스트와 선택한 전화번호를 표시하기 위해 다음과 같이 명령 블록을 삽입합니다.

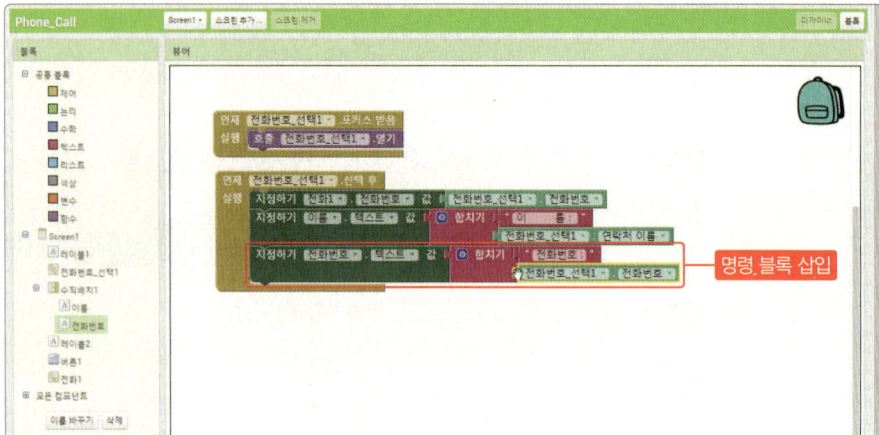

8 [버튼1]이 눌렸을 때 전화가 실제 걸리도록 하기 위해 블록을 [뷰어] 영역으로 드래그합니다. [전화1]을 클릭한 후 블록을 드래그하여 사이에 삽입합니다.

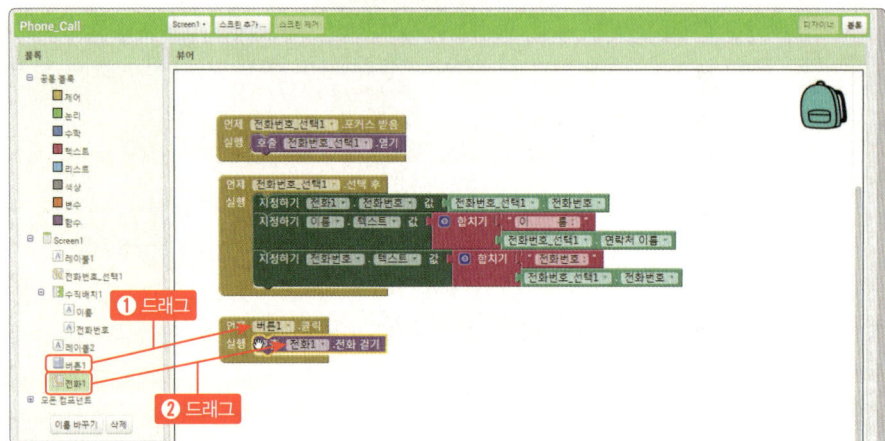

9 전화연결 종료 후 [이름] 레이블과 [전화번호] 레이블에 표시되는 이름과 전화전호를 삭제하기 위해 [전화1]을 선택합니다. 블록을 드래그한 후 [이름] 레이블과 [전화번호] 레이블의 텍스트를 삭제하기 위해 다음과 같이 명령 블록을 삽입합니다.

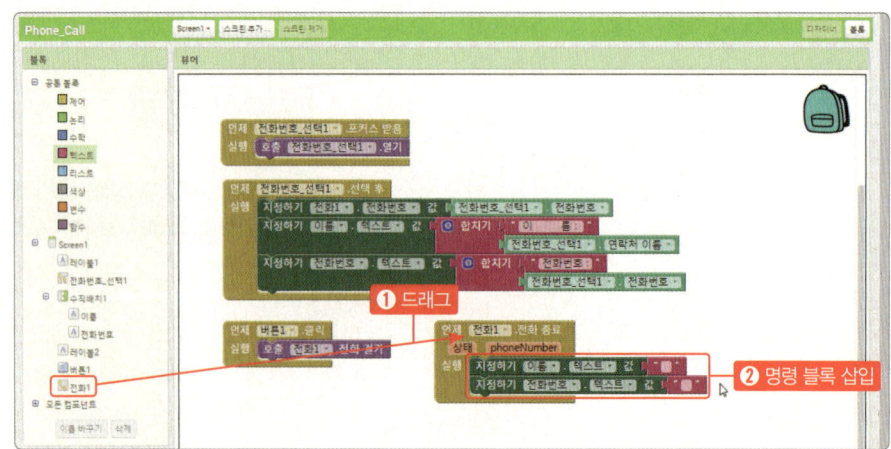

전화가 걸려 왔을 때 전화번호 보여주기

전화가 걸려왔을 때 전화를 건 상대방의 전화번호가 표시되도록 코드를 추가 삽입합니다. 전화 수신 중에는 📞 모양이 🔊 모양으로 변경됩니다.

▶ 완성 파일 : Phone_Call_mission.aia

참고 사항

1. 전화가 수신되는 것은 [전화1] 컴포넌트의 `언제 전화1.전화 시작 / 상태 phoneNumber` 블록을 이용합니다.
2. 전화가 수신 중에 📞 모양이 🔊 모양으로 변경되도록 하기 위해 [미디어]의 [파일 올리기] 버튼을 클릭하여 'speaker.png' 파일을 업로드합니다.

Tip

❶ 전화가 걸려오면 [이름] 레이블에 '수신 중...'이라는 메시지를 표시합니다.
❷ 수신된 전화번호를 [전화번호] 레이블에 표시합니다.
❸ [버튼1]의 이미지가 🔊로 변경됩니다.

```
언제 전화1.전화 시작
    상태  phoneNumber
실행 지정하기 이름.텍스트 값 " 수신중.... "
     지정하기 전화번호.텍스트 값 가져오기 phoneNumber
     지정하기 버튼1.이미지 값 " speaker.png "
```

❶ 전화 통화가 종료되면 🔊이 📞 모양으로 변경됩니다.

```
언제 전화1.전화 종료
    상태  phoneNumber
실행 지정하기 이름.텍스트 값 "  "
     지정하기 전화번호.텍스트 값 "  "
     지정하기 버튼1.이미지 값 " phone.png "
```

09 나만의 녹음기 앱 만들기

스마트 폰의 녹음기가 아닌 나만의 녹음기 앱을 직접 만들어 보도록 하겠습니다. 직접 소리를 녹음하기 위해 [녹음기] 컴포넌트와 녹음된 소리를 재생하기 위해 [소리] 컴포넌트를 이용합니다.

학습목표

✓ 소리를 녹음할 수 있습니다.
✓ 녹음된 소리를 재생하여 바로 들을 수 있습니다.

▶ 예제파일 : Voice_Recording.aia

한 걸음 더

① [녹음하기] 버튼을 누른 후 소리를 녹음합니다.
② [녹음정지] 버튼을 눌러 소리의 녹음을 중지합니다.
③ [재생하기] 버튼을 눌러 방금 녹음하여 저장된 소리를 들어봅니다.
④ [정지하기] 버튼을 눌러 재생중인 소리를 멈춥니다.

화면 디자인하기

[팔레트] 영역의 컴포넌트를 직접 드래그하여 화면을 구성하고 각 컴포넌트에 속성을 지정해보도록 하겠습니다.

❶ [Screen1]을 클릭한 후 [속성]에서 [수평 정렬 : 중앙]을 지정합니다. [팔레트] 영역의 [사용자 인터페이스]에서 [레이블] 컴포넌트를 드래그하여 [Screen1] 아래에 삽입합니다. [레이블1] 속성에서 [너비 : 부모에 맞추기]를 지정합니다. [텍스트]는 삭제합니다.

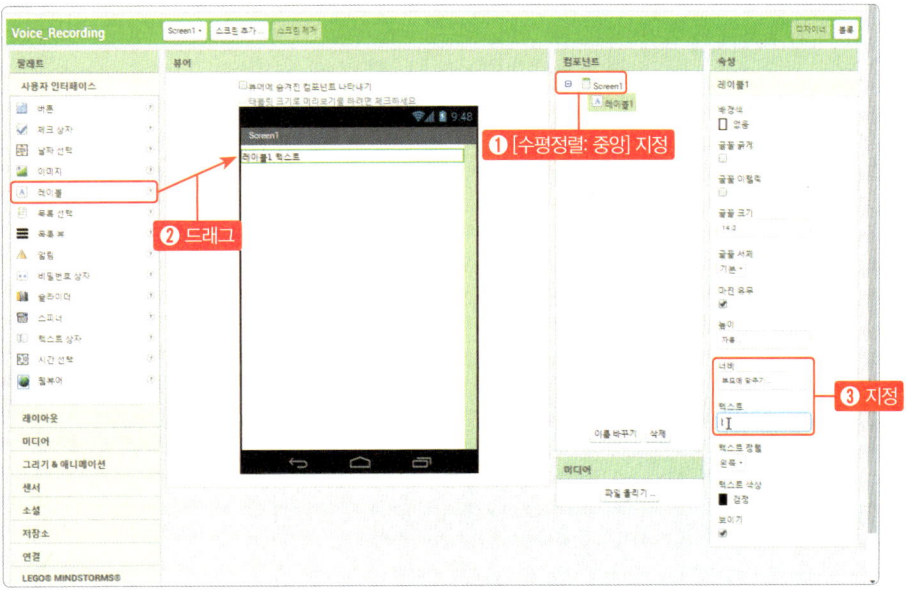

❷ [이미지] 컴포넌트를 드래그하여 [레이블1] 아래에 삽입합니다. [이미지1] 속성에서 [높이 : 150 pixels], [사진 : mike.png]를 지정합니다.

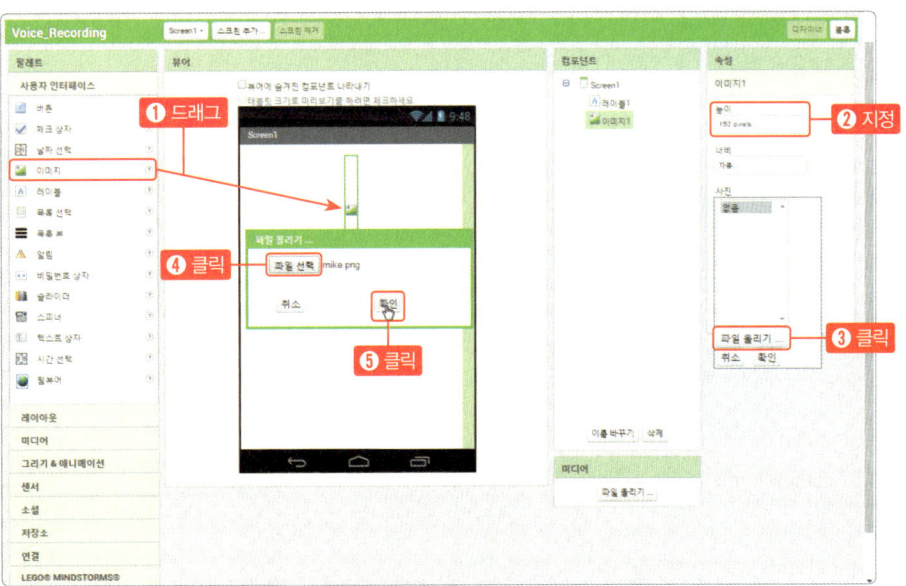

❸ [레이블] 컴포넌트를 드래그하여 [이미지1] 아래에 삽입합니다. [레이블2] 속성에서 [높이 : 60 pixels], [너비 : 부모에 맞추기]를 지정합니다. [텍스트]는 삭제합니다.

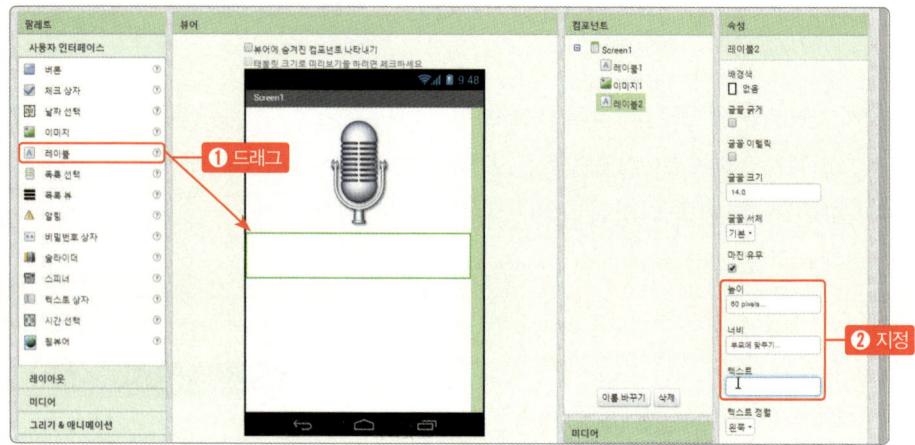

❹ 버튼을 가로로 삽입하기 위해 [레이아웃]에서 [수평배치]를 드래그하여 [레이블2] 컴포넌트 아래에 삽입합니다. [수평배치1] 속성에서 [수평 정렬 : 중앙]을 지정합니다.

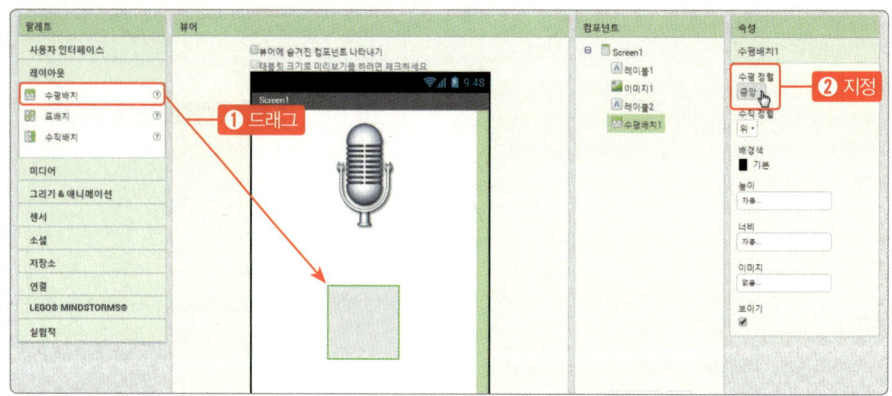

❺ [버튼] 컴포넌트를 드래그하여 [수평배치1] 내부에 삽입합니다. [컴포넌트]에서 [버튼1]을 클릭한 후 [이름 바꾸기]를 클릭합니다. [새이름] 입력란에 '녹음하기'를 입력한 후 [확인] 버튼을 클릭합니다. [속성]에서 [텍스트]에 '녹음하기'를 입력합니다.

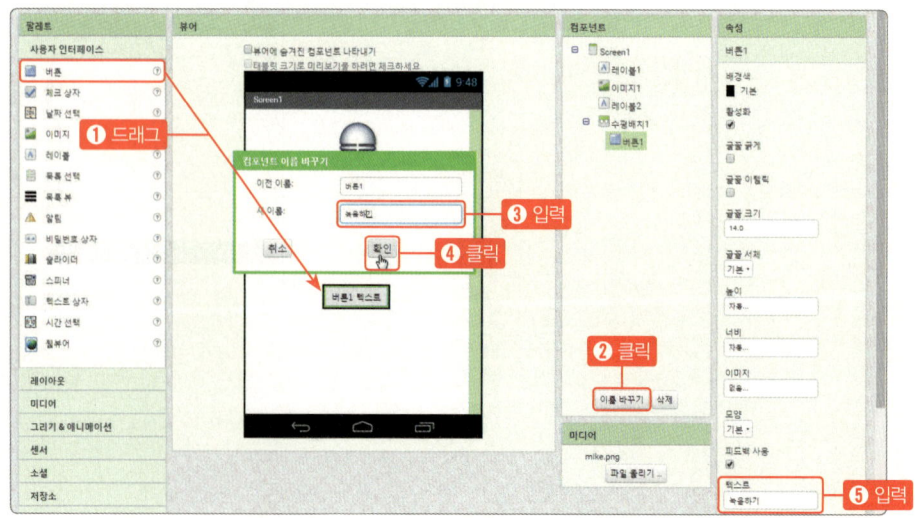

❻ 위와 같은 방법으로 [녹음하기] 버튼 오른쪽에 [녹음정지], [재생하기], [정지하기] 버튼을 삽입한 후 [텍스트]를 '녹음정지', '재생하기', '정지하기'로 변경합니다.

❼ [미디어]에서 [녹음기] 컴포넌트와 [소리] 컴포넌트를 [수평배치1] 아래로 삽입합니다. [녹음기]와 [소리] 컴포넌트는 [보이지 않는 컴포넌트] 영역에 삽입됩니다.

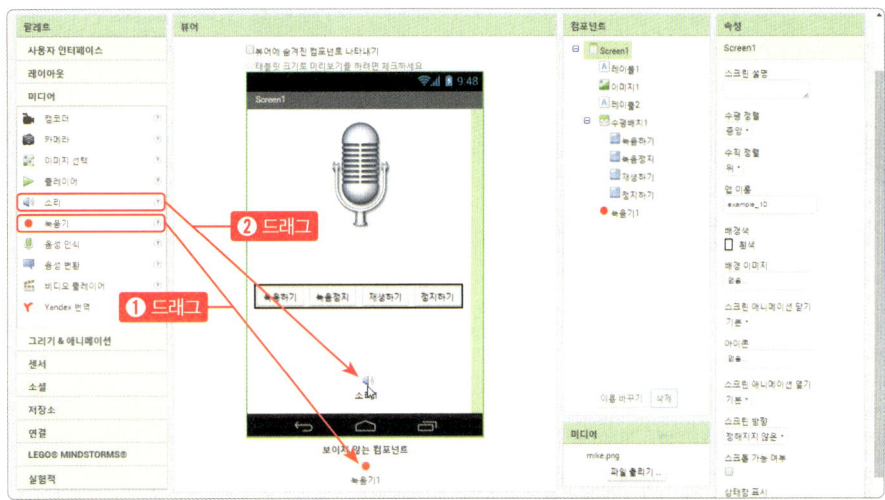

❽ 소리를 녹음 중 일때는 🎤, 그 외에는 🎤가 표시되도록 지정하기 위해 [미디어]에서 [파일 올리기]를 클릭합니다. 'mike_2.png' 파일을 등록합니다.

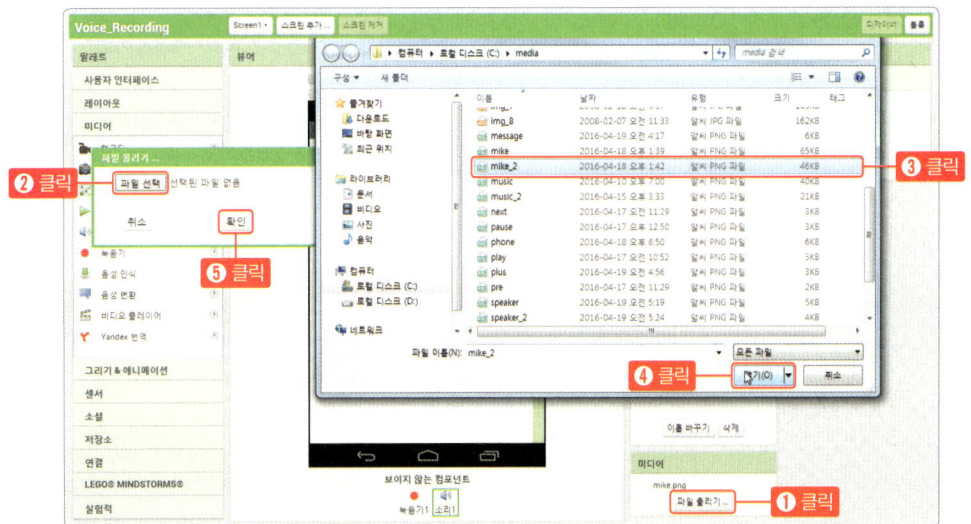

09. 나만의 녹음기 앱 만들기 085

2 명령 블록 구성하기

[녹음하기] 버튼을 누르면 이미지 영역에 🎤가 표시되면서 녹음이 시작되고, [녹음중지] 버튼을 누르면 🎤가 표시되면서 녹음이 중지됩니다. [재생하기] 버튼을 누르면 방금 녹음한 소리가 들리고 [정지하기] 버튼을 누르면 재생이 정지됩니다.

❶ [블록] 화면으로 이동합니다. [녹음하기] 버튼을 눌렀을 때 [이미지1] 영역에 🎤가 표시되도록 지정하기 위해 [이미지1]을 클릭한 후 `지정하기 이미지1.사진 값` 블록을 삽입합니다. [텍스트]의 `" "` 블록을 삽입한 후 'mike_2.png'를 입력합니다.

```
언제 녹음하기.클릭
실행 지정하기 이미지1.사진 값 " mike_2.png "
```

❷ [녹음기]가 실행되도록 지정하기 위해 [녹음기1]을 클릭한 후 `호출 녹음기1.시작` 명령 블록을 다음과 같이 삽입합니다.

```
언제 녹음하기.클릭
실행 지정하기 이미지1.사진 값 " mike_2.png "
     호출 녹음기1.시작
```

❸ [녹음정지] 버튼을 눌렀을 때 [이미지1] 영역에 🎤가 표시되도록 지정하기 위해 `지정하기 이미지1.사진 값` 블록과 `" "` 블록을 삽입하고 'mike.png'를 입력합니다. [녹음기] 실행이 정지되도록 [녹음기1]을 클릭한 후 `호출 녹음기1.정지` 명령 블록을 다음과 같이 삽입합니다.

```
언제 녹음정지.클릭
실행 지정하기 이미지1.사진 값 " mike.png "
     호출 녹음기1.정지
```

❹ 녹음이 완료된 후 녹음된 소리를 재생하기 위해 녹음된 소리를 [소리1] 컴포넌트의 소스 값으로 전송하고, 저장 위치를 [레이블2] 영역에 표시하기 위해 [녹음기1]을 선택한 후 `언제 녹음기1.녹음 후 실행` 블록을 삽입합니다. [소리1]의 `지정하기 소리1.소스 값` 블록과 [레이블2]의 `지정하기 레이블2.텍스트 값`을 이용하여 다음과 같은 명령 블록을 삽입합니다.

```
언제 녹음기1.녹음 후
 소리
실행 지정하기 소리1.소스 값 가져오기 소리
     지정하기 레이블2.텍스트 값 가져오기 소리
```

❺ [재생하기] 버튼과 [정지하기] 버튼을 눌렀을 때 [이미지1] 영역에 🎤가 표시되고, 녹음된 소리가 재생/정지되도록 명령 블록을 다음과 같이 삽입합니다.

```
언제 재생하기.클릭
실행 지정하기 이미지1.사진 값 " mike.png "
     호출 소리1.재생
```

```
언제 정지하기.클릭
실행 지정하기 이미지1.사진 값 " mike.png "
     호출 소리1.정지
```

녹음된 목소리 공유하기

녹음된 목소리를 문자 메시지나 카카오 톡으로 전송하려면 [소셜]의 [공유] 컴포넌트를 이용하면 됩니다. 녹음된 소리 파일을 공유할 수 있도록 명령 블록을 추가 삽입합니다.

▶ 완성 파일 : Voice_Recording_mission.aia

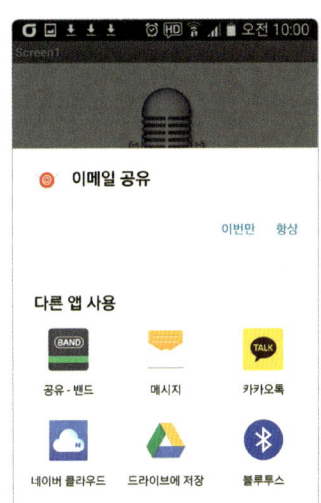

참고 사항

1. [수평배치1] 아래에 [공유하기] 버튼을 삽입합니다.

2. [소셜]의 [공유] 컴포넌트를 삽입합니다. [공유] 컴포넌트는 [보이지 않는 컴포넌트]입니다.

3. 녹음된 소리를 [공유] 컴포넌트의 파일로 전송하려면 변수를 이용해야 합니다. [블록]의 [변수]를 클릭한 후 `전역변수 초기화 변수_이름 값`을 [뷰어]에 삽입합니다. [변수_이름] 란에 지정하고자 하는 이름을 입력합니다.

4. [공유] 컴포넌트의 `호출 공유1.파일 공유하기 파일` 명령 블록을 이용하여 변수에 저장된 소리 파일을 공유합니다.

Tip

❶ [소리]라는 전역 변수를 선언합니다.

❷ 녹음된 소리 파일을 [소리] 변수에 저장합니다.

❶ [공유하기] 버튼을 클릭하면 [소리] 변수에 저장된 소리 파일을 공유합니다.

※ 변수에 관련된 자세한 설명은 120 페이지를 참조합니다.

10 나만의 문자보내기 앱 만들기

전화번호를 직접 입력하여 문자 메세지를 보내는 앱을 직접 만들어 보도록 하겠습니다. 문자 메시지는 [소셜]의 [문자 메시지] 컴포넌트를 이용합니다. 문자 메시지 전송 후 [전송완료] 라는 메시지를 표시하기 위해 새로운 Screen을 이용합니다.

학습목표

- 번호를 직접 입력하여 문자 메시지를 보낼 수 있습니다.
- 스마트 폰에 저장된 전화번호를 선택할 수 있습니다.
- 멀티스크린 기능을 이용할 수 있습니다.

▶ 예제파일 : Message_Send.aia

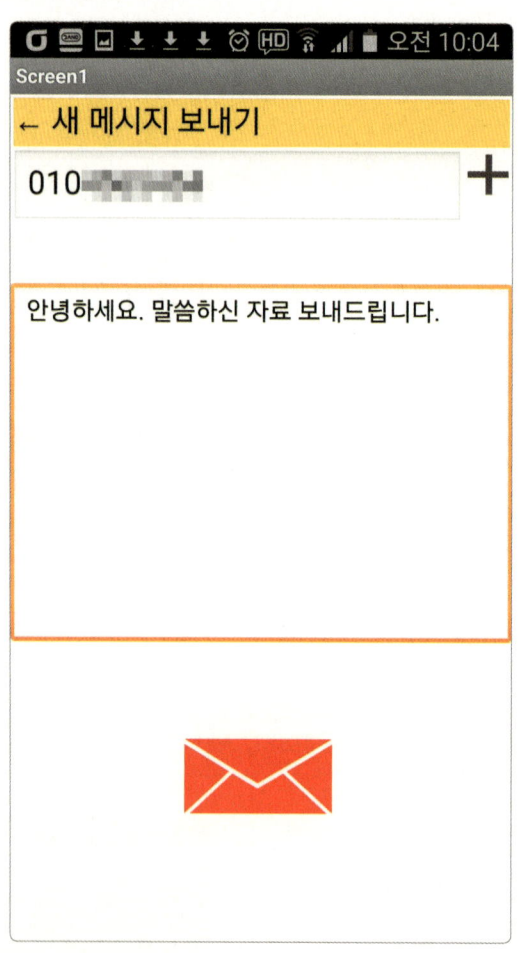

한 걸음 더

❶ 전화번호를 직접 입력할 수 있습니다.
❷ 메시지 내용을 입력한 후 [전송] 버튼을 누르면 메시지가 전송됩니다.
❸ 메시지가 전송되면 [전송완료] 메시지가 표시되며, [전송완료] 버튼을 누르면 다시 메시지를 보낼 수 있는 화면으로 이동됩니다.

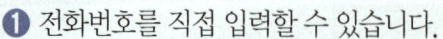

 ## 화면 디자인하기

[팔레트] 영역의 컴포넌트를 직접 드래그하여 화면을 구성하고 각 컴포넌트에 속성을 지정해보도록 하겠습니다. [캔버스] 컴포넌트에서 사용된 이미지도 등록하겠습니다.

❶ [Screen1]을 선택한 후 [수평 정렬 : 중앙]을 지정합니다. [레이블] 컴포넌트를 드래그하여 [Screen1] 아래에 삽입합니다. [배경색 : 주황], [글꼴 크기 : 20], [높이 : 30 pixels], [너비 : 부모에 맞추기], [텍스트 : ← 새 메시지 보내기]를 입력합니다.

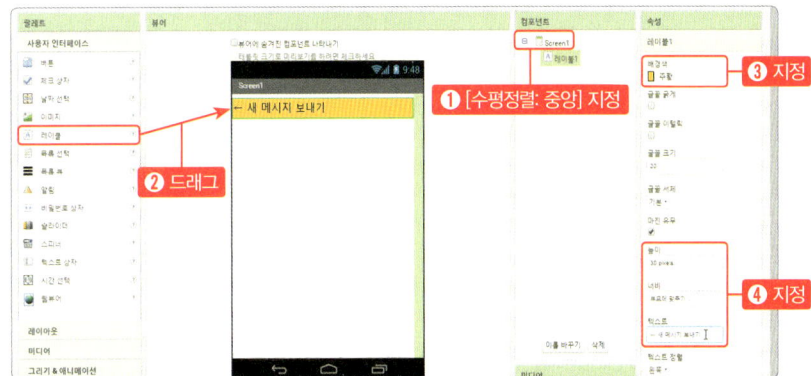

> **Tip**
> →←↑↓☆ 와 같은 특수 기호는 ㅁ을 입력한 후 [한자] 키를 눌러 선택합니다.

❷ [수평배치]를 삽입한 후 [텍스트 상자]와 [소셜]의 [전화번호_선택1]을 삽입합니다. [텍스트 상자1]은 [글꼴 크기 : 20], [너비 : 90 percent], [힌트 : 발신번호를 입력해주세요]로 지정하고 [텍스트]는 삭제합니다. [전화번호_선택1]은 [높이 : 30 pixels], [너비 : 30 pixels], [이미지 : plus.png]로 지정하고 [텍스트]는 삭제합니다.

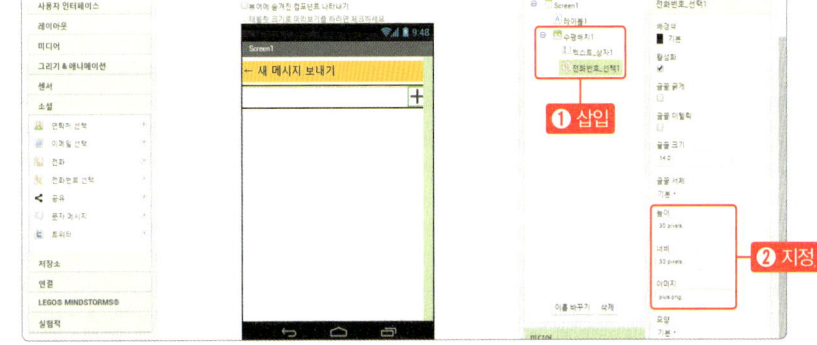

> **Tip**
> 전화번호를 선택하는 명령 블록은 [생각 더하기]를 참조합니다.

❸ [레이블]을 삽입한 후 [높이 : 30 pixels], [너비 : 부모에 맞추기]로 지정하고 [텍스트]는 삭제합니다.

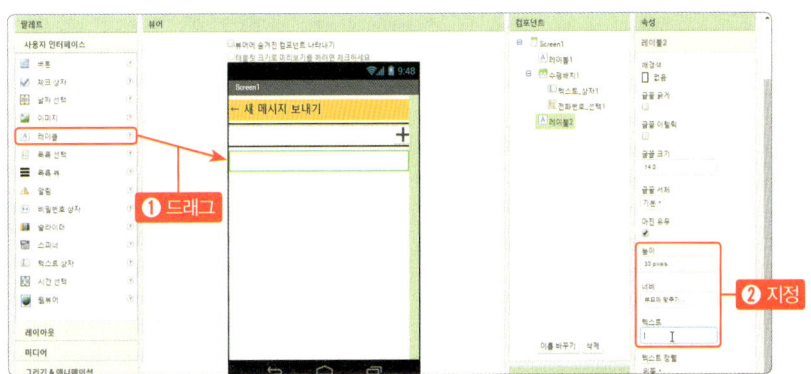

❹ [텍스트 상자]를 삽입합니다. [텍스트_상자2]는 [글꼴 크기 : 16], [높이 : 50 percent], [너비 : 부모에 맞추기]로 지정합니다. [힌트]는 삭제합니다.

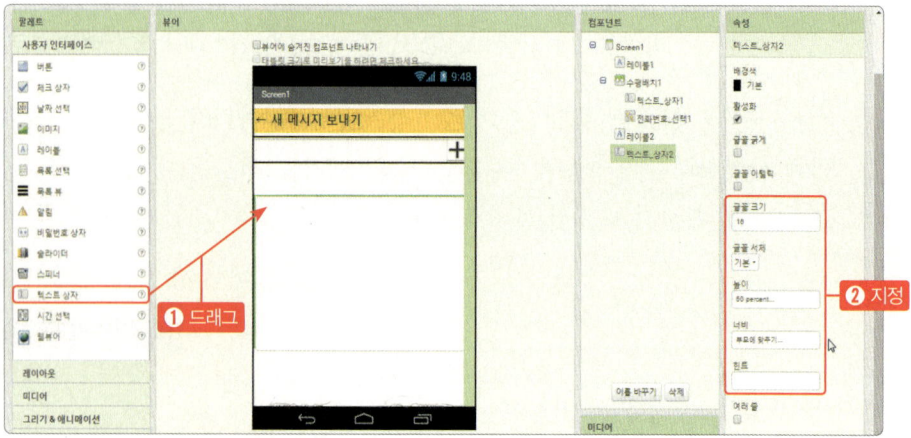

❺ [레이블]을 삽입한 후 [높이 : 50 pixels], [너비 : 부모에 맞추기]로 지정하고 [텍스트]를 삭제합니다.

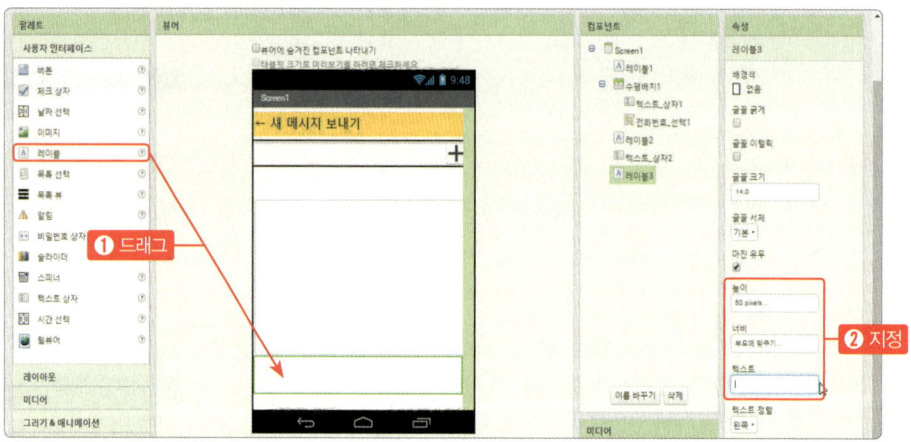

❻ [버튼]을 삽입한 후 컴포넌트의 이름을 '보내기'로 [이름 바꾸기] 합니다. [높이 : 50 pixels], [너비 : 100 pixels], [이미지 : message.png]로 지정합니다. [텍스트]는 삭제합니다.

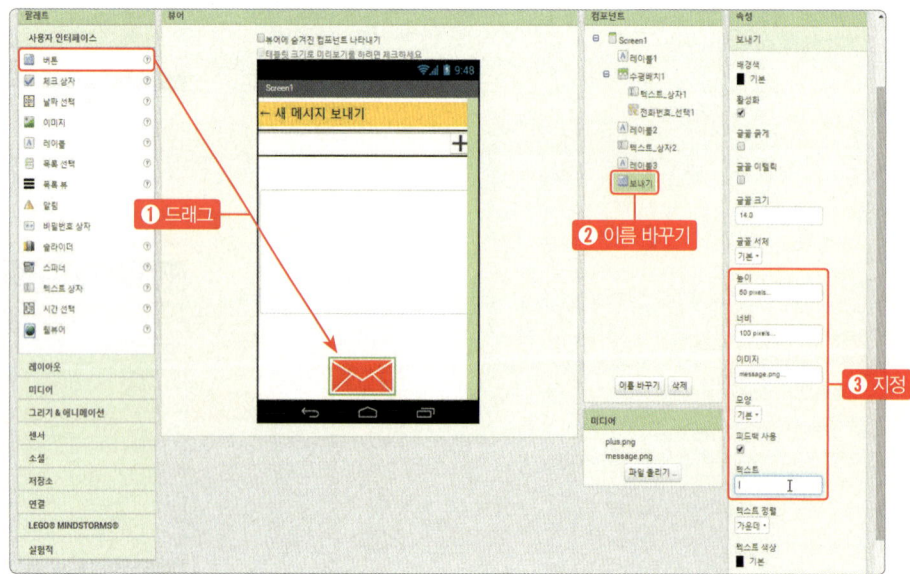

❼ [소셜]에서 [문자 메시지] 컴포넌트를 드래그하여 [보내기] 버튼 아래로 삽입합니다. [문자 메시지] 컴포넌트는 [보이지 않는 컴포넌트] 영역에 삽입됩니다.

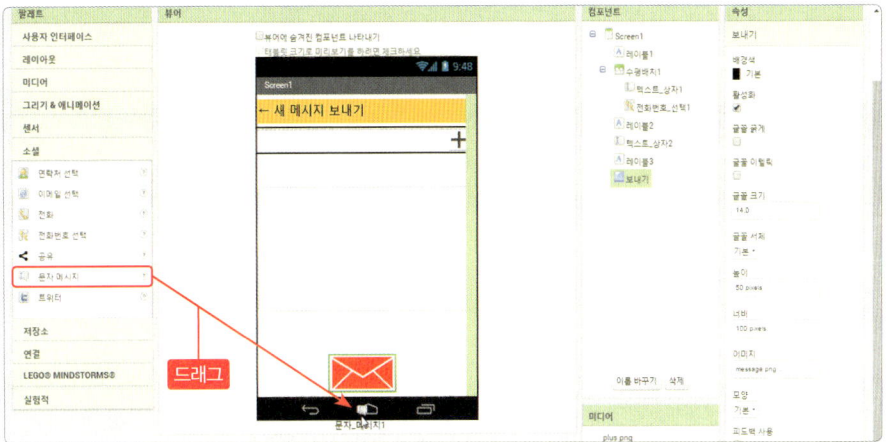

❽ [전송완료] 메시지를 표시할 Screen을 추가하기 위해 [스크린 추가...] 버튼을 클릭합니다. [새 스크린] 창이 표시되면 [스크린 이름] 입력란의 이름을 확인한 후 [확인] 버튼을 클릭합니다.

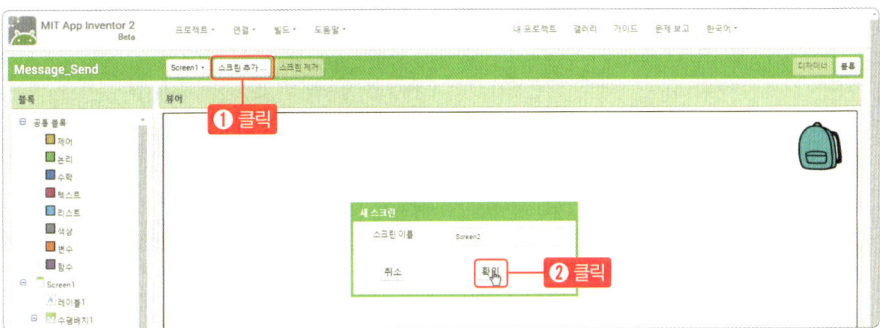

❾ [Screen2]가 표시되면 [컴포넌트] 영역에서 [Screen2]를 선택한 후 [수평 정렬 : 중앙]을 지정합니다. [레이블]을 삽입 후 [높이 : 50 pixels], [너비 : 부모에 맞추기]로 지정하고 [텍스트]는 삭제합니다. [버튼]을 삽입 후 [높이 : 50 pixels], [너비 : 100 pixels]를 지정하고 [텍스트]는 '전송완료'를 입력합니다.

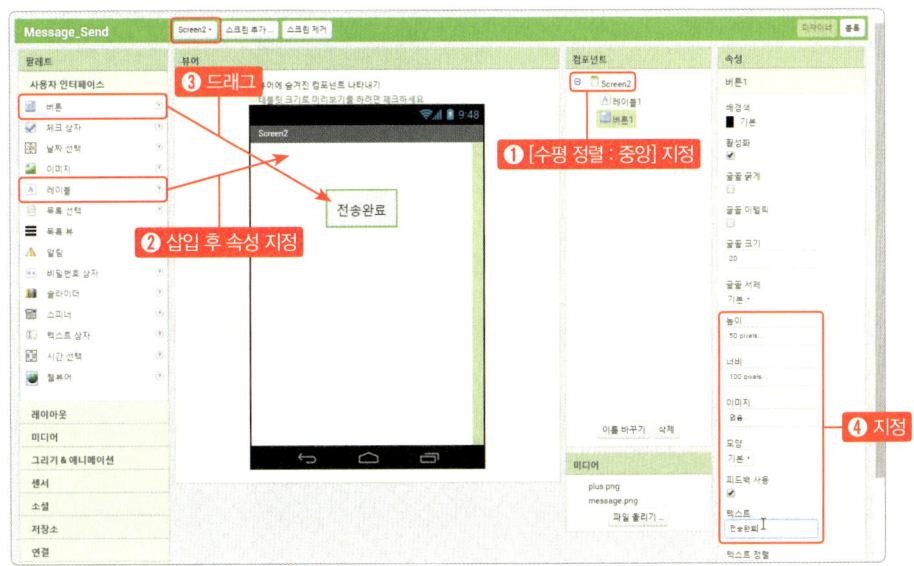

2 명령 블록 구성하기

직접 전화번호를 입력하거나 + 버튼을 눌러 전화번호를 선택한 후 문자 메시지를 보낼 수 있도록 명령 블록을 구성해보도록 하겠습니다.

❶ [Screen2] 버튼을 클릭한 후 [Screen1]을 선택합니다. [블록] 화면으로 이동합니다. [보내기] 버튼을 눌렀을 때 [텍스트_상자1]과 [텍스트_상자2]에 입력된 전화번호와 내용을 [문자_메시지1] 컴포넌트에 전달하기 위해 [문자_메시지1]을 클릭한 후 `지정하기 문자_메시지1 . 전화번호 값` 의 블록을 드래그하여 다음과 같이 명령 블록을 작성합니다.

❷ [문자_메시지1] 컴포넌트에 지정된 전화번호와 메시지를 실제 전송하기 위해 [문자_메시지1]을 클릭한 후 `호출 문자_메시지1 .메시지 보내기` 명령을 삽입합니다. 문자 메시지 전송이 완료되면 입력된 전화번호와 메시지를 삭제하기 위해 다음과 같이 명령 블록을 삽입합니다.

❸ 문자 메시지 전송 완료 후 [전송완료] 라는 메시지를 표시하기 위해 [제어] 블록의 `다른 스크린 열기 스크린 이름` 을 드래그합니다. 'Screen2'로 이동하기 위해 다음과 같이 명령 블록을 삽입합니다.

❹ [Screen2]를 클릭해 이동한 후 [버튼1]을 클릭하면 현재 열려 있는 [Screen2]를 닫고 [Screen1]로 되돌아가기 위해 [제어] 블록의 `스크린 닫기` 를 `언제 버튼1 .클릭 실행` 에 삽입하여 명령 블록을 완성합니다.

전화번호를 선택하여 문자 메시지 보내고 받기

[+] 버튼을 누르면 전화번호를 선택할 수 있게 명령 블록을 삽입합니다. 문자 메시지가 수신되었을 때 수신 번호와 내용이 표시되도록 명령 블록을 삽입합니다.

▶ 완성 파일 : Message_Send_mission.aia

참고 사항

1. [문자_메시지1] 컴포넌트의 명령 블록을 이용해야 합니다.
2. [레이블1] 영역을 회색으로 지정하고 '문자가 도착하였습니다.'라는 메시지를 표시합니다.

Tip

❶ [+] 버튼을 클릭하면 전화번호를 선택할 수 있는 화면이 표시되며 하나의 전화번호를 선택하면 [텍스트_상자1]의 내용으로 선택된 전화번호가 표시됩니다.

❶ [레이블1]의 색을 회색으로 변경합니다.
❷ [레이블1]에 '문자가 도착하였습니다.'라는 메시지를 표시합니다.
❸ [텍스트_상자1] 과 [텍스트_상자2]에 수신된 전화번호와 메시지를 표시합니다.

11 인터넷 음악 방송 듣기

스트리밍으로 방송되고 있는 음악 방송 듣기 앱을 작성해보도록 하겠습니다. 인터넷 음악 방송 주소를 [플레이어] 컴포넌트에 연결하여 음악을 재생합니다. 볼륨 조절을 위해 [슬라이더] 컴포넌트를 이용합니다.

학 습 목 표

- [플레이어] 컴포넌트에 인터넷 주소를 연결하여 소리를 재생할 수 있습니다.
- [슬라이더] 컴포넌트를 이용하여 [플레이어]의 볼륨을 조정할 수 있습니다.
- [슬라이더]의 값이 0이면 음소거가 되도록 조건을 지정하기 위해 IF 명령 블록을 이용할 수 있습니다.

▶ **예제파일 :** Radio.aia

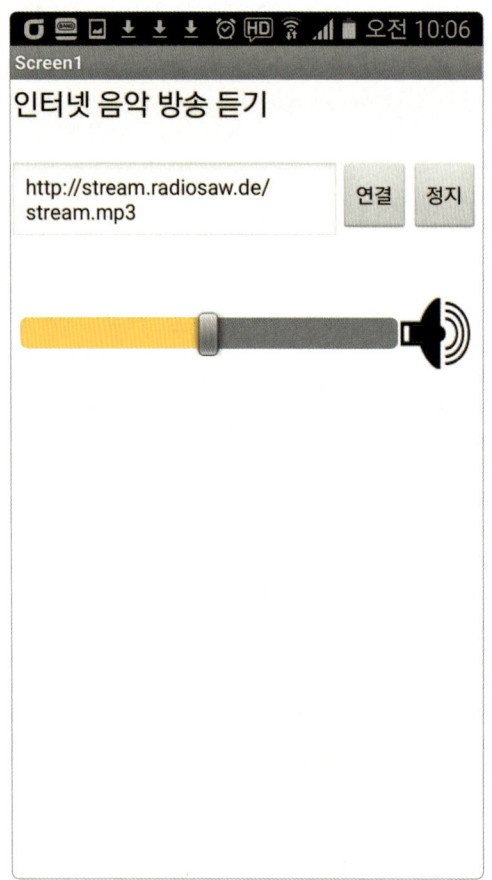

한 걸음 더

① [연결] 버튼을 누르면 미리 지정된 인터넷 음악 방송 사이트로 연결되어 음악이 재생됩니다.
② [정지] 버튼을 누르면 음악 방송이 정지됩니다.
③ 슬라이더를 조절하여 음악 방송의 볼륨을 조절합니다.

화면 디자인하기

[팔레트] 영역의 컴포넌트를 직접 드래그하여 화면을 구성하고 각 컴포넌트에 속성을 지정해보도록 하겠습니다.

❶ [Screen1]을 선택한 후 [수평 정렬 : 중앙]을 지정합니다. [레이블]을 드래그하여 [Screen1] 아래에 삽입합니다. [글꼴 크기 : 20] [높이 : 50 pixels], [너비 : 부모에 맞추기], [텍스트 : 인터넷 음악 방송 듣기]를 입력합니다.

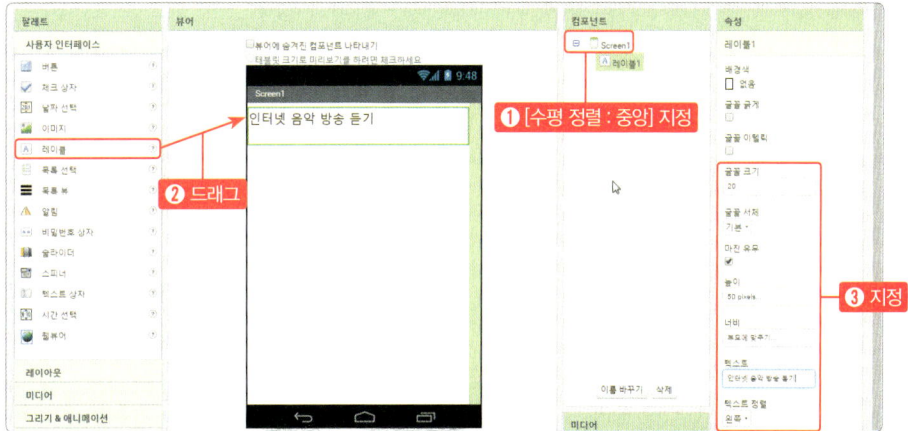

❷ [수평배치]를 삽입한 후 [너비 : 부모에 맞추기]를 지정합니다. [텍스트 상자] 한 개와 [버튼] 두 개를 삽입합니다. [텍스트 상자1]은 [너비 : 70 percent], [힌트]는 삭제하고 [여러 줄]을 선택합니다. [버튼1]과 [버튼2]의 이름을 각각 '연결'과 '정지'로 변경한 후 [텍스트]에 '연결', '정지'를 입력합니다.

❸ [레이블]을 [수평배치1] 아래에 삽입합니다. [높이 : 30 pixels], [너비 : 부모에 맞추기], [텍스트]는 삭제합니다.

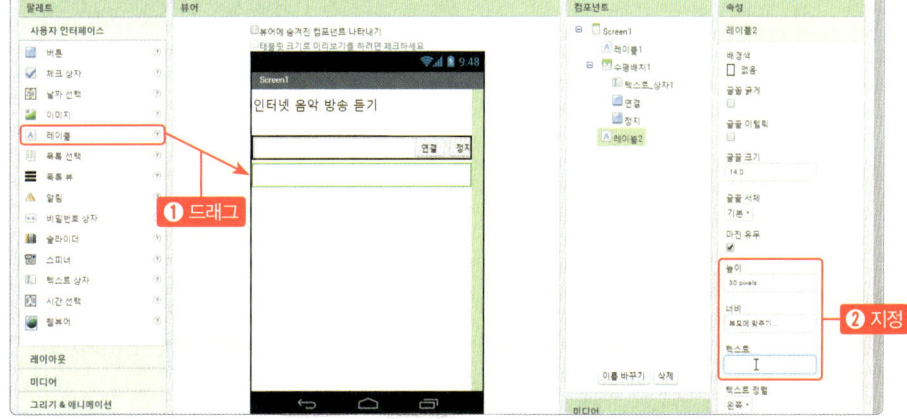

④ [수평배치]를 삽입한 후 [수직 정렬 : 가운데]를 지정합니다. [슬라이더]와 [버튼]을 삽입합니다. [슬라이더1]을 선택한 후 [너비 : 80 percent], [최댓값 : 100], [최솟값 : 0]을 지정합니다. [버튼1]은 [높이 : 50 pixels], [너비 :50 pixels], [이미지 : speaker.png]를 지정하고 [텍스트]는 삭제합니다.

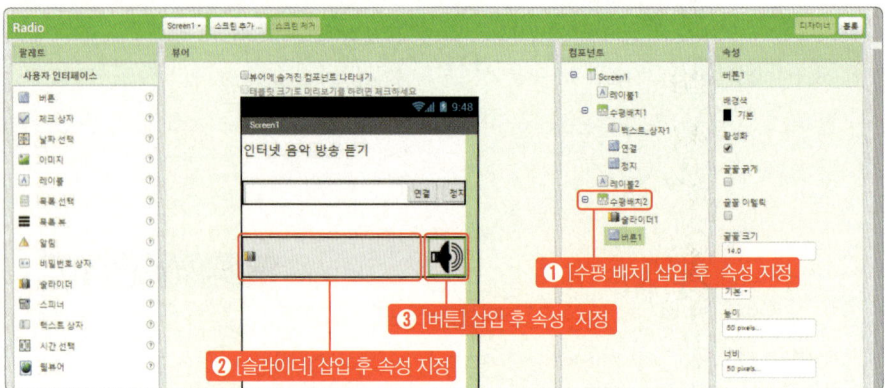

⑤ [미디어]에서 [플레이어] 컴포넌트를 드래그하여 [버튼1] 아래로 삽입합니다. [플레이어] 컴포넌트는 [보이지 않는 컴포넌트 영역]에 삽입됩니다.

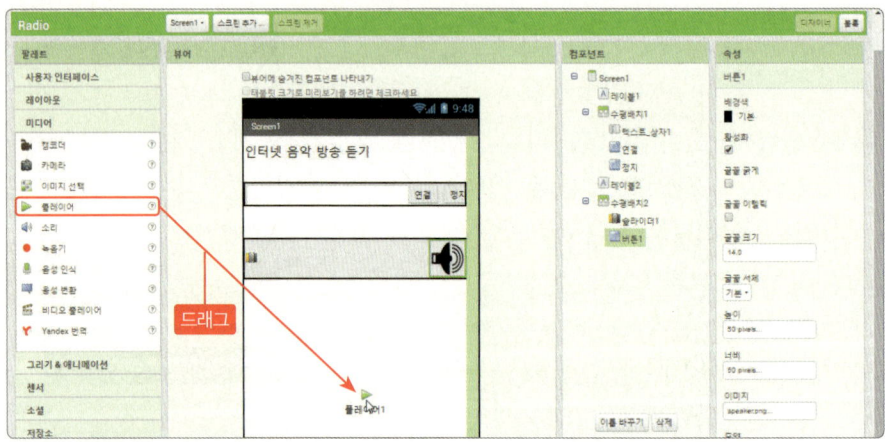

⑥ [미디어] 항목에 [파일 올리기] 버튼을 클릭한 후 [speaker_2.png] 파일을 등록합니다. [speaker_2.png] 이미지는 볼륨이 '0'이 되었을 때 표시될 이미지입니다.

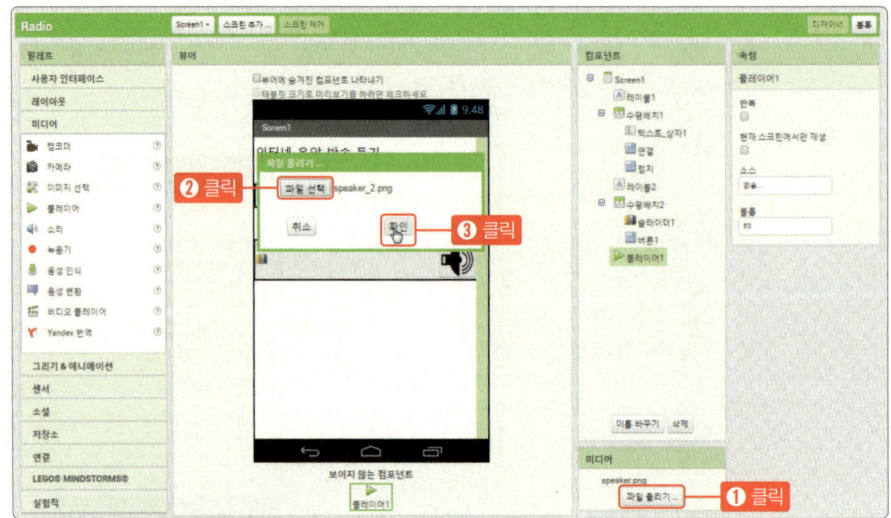

2 명령 블록 구성하기

[연결] 버튼을 누르면 인터넷 음악 방송 사이트가 연결되어 음악이 재생되며 [정지] 버튼을 누르면 음악이 정지됩니다. 슬라이더의 막대를 조절하여 방송의 볼륨을 조절할 수 있습니다. 볼륨이 '0' 이 되면 🔊가 🔇로 변경됩니다. 다시 볼륨을 키우려면 슬라이더를 드래그하여 조절합니다.

❶ [블록] 화면으로 이동합니다. [연결] 버튼을 눌렀을 때 [플레이어1]에 인터넷 음악 방송주소를 전달합니다. [텍스트_상자1]에 연결된 주소를 표시하고 [플레이어1]이 시작되어 연결된 음악 방송이 재생되도록 다음과 같이 명령 블록을 작성합니다.

❷ [정지] 버튼을 누르면 재생 중이던 음악 방송이 중지되도록 다음과 같이 명령 블록을 작성합니다.

❸ [슬라이더1]의 위치에 따라 재생 중인 음악 방송의 볼륨을 조정하기 위해 [슬라이더1]을 선택한 후 `언제 슬라이더1.위치 변경 섬네일 위치 실행`을 [뷰어] 영역으로 드래그합니다. [슬라이더1]의 [섬네일 위치]가 '0'이면 [버튼2]의 모양을 🔇로 변경하기 위해 [제어] 블록의 `만약 그러면`을 다음과 같이 삽입합니다.

Tip

[제어] 블록의 `만약 그러면`은 조건을 지정하여 명령 블록을 구성하고자 사용합니다. 블록 내부의 ⚙를 클릭하면 조건 추가가 가능하도록 명령 블록이 표시됩니다. 추가하고자 하는 명령 블록을 드래그하여 삽입하면 됩니다. 만약 추가된 명령 블록을 제거하려면 ⚙를 클릭한 후 추가된 명령 블록을 왼쪽편으로 드래그합니다.

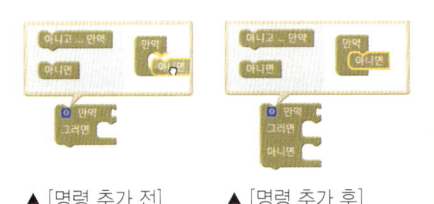

▲ [명령 추가 전]   ▲ [명령 추가 후]

❹ [섬네일 위치]가 '0'인지 비교한 후 '0'이면 [버튼1]의 🔊 이미지가 🔇로 변경되고 [플레이어1]의 볼륨 값을 '0'으로 지정하기 위해 다음과 같이 명령 블록을 작성합니다.

❺ [섬네일 위치]가 '0'이 아닌 경우에는 [버튼1]의 🔊 이미지가 표시되고 [플레이어1]의 볼륨값이 [섬네일 위치] 값이 되어야 하므로 다음과 같이 명령 블록을 작성합니다.

🔊를 눌러 음소거 지정하기

[버튼1]의 🔊을 직접 누르면 🔇로 변경되며 음소거가 되고, 🔇을 누르면 다시 소리가 들리도록 명령 블록을 추가해봅니다.

▶ 완성 파일 : Radio_mission.aia

참고 사항

1. [버튼1]을 눌렀을 때 이미지 파일명을 비교하여 만약 🔊이면 🔇로 변경한 후 볼륨을 '0'으로 지정합니다.

2. [버튼1]을 눌렀을 때 이미지 파일명을 비교하여 만약 🔇이면 🔊로 변경한 후 볼륨을 '50'으로 지정합니다.

Tip

❶ [버튼1]을 눌렀을 때 이미지가 🔊 모양이면 🔇로 변경하고 볼륨을 '0'으로 지정하여 음소거합니다.
❷ [버튼1]을 눌렀을 때 이미지가 🔊 모양이 아니면 즉, 🔇 모양이면 🔊로 변경하고 볼륨을 '50'으로 지정합니다.

```
언제 버튼1▼.클릭
실행 ❂ 만약    버튼1▼.이미지▼ = " speaker.png "
    그러면 지정하기 버튼1▼.이미지▼ 값 " speaker_2.png "
          지정하기 플레이어1▼.볼륨▼ 값 0
    아니면 지정하기 버튼1▼.이미지▼ 값 " speaker.png "
          지정하기 플레이어1▼.볼륨▼ 값 50
```

12 유튜브 영상보기

유튜브 사이트의 동영상을 연결하여 재생하는 앱을 작성해 보도록 하겠습니다. 유튜브 영상 재생 페이지가 표시되도록 [액티비티 스타터] 컴포넌트를 이용합니다.

학 습 목 표

✓ [액티비티 스타터]를 이용하여 유튜브 영상에 연결할 수 있습니다.
✓ 멀티스크린 기능을 이용할 수 있습니다.

▶ **예제파일 :** Youtube_movie.aia

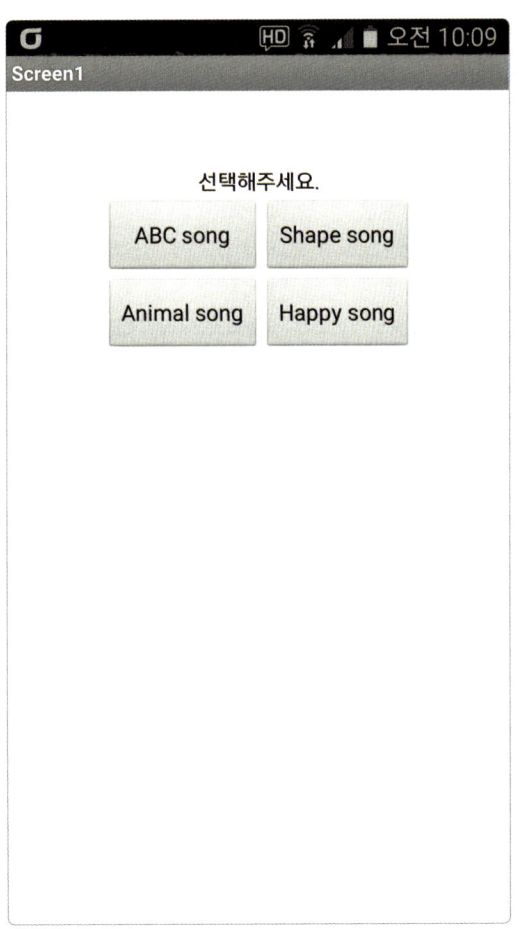

한 걸음 더

❶ 미리 등록되어 있는 노래 제목을 선택합니다.
❷ 화면이 변경되면서 [애플리케이션] 선택 화면이 표시됩니다.
❸ [유튜브]를 선택하면 유튜브 영상이 재생됩니다.
❹ 스마트 폰의 [뒤로] 버튼을 누르면 [목록으로] 버튼이 표시되며 [목록으로] 버튼을 누르면 앱의 처음 화면으로 이동됩니다.

화면 디자인하기

[팔레트] 영역의 컴포넌트를 직접 드래그하여 화면을 구성하고 각 컴포넌트에 속성을 지정해보도록 하겠습니다.

❶ [Screen1]을 선택한 후 [수평 정렬 : 중앙]을 지정합니다. [레이블]을 드래그하여 [Screen1] 아래에 삽입합니다. [높이 : 40 pixels], [너비 : 부모에 맞추기]로 지정하고 [텍스트]는 삭제합니다. [레이블]을 삽입한 후 [텍스트]에 '선택해주세요'를 입력합니다.

❷ [레이아웃]의 [표배치]를 삽입한 후 [버튼]을 네 개 삽입합니다. [버튼1], [버튼2], [버튼3], [버튼4]의 이름을 각각 'ABC_song', 'Shape_song', 'Animal_song', 'Happy_song'으로 변경합니다. 버튼의 텍스트도 'ABC song', 'Shape song', 'Animal song', 'Happy song'으로 입력합니다.

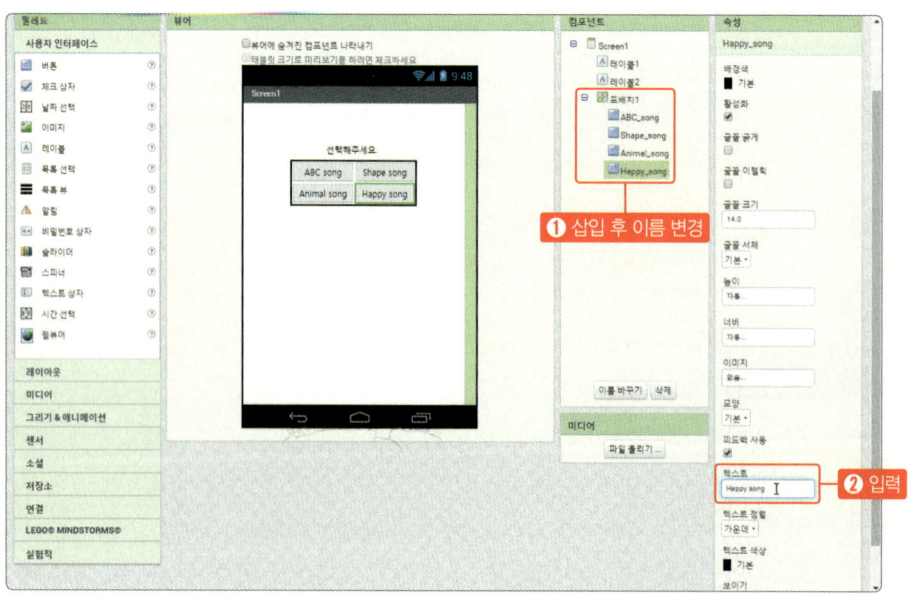

❸ 새로운 화면을 만들기 위해 [스크린 추가…]을 클릭합니다. [새 스크린] 창이 표시되면 [확인] 버튼을 클릭합니다. [Screen2]가 표시되면 [수평배치]를 삽입한 후 [수평 정렬 : 중앙], [수직 정렬 : 가운데], [높이 : 250 pixels], [너비 : 부모에 맞추기]를 지정합니다.

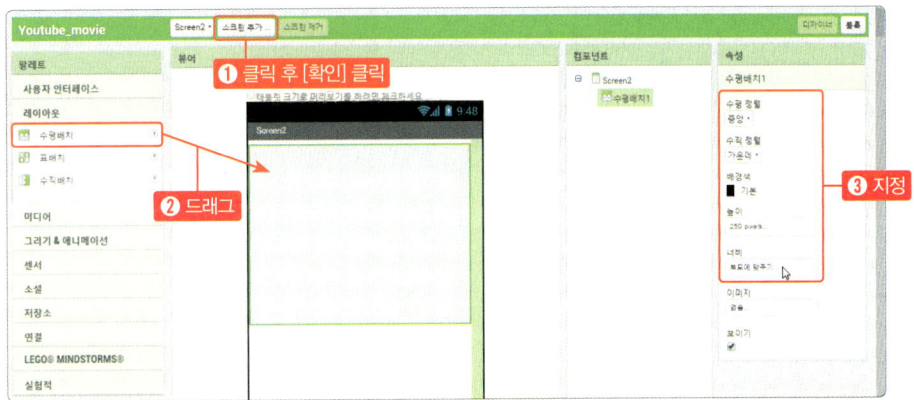

❹ [버튼]을 [수평배치1] 내부에 삽입합니다. [버튼]의 이름을 '목록'으로 변경합니다. [텍스트]에 '목록으로…'를 입력합니다.

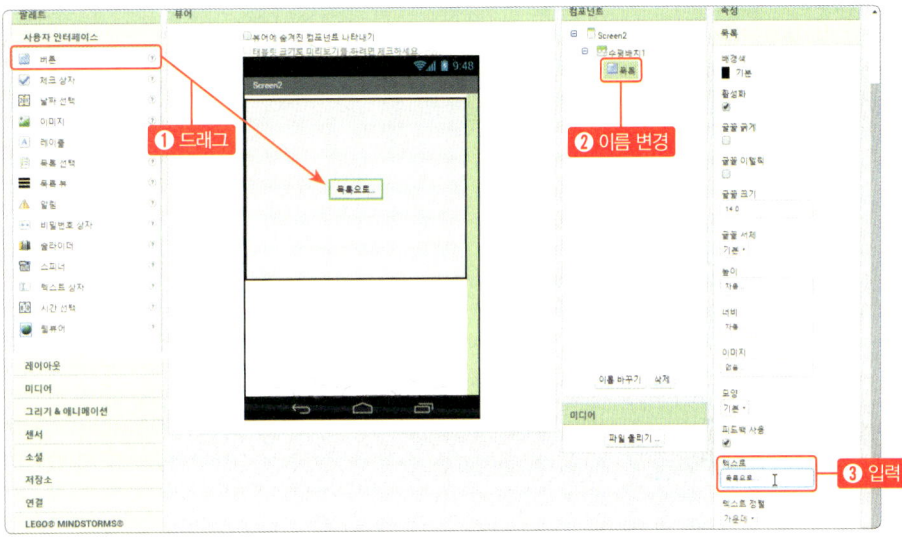

❺ [연결]에서 [액티비티 스타터]를 드래그하여 [수평배치1] 아래에 삽입합니다. [액티비티 스타터1] 컴포넌트는 [보이지 않는 컴포넌트] 영역에 표시됩니다.

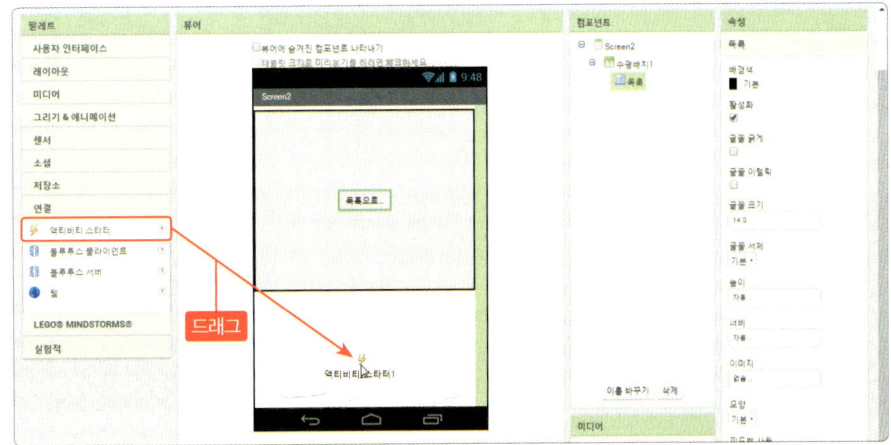

2 명령 블록 구성하기

[Screen1] 화면에서 버튼을 누르면 [Screen2]로 이동되면서 유튜브 영상을 재생할 애플리케이션을 선택하는 화면이 표시됩니다. 애플리케이션을 선택하면 동영상이 재생되며, [목록으로] 버튼을 누르면 처음 화면인 [Screen1]로 이동됩니다.

❶ [Screen2] 버튼을 클릭한 후 [Screen1]을 선택합니다. [블록] 화면으로 이동합니다. [ABC_song] 버튼을 눌렀을 때 [Screen2]로 화면을 이동하되 재생하고자 하는 유튜브 주소를 같이 전달하기 위해 다음과 같이 명령 블록을 작성합니다. 유튜브 동영상 주소는 동일하게 입력하지 않고 원하는 동영상을 검색한 후 해당 동영상의 주소를 입력해도 됩니다.

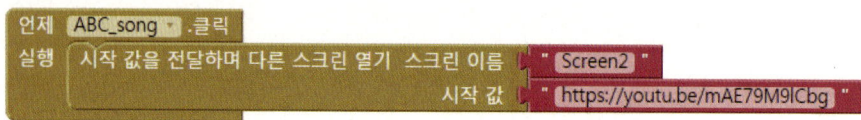

유튜브 주소 복사하기

유튜브 사이트에서 감상하길 원하는 동영상을 검색합니다. 검색된 동영상을 클릭하여 동영상이 재생되는 지 확인한 후 동영상 화면 아래쪽의 [공유]를 클릭합니다. 아래에 표시되는 주소를 클릭한 후 마우스 오른쪽 버튼을 클릭합니다. [복사] 메뉴를 클릭한 후 '시작 값' 텍스트에 마우스 오른쪽 버튼을 클릭한 후 [붙여넣기] 합니다.

❷ [Shape_song] 버튼을 눌렀을 때 [Screen2]로 화면을 이동하되 재생하고자 하는 유튜브 주소를 같이 전달하기 위해 명령 블록을 복사하겠습니다. 명령 블록에서 마우스 오른쪽 버튼을 클릭한 후 [복제하기] 메뉴를 클릭합니다.

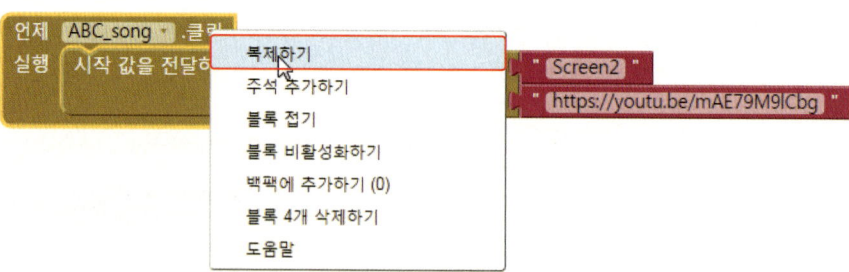

❸ 명령 블록에 복사되어 표시되면 아래쪽으로 드래그하여 위치를 변경합니다. [ABC_song]의 목록 버튼을 클릭한 후 'Shape_song'을 선택합니다. 시작 값의 주소를 변경합니다.

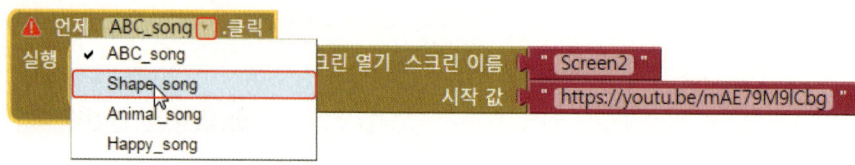

❹ 앞과 같은 방법으로 명령 블록을 복사하여 아래와 같이 버튼 이름과 시작 값을 변경합니다.

❺ [Screen1]에서 버튼을 누르면 [Screen2]로 화면이 이동된 후 액티비티 스타터를 시작해서 유튜브에 연결되어야 합니다. [Screen2]로 이동한 후 다음과 같이 명령 블록을 작성합니다. [시작 값]은 [Screen1]에서 전송된 유튜브 동영상 주소입니다.

❻ [목록] 버튼을 클릭하면 [Screen1] 화면으로 되돌아 가기 위해 다음과 같이 명령 블록을 작성합니다.

목록에서 유튜브 영상 선택하기

재생하고자 하는 유튜브 목록을 버튼이 아닌 [목록 선택] 컴포넌트를 이용하여 선택하고 선택된 목록에 따라 유튜브 동영상이 연결되도록 명령 블록을 수정합니다.

▶ 완성 파일 : Youtube_movie_mission.aia

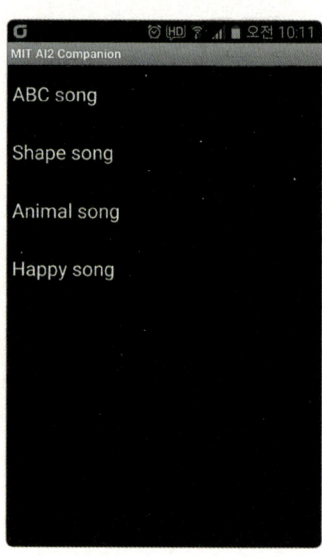

참고 사항

1. [표배치1] 컴포넌트를 삭제한 후 [사용자 인터페이스]의 [목록 선택]을 클릭하여 [레이블2] 아래에 삽입합니다.

2. [목록_선택1] 컴포넌트 속성의 [목록 문자열] 입력란에 'ABC song, Shape song, Animal song, Happy song'을 입력합니다.

3. 선택된 목록 버튼 값에 따라 연결되는 유튜브 영상이 선택되도록 IF 명령 블록을 이용합니다.

Tip

❶ [목록_선택1]에서 선택된 값이 각각 'ABC song, Shape song, Animal song, Happy song' 중 어느 것인지 비교한 후 해당 주소를 [Screen2]로 전송합니다.

13 음성으로 웹 사이트 연결하기

음성을 인식하여 문자로 표현해주는 [음성 인식] 컴포넌트와 웹 페이지를 보여주는 [웹뷰어] 컴포넌트를 이용하여 포털 사이트 이름을 말하면 해당 포털 사이트로 연결되는 앱을 작성해보도록 하겠습니다.

학습목표

- [음성 인식] 컴포넌트를 이용할 수 있습니다.
- [웹뷰어] 컴포넌트를 활용하여 특정 웹 사이트에 접속할 수 있습니다.

▶ 예제파일 : Voice_Browser.aia

한 걸음 더

① 앱을 실행하면 음성을 인식하는 마이크가 표시됩니다.
② 네이버, 다음, 해람 중 하나를 마이크에 말합니다.
③ 해당 웹 사이트로 연결됩니다. 단 네이버, 다음, 해람이 아닌 단어를 말하면 무조건 구글 사이트로 연결된 후 해당 검색어를 검색합니다.
④ 새로운 사이트를 검색하려면 하단의 를 클릭합니다.
⑤ [뒤로], [앞으로] 버튼을 눌러 웹 페이지를 이동할 수 있습니다.

 ## 화면 디자인하기

[팔레트] 영역의 컴포넌트를 직접 드래그하여 화면을 구성하고 각 컴포넌트에 속성을 지정해보도록 하겠습니다.

❶ [Screen1]을 선택한 후 [수평 정렬 : 중앙]을 지정합니다. [사용자 인터페이스]의 [웹뷰어]를 드래그하여 [Screen1] 아래에 삽입합니다. [높이 : 80 percent]를 지정합니다.

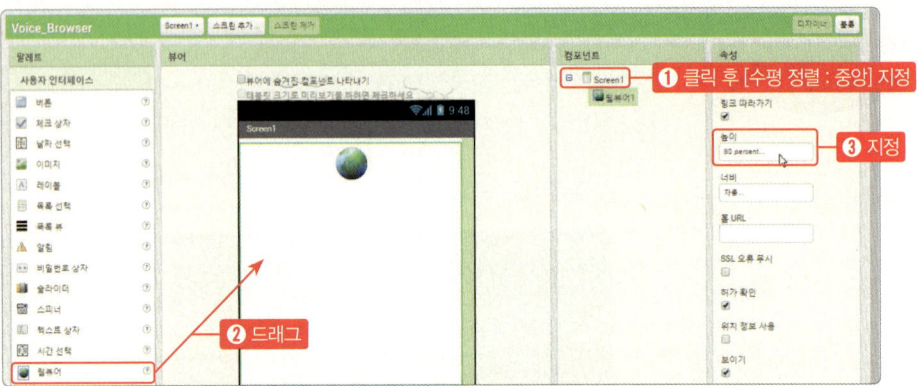

❷ [웹뷰어1] 아래에 [레이블]을 삽입한 후 [배경색 : 검정], [높이 : 10 pixels], [너비 : 부모에 맞추기]로 지정하고 [텍스트]는 삭제합니다.

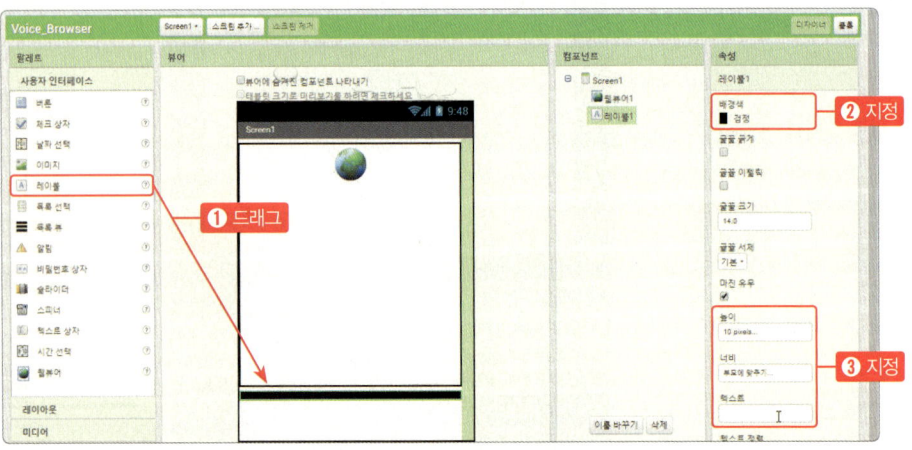

❸ [수평배치]를 삽입한 후 [수평 정렬 : 중앙], [수직 정렬 : 가운데], [높이 : 60 pixels], [너비 : 부모에 맞추기]를 지정합니다.

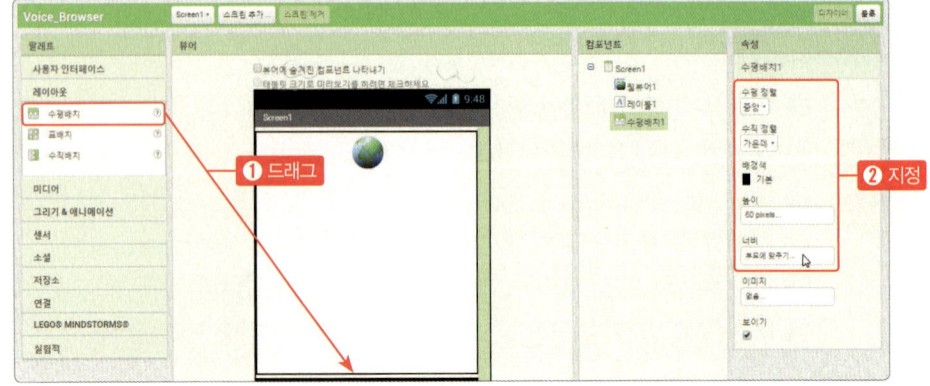

❹ [수평배치1] 내부에 버튼 두 개를 삽입합니다. 버튼의 이름을 순서대로 '뒤로', '앞으로'로 지정합니다. 두 개의 버튼을 [높이 : 50 pixels]로 지정하고 텍스트를 각각 '뒤로', '앞으로'로 입력합니다.

❺ [버튼]을 드래그하여 [뒤로], [앞으로] 버튼 사이에 삽입합니다. 버튼의 이름을 '말하기'로 지정합니다. [높이 : 30 pixels], [너비 : 30 pixels]로 지정하고 [이미지]를 'mike.png'로 지정합니다. [텍스트]는 삭제합니다.

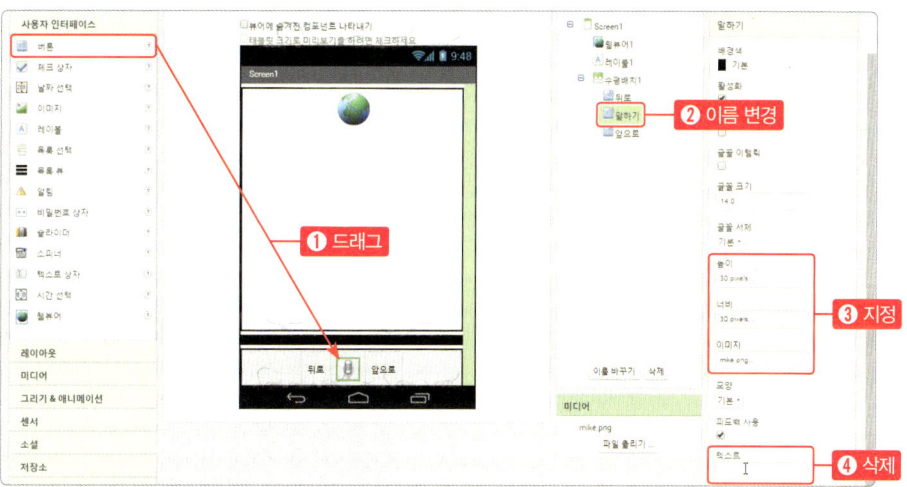

❻ [미디어]의 [음성 인식] 컴포넌트를 [뷰어] 영역으로 드래그합니다. [보이지 않는 컴포넌트] 영역에 삽입됩니다.

2 명령 블록 구성하기

지정된 사이트(네이버, 다음, 해람)를 말하면 자동으로 해당 웹 사이트가 연결되고, 지정되지 않은 사이트를 말하면 구글 사이트에서 검색한 결과가 표시되도록 명령 블록을 구성해보도록 하겠습니다.

❶ [블록] 화면으로 이동합니다. 앱을 실행하자마자 [음성 인식] 컴포넌트가 실행되도록 지정하기 위해 `언제 Screen1.초기화 실행` 블록과 `호출 음성_인식1.텍스트 가져오기` 블록을 이용하여 다음과 같이 명령 블록을 구성합니다.

❷ 인식된 음성의 텍스트를 이용하여 해당 사이트로 이동하기 위해선 `언제 음성_인식1.텍스트 가져온 후 결과 실행` `호출 웹뷰어1.URL로 이동 url` 블록을 이용해야 합니다. 음성 인식된 결과 값이 '네이버'라면 'http://www.naver.com' 사이트로 이동되도록 지정하기 위해 다음과 같이 명령 블록을 구성합니다.

❸ 음성 인식된 결과 값이 '다음'이라면 'http://www.daum.net', '해람'이라면 'http://www.hrbooks.co.kr' 사이트로 이동되도록 ⚙을 클릭한 후 `아니고 ... 만약` 블록을 삽입하여 다음과 같이 명령 블록을 추가 구성합니다.

❹ 음성 인식된 결과 값이 '네이버', '다음', '해람'이 아니라면 구글 사이트에 연결한 후 검색한 결과를 표시하기 위해 ⚙을 클릭한 후 `아니면` 블록을 삽입하여 다음과 같이 명령 블록을 추가합니다.

```
언제 음성_인식1.텍스트 가져온 후
  결과
실행  만약      가져오기 결과 = " 네이버 "
     그러면   호출 웹뷰어1.URL로 이동
              url " http://www.naver.com "
     아니고...라면  가져오기 결과 = " 다음 "
     그러면   호출 웹뷰어1.URL로 이동
              url " http://www.daum.net "
     아니고...라면  가져오기 결과 = " 해람 "
     그러면   호출 웹뷰어1.URL로 이동
              url " http://www.hrbooks.co.kr/ "
     아니면   호출 웹뷰어1.URL로 이동
              url  합치기 " http://www.google.com/m?q= "
                       가져오기 결과
```

❺ [뒤로] 버튼을 누르면 이전 웹 페이지로 이동할 수 있도록 `호출 웹뷰어1.뒤로 가기` 블록을 이용하고, [앞으로] 버튼을 누르면 앞 웹 페이지로 이동할 수 있도록 `호출 웹뷰어1.앞으로 가기` 블록을 이용하여 다음과 같이 명령 블록을 작성합니다.

```
언제 뒤로.클릭               언제 앞으로.클릭
실행 호출 웹뷰어1.뒤로 가기   실행 호출 웹뷰어1.앞으로 가기
```

❻ [말하기] 버튼인 🎤을 눌렀을 때 [음성 인식] 컴포넌트가 연결되도록 다음과 같이 명령 블록을 작성합니다.

```
언제 말하기.클릭
실행 호출 음성_인식1.텍스트 가져오기
```

네이버/구글 웹 페이지에서 검색하기(음성 인식)

네이버와 구글 사이트를 [음성 인식]한 후 찾고자 하는 검색어도 [음성 인식]하여 데이터 검색이 가능하도록 명령 블록을 수정합니다. 접속하고자 하는 사이트도 음성으로 인식하고 검색하고자 하는 검색어도 음성 인식하기 때문에 [음성 인식] 컴포넌트가 두 개 활용됩니다.

▶ **완성 파일** : Voice_Browser_mission.aia

참고 사항

1. 검색어도 음성 인식하려면 새로운 [음성 인식] 컴포넌트를 추가해야 합니다.
2. [음성_인식1] 명령 블록의 '네이버', '다음', '해람', '구글'에 연결되도록 지정된 블록을 모두 삭제합니다.
3. 네이버 검색엔진에 연결하기 위해 웹 페이지 주소(https://search.naver.com/search.naver?where=nexearch&query=)와 구글 검색엔진에 연결하기 위한 웹 페이지 주소(http://www.google.com/m?q=)를 연결해야 합니다.
4. 해당 웹 페이지 주소를 [웹뷰어]에 연결하기 위해 '사이트'라는 변수를 활용합니다.

Tip

❶ 웹 페이지 연결은 두 번째 음성 인식이 완료되어야 가능하므로 검색 엔진을 가져오는 첫 번째 음성 인식의 결과 값을 저장하기 위해 '사이트'라는 변수를 선언합니다.
❷ 첫 번째 음성 인식된 결과 값이 '네이버'인지 '구글'인지에 따라 연결한 검색 엔진 웹 페이지를 '사이트' 변수에 저장한 후 검색어를 음성 인식하기 위해 를 지정합니다.

❶ '사이트' 변수의 웹 페이지 주소와 두 번째 음성 인식의 결과 값을 이용하여 웹 페이지를 연결하여 검색 결과를 보여줍니다.

14 전송된 메시지 읽어주는 앱 만들기

운전 중인 경우와 같이 메시지 확인이 어려울 때 전송된 메시지를 읽어주고 선택한 메시지를 자동으로 전송해주는 앱을 작성해보도록 하겠습니다. 문자 메시지를 보내고/받기 위해 [문자 메시지] 컴포넌트를 이용합니다.

학 습 목 표

- ✓ [목록 선택] 컴포넌트를 이용하여 자동 전송되는 응답 메시지를 미리 작성하여 활용할 수 있습니다.
- ✓ 함수를 작성하고 활용할 수 있습니다.
- ✓ [음성 변환] 컴포넌트를 이용하고 [알림] 컴포넌트의 [경고창]을 활용할 수 있습니다.

▶ 예제파일 : MessageReader.aia

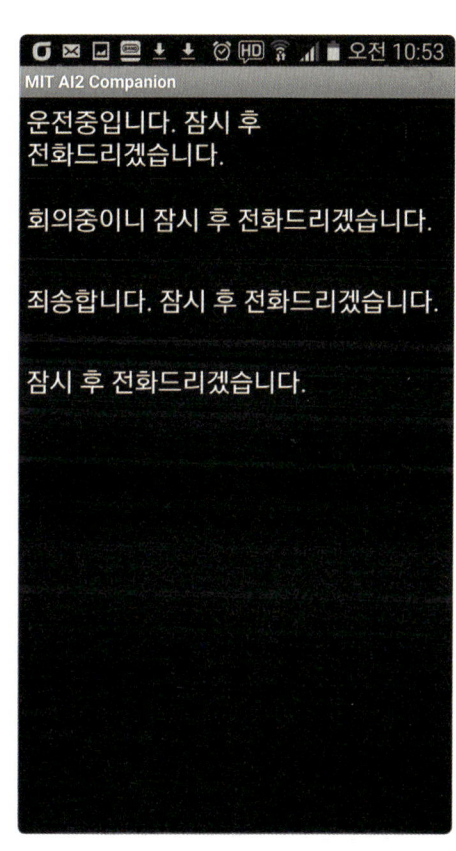

❶ 문자 메시지가 도착하면 발신자의 전화번호와 메시지 내용이 화면에 표시되면서 메시지 내용을 음성으로 읽어줍니다.

❷ [메시지 선택] 버튼을 누르면 미리 작성해놓은 메시지가 화면에 표시됩니다.

❸ 메시지 목록에서 메시지를 선택하면 자동으로 수신된 전화번호에 해당 메시지가 전송되며 [메시지 전송 완료] 창이 표시됩니다.

 ## 화면 디자인하기

[팔레트] 영역의 컴포넌트를 직접 드래그하여 화면을 구성하고 각 컴포넌트에 속성을 지정해보도록 하겠습니다.

❶ [Screen1]을 선택한 후 [수평 정렬 : 중앙]을 지정합니다. [레이블] 컴포넌트를 드래그하여 [Screen1] 아래에 삽입합니다. [텍스트]는 삭제합니다.

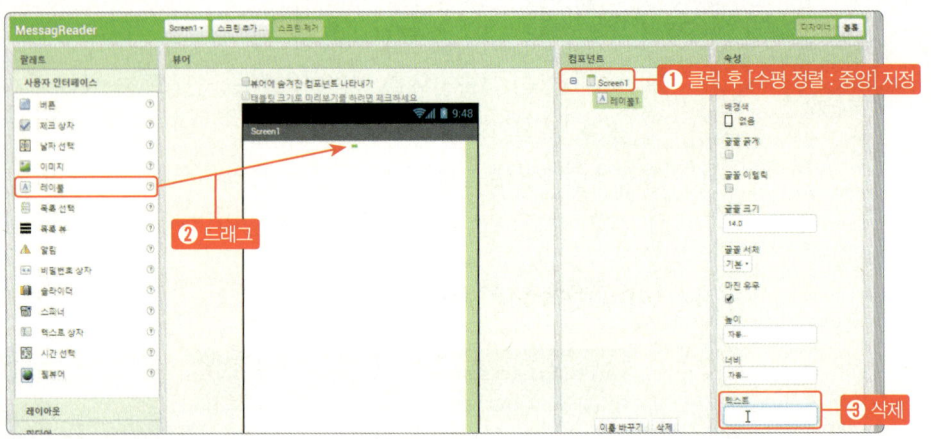

❷ [수평배치]를 삽입합니다. [수직 정렬 : 가운데], [높이 : 30 pixels], [너비 : 부모에 맞추기]를 지정합니다. [레이블]을 [수평배치1] 내부에 삽입한 후 [글꼴 크기 : 18], [텍스트]는 삭제합니다. [레이블]을 [레이블2] 오른쪽에 삽입한 후 [글꼴 크기 : 18], [높이 : 30 pixels], [너비 : 70 percent], [텍스트]는 삭제합니다.

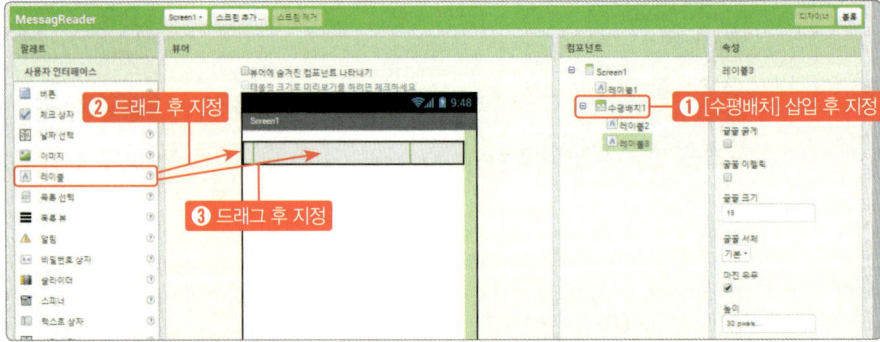

❸ [수직배치]를 [수평배치1] 아래에 삽입합니다. [너비 : 부모에 맞추기]를 지정합니다. [레이블]을 [수직배치1] 내부에 삽입합니다. [글꼴 크기 : 18], [텍스트]는 삭제합니다.

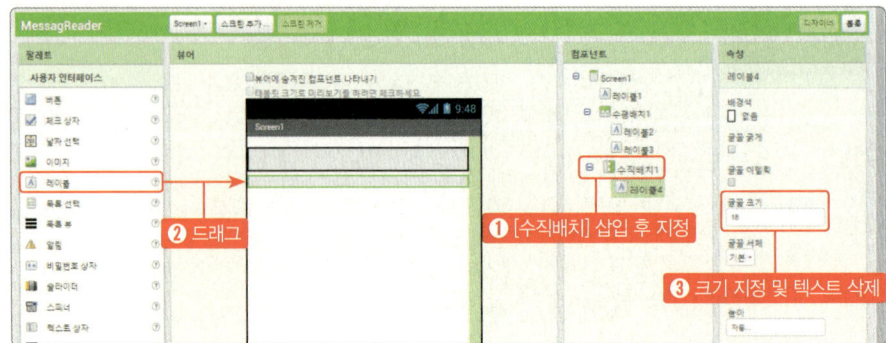

❹ [레이블]을 [레이블4] 아래쪽에 삽입합니다. [글꼴 크기 : 18], [높이 : 200 pixels], [너비 : 100 percent], [텍스트]는 삭제합니다.

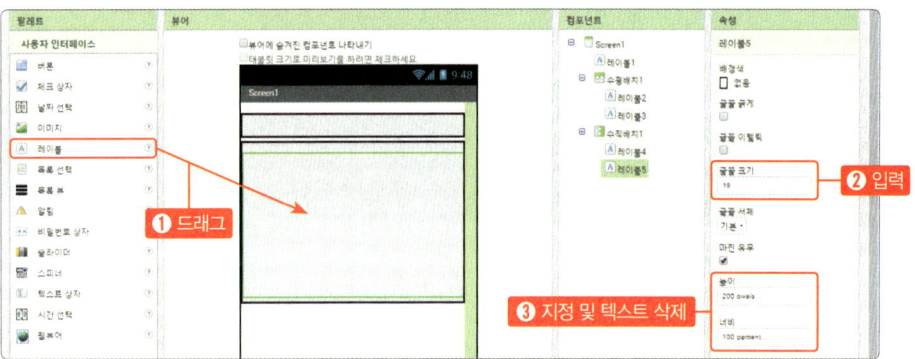

❺ [목록 선택]을 [수직배치1] 아래에 삽입합니다. [목록 선택]을 클릭한 후 [텍스트]에 '메시지 선택'을 입력합니다. 앱을 처음 실행했을 때 화면에 표시되지 않도록 지정하기 위해 [보이기] 항목의 선택을 해제합니다.

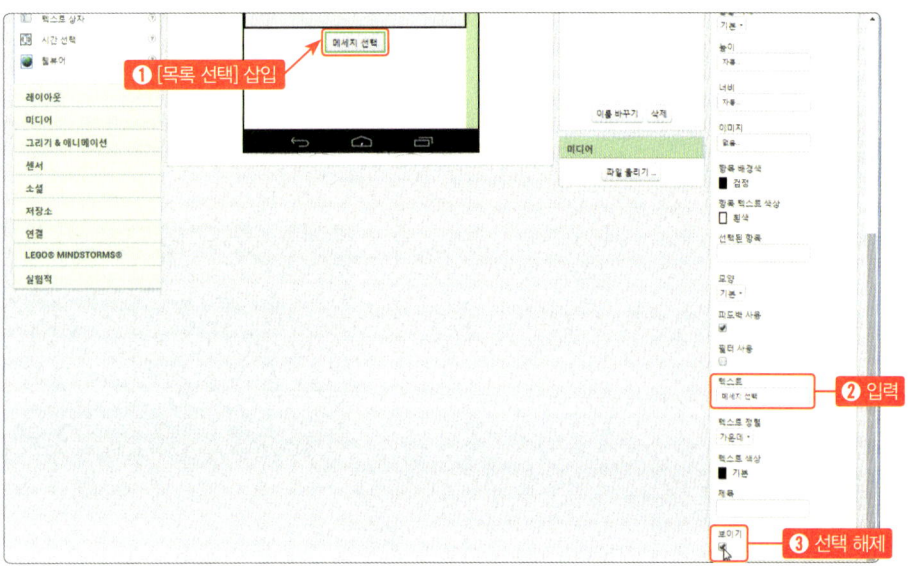

❻ [미디어]의 [음성 변환], [소셜]의 [문자 메시지], [사용자 인터페이스]의 [알림] 컴포넌트를 [뷰어] 영역으로 드래그합니다. [보이지 않는 컴포넌트] 영역에 삽입됩니다.

> **Tip**
> [목록_선택1] 컴포넌트에서 [보이기] 항목의 선택을 해제했기 때문에 [Screen1]에 [메시지 선택]이 표시되지 않습니다.

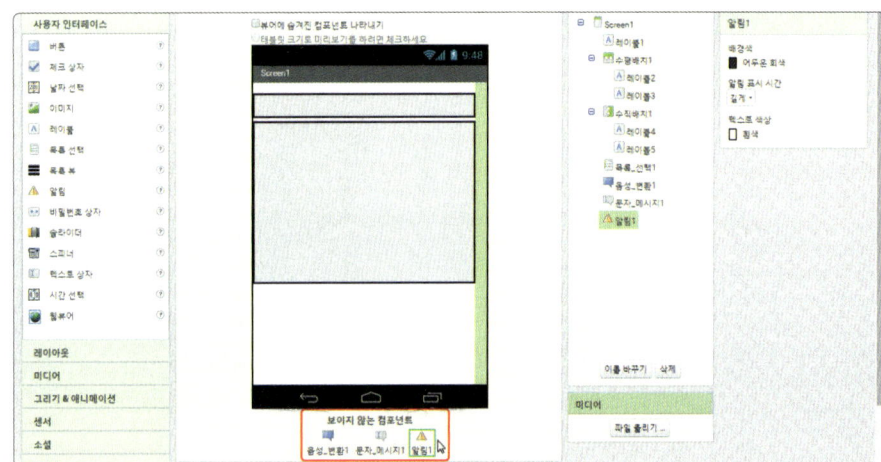

14. 전송된 메시지 읽어주는 앱 만들기 113

2 명령 블록 구성하기

문자 메시지가 도착되면 수신 전화번호와 문자 내용이 화면에 표시된 후 문자 내용을 읽어줍니다. [메시지 선택] 버튼을 누른 후 메시지를 선택하면 선택된 메시지가 전송된 후 [전송완료] 알림이 표시되도록 명령 블록을 구성해보겠습니다.

❶ [블록] 화면으로 이동합니다. [목록 선택1]에 메시지를 등록하기 위해 `언제 목록_선택1 .선택 전 실행` 블록과 `지정하기 목록_선택1 . 목록 문자열 값` 블록을 이용하여 다음과 같이 명령 블록을 작성합니다.

```
언제 목록_선택1 .선택 전
실행  지정하기 목록_선택1 . 목록 문자열 값  합치기 " 운전중입니다. 잠시 후 전화드리겠습니다.,"
                                              " 회의중이니 잠시 후 전화드리겠습니다.,"
                                              " 죄송합니다. 잠시 후 전화드리겠습니다.,"
                                              " 잠시 후 전화드리겠습니다."
```

Tip 메시지 입력 후 마지막에 반드시 ,(쉼표)를 입력해야 합니다. ,(쉼표)를 입력하지 않으면 모든 문장이 하나로 표시됩니다.

❷ [문자 메시지]를 받았을 때 수신된 전화번호와 메시지를 화면에 표시하기 위해 `언제 문자_메시지1 .메시지 받음 전화번호 메시지 텍스트 실행` 블록을 이용하여 다음과 같이 명령 블록을 작성합니다.

```
언제 문자_메시지1 .메시지 받음
 전화번호  메시지 텍스트
실행  지정하기 레이블2 . 텍스트 값  " 수신 전화번호 : "
      지정하기 레이블3 . 텍스트 값  가져오기 전화번호
      지정하기 레이블4 . 텍스트 값  " 수신 메시지 : "
      지정하기 레이블5 . 텍스트 값  가져오기 메시지 텍스트
```

Tip [레이블]의 [속성] 창에서 텍스트를 입력하지 않고 `지정하기 레이블 . 텍스트 값` 블록을 이용하여 텍스트를 지정하면 [문자 메시지]를 받았을 때만 '수신 전화번호 : ', '수신 메시지 : ' 텍스트가 표시됩니다.

❸ 수신된 메시지를 음성으로 읽은 후 전송 메시지를 선택하려면 [메시지 선택]이 표시되도록 지정하기 위해 `지정하기 목록_선택1 . 보이기 값` 블록을 이용하여 다음과 같이 명령 블록을 작성합니다.

```
언제 문자_메시지1 .메시지 받음
 전화번호  메시지 텍스트
실행  지정하기 레이블2 . 텍스트 값  " 수신 전화번호 : "
      지정하기 레이블3 . 텍스트 값  가져오기 전화번호
      지정하기 레이블4 . 텍스트 값  " 수신 메시지 : "
      지정하기 레이블5 . 텍스트 값  가져오기 메시지 텍스트
      호출 음성_변환1 .말하기
                  메시지  가져오기 메시지 텍스트
      지정하기 목록_선택1 . 보이기 값  참
```

❹ [메시지 선택]을 눌러 선택된 메시지가 수신된 전화번호로 다시 전송되도록 지정하기 위해 다음과 같이 명령 블록을 작성합니다.

❺ 메시지 전송이 완료되면 경고창이 표시되도록 다음과 같이 명령 블록을 작성합니다.

❻ 메시지 전송이 완료되면 화면의 내용이 삭제되고, [메시지 선택] 버튼이 보이지 않도록 지정하기 위해서 함수를 이용합니다. [공통 블록]의 [함수]를 클릭한 후 을 삽입합니다. [함수_이름] 입력란을 클릭한 후 '프로그램_초기화'를 입력하고 다음과 같이 명령 블록을 작성합니다.

> **Tip**
> 자주 반복되는 명령문 등을 함수로 선언한 후 [호출]을 이용하여 명령 블록을 구성하면 명령 블록을 간략히 구성할 수 있을 뿐만 아니라 프로그램의 가독성도 높일 수 있습니다.

❼ [공통 블록]에서 [함수]를 클릭한 후 을 드래그하여 아래에 삽입합니다.

[메시지 말하기] 버튼을 눌러 직접 답하기

문자 메시지 도착 시 미리 작성되어 있는 메시지를 전송하는 것이 아니라 [메시지 말하기] 버튼을 누른 후 직접 말을 하면 해당 음성을 인식하여 문자 메시지가 전송되도록 명령 블록을 수정해봅니다. [음성 인식] 컴포넌트를 새로 추가 삽입합니다.

▶ 완성 파일 : MessageReader_mission.aia

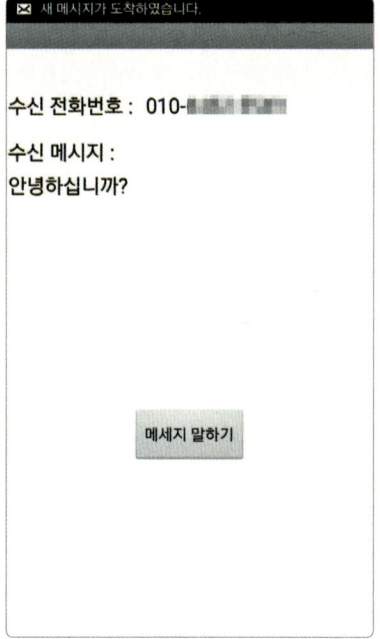

참고 사항

1. [음성 인식] 컴포넌트를 추가 삽입합니다.
2. [목록_선택1]과 관련된 명령 블록은 모두 삭제합니다.
3. [수직배치1] 아래에 [버튼]을 삽입하고 [텍스트]를 '메시지 말하기'로 입력합니다.

Tip

❶ [메시지 말하기] 버튼, 즉 [버튼1]을 누르면 [음성 인식] 컴포넌트가 호출되며, 사용자의 음성을 문자로 변환시킵니다.

```
언제  버튼1 ▼ .클릭
실행  호출  음성_인식1 ▼ .텍스트 가져오기
```

❶ 음성 인식이 완료되어 문자로 변환되면 변환된 텍스트를 [문자_메시지]의 메시지로 지정합니다.
❷ 메시지가 수신된 전화번호로 다시 전송되도록 지정하기 위해 명령 블록을 작성합니다.

```
언제  음성_인식1 ▼ .텍스트 가져온 후
      결과
실행  지정하기  문자_메시지1 ▼ . 메시지 ▼  값  가져오기  결과 ▼
      지정하기  문자_메시지1 ▼ . 전화번호 ▼  값  레이블3 ▼ . 텍스트 ▼
      호출  문자_메시지1 ▼ .메시지 보내기
      호출  알림1 ▼ .경고창 나타내기
                                알림  " 메시지 전송 완료 "
      호출  프로그램_초기화
```

15 나만의 알람 만들기

시간(초)을 선택한 후 해당 시간이 경과되면 알람이 울리는 알람 앱을 작성해보도록 하겠습니다. 시간을 이용해야하기 때문에 [시계] 센서를 이용해야하며 알람이 울리도록 하기 위해 [소리] 컴포넌트도 이용합니다. [알림] 컴포넌트를 이용하여 경고창도 표시합니다.

학 습 목 표

- [시계] 센서를 이용하여 경과 시간을 측정할 수 있습니다.
- 값을 임시로 보관하는 변수를 선언하고 활용할 수 있습니다.
- 목록에서 시간을 선택할 수 있도록 [스피너] 컴포넌트를 이용할 수 있습니다.
- [알림] 컴포넌트를 이용하여 경고창을 표시할 수 있습니다.

▶ 예제파일 : Alarm.aia

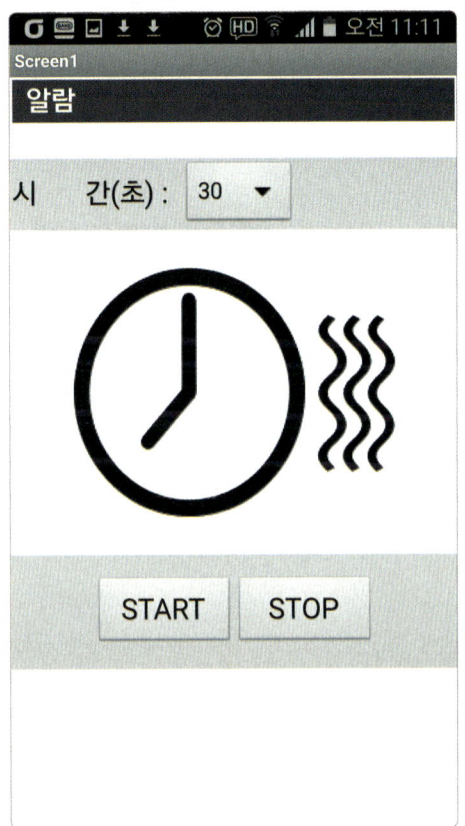

❶ 목록 버튼을 눌러 지정하고자 하는 시간을 선택합니다.
❷ [START] 버튼을 누르면 [시계] 센서가 작동하여 시간을 체크합니다.
❸ 지정된 시간이 경과되면 알람 소리가 재생됩니다.
❹ [STOP] 버튼을 누르면 알람 소리가 정지됩니다.

화면 디자인하기

[팔레트] 영역의 컴포넌트를 직접 드래그하여 화면을 구성하고 각 컴포넌트에 속성을 지정해보도록 하겠습니다.

❶ [Screen1]을 선택한 후 [수평 정렬 : 중앙]을 지정합니다. [레이블]을 드래그하여 [Screen1] 아래에 삽입합니다. [배경색 : 어두운 회색], [글꼴 굵게], [글꼴 크기 : 20 pixels], [높이 : 30 pixels], [너비 : 부모에 맞추기]로 지정하고 [텍스트]에 '알람'을 입력합니다. [텍스트 색상 : 흰색]을 지정합니다.

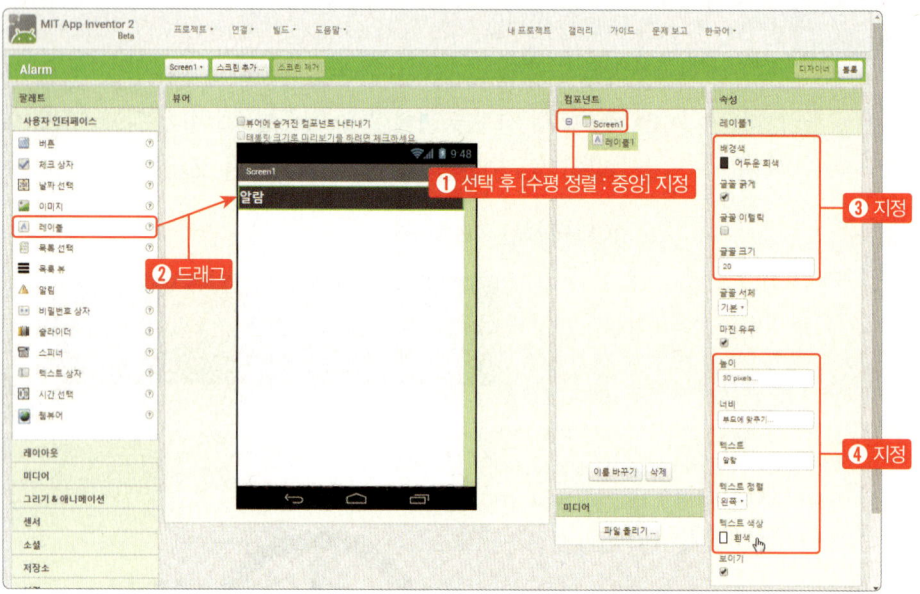

❷ [레이블]을 드래그하여 [레이블1] 아래에 삽입한 후 [텍스트]는 삭제합니다. [수평배치]를 [레이블2] 아래에 삽입합니다. [수평배치1]은 [수직 정렬 : 가운데], [배경색 : 밝은 회색], [높이 : 50 pixels], [너비 : 부모에 맞추기]를 지정합니다. [레이블]을 [수평배치] 내부에 삽입합니다. [글꼴 크기 : 20 pixels], [높이 : 30 pixels], [너비 : 120 pixels]로 지정하고 [텍스트]에 '시 간 (초)'를 입력합니다.

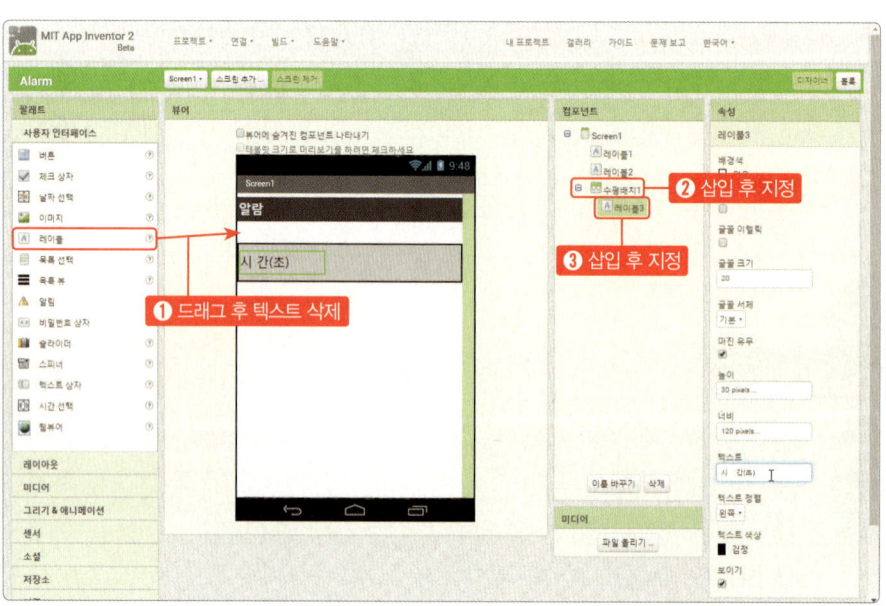

❸ [스피너]를 [수평배치1] 내부에 삽입합니다. [목록 문자열]에 '0,5,10,15,20,30,40,50,60'을 입력합니다. [선택된 항목]에는 '0'을 입력합니다.

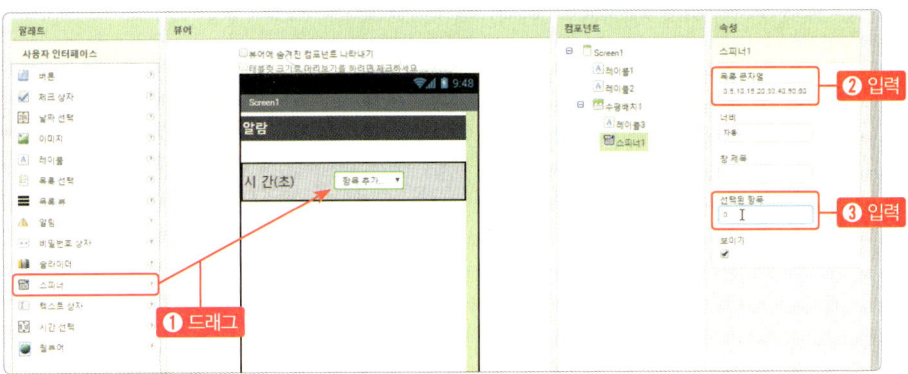

❹ [레이블]을 [수평배치1] 아래에 삽입합니다. [레이블4]의 [텍스트]는 삭제합니다. [이미지]를 [레이블4] 아래에 삽입한 후 [사진 : alarm.png]를 지정합니다. [레이블]을 [이미지1] 아래에 삽입합니다. [레이블5]의 [텍스트]는 삭제합니다.

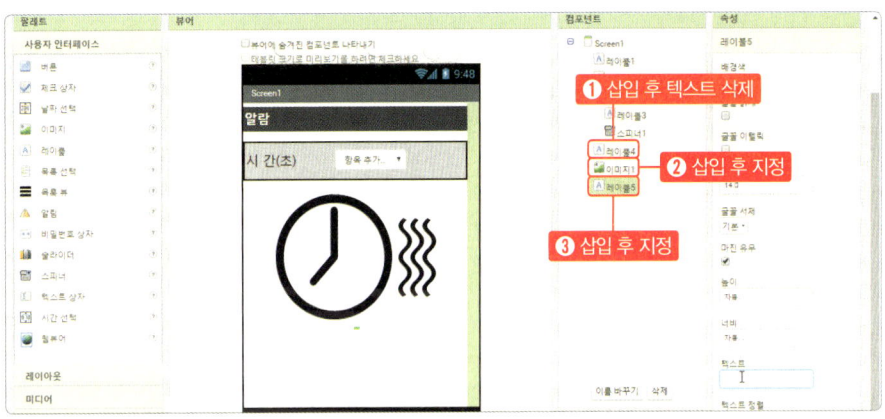

❺ [수평배치]를 [레이블5] 아래에 삽입합니다. [수평 정렬 : 중앙], [수직 정렬 : 가운데], [배경색 : 밝은 회색], [높이 : 80 pixels], [너비 : 부모에 맞추기]를 지정합니다. [수평배치2] 내부에 [버튼]을 두 개 삽입합니다. 버튼을 각각 'START', 'STOP'으로 이름 바꾸기 합니다. [START] 버튼과 [STOP] 버튼을 [글꼴 크기 : 20], [높이 : 50 pixels], [너비 : 100 pixels]로 지정하고 [텍스트]는 'START'와 'STOP'으로 입력합니다.

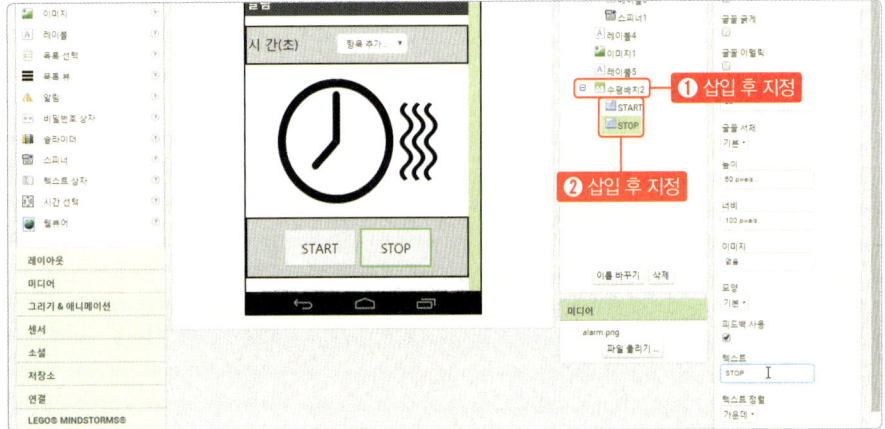

❻ [사용자 인터페이스]의 [알림], [미디어]의 [소리], [센서]의 [시계]를 삽입합니다. 모두 [보이지 않는 컴포넌트] 영역에 표시됩니다. [소리1]의 속성의 [소스]를 클릭한 후 [파일 올리기] 버튼을 클릭하여 'clapping.wav'를 등록합니다.

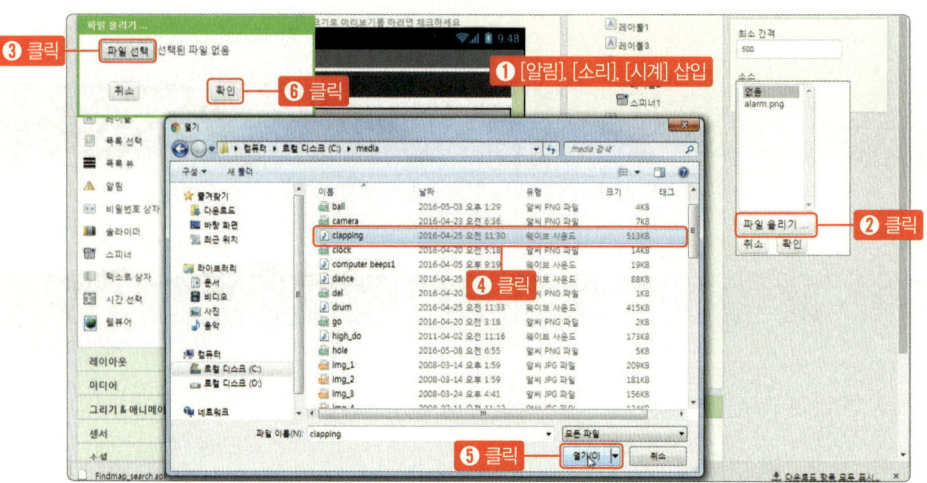

2 명령 블록 구성하기

목록 버튼을 눌러 시간을 선택한 후 [START] 버튼을 누르면 선택된 시간 경과 후 소리가 재생됩니다. [STOP] 버튼을 눌러 소리 재생을 정지합니다. 시간을 선택하지 않은 상태에서 [START] 버튼을 누르면 경고창이 표시됩니다.

❶ [블록] 화면으로 이동합니다. [시계] 컴포넌트에서 계산되는 시간 값을 저장하기 위한 변수를 선언하기 위해 [공통 블록]에서 [변수]를 클릭합니다. `전역변수 초기화 변수_이름 값` 을 [뷰어] 영역으로 드래그합니다. [변수_이름] 입력란을 클릭한 후 '시간'을 입력합니다.

> **Tip**
> 변수는 데이터 값을 임시로 저장하는 기억 공간을 의미합니다. 리스트와 달리 하나의 변수는 하나의 값만 기억합니다.

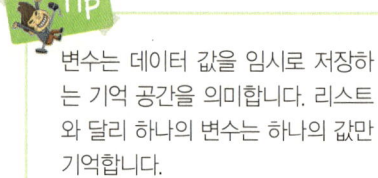

❷ [시계1] 타이머가 작동되어 시간이 1초씩 증가되어 선택된 시간이 되었을 때 알람 소리가 재생되도록 지정하기 위해 `언제 시계1.타이머 실행` 을 [뷰어] 영역에 드래그합니다. [시간] 변수 값이 '0'이 아니고 [시간] 변수 값의 시간이 목록 버튼으로 선택된 시간 값과 같은 지 비교한 후 같을 경우, 알람 소리를 재생하기 위해 다음과 같이 명령 블록을 삽입합니다.

> **Tip**
> [스피너] 컴포넌트는 앱을 맨 처음 실행시켰을 때 '0' 값이 지정되어 있고, [시계] 컴포넌트로 맨 처음, 즉 타이머가 활성화되었을 때 0부터 시간이 카운트되기 때문에 현재 시간 값을 기억하고 있는 [시간] 변수 값이 0이 아니라는 조건을 지정하지 않으면 무조건 음악이 재생됩니다.

❸ [시간] 컴포넌트의 타이머가 1초씩 증가되어 시간을 카운트해야 하므로 [수학] 블록의 ▨+▨ 블록을 이용하여 다음과 같이 명령 블록을 삽입합니다.

❹ [START] 버튼을 눌렀을 때 [시간] 변수 값을 '0'으로 초기화합니다. 선택된 시간이 '0'이면 시간을 선택하지 않았다는 의미이므로 경고창을 표시하기 위해 [알림1]의 ▨ 블록을 이용하여 다음과 같이 명령 블록을 삽입합니다.

Tip
- [시간] 변수 값을 '0'으로 초기화하지 않으면 처음에는 상관없지만 두 번째 부터는 이전 값에 값이 계속 누적됩니다.

❶ 메시지 창에 표시되는 내용을 입력합니다.
❷ 메시지 창에 표시되는 제목을 입력합니다.
❸ [버튼]에 표시될 텍스트를 입력합니다.

❺ 목록 버튼을 눌러 값을 선택했다면 그 때부터 시간을 측정하기 위해 [시계1] 컴포넌트의 타이머를 활성화하여 명령 블록을 완성합니다.

❻ [STOP] 버튼을 눌렀을 때 소리 재생이 정지되고, 시간을 선택하는 [스피너] 컴포넌트의 값을 '0'으로 초기화하기 위해 다음과 같이 명령 블록을 삽입합니다.

알람 음악 선택하기

지정된 시간 경과 후 재생되는 알람 소리를 직접 선택할 수 있도록 [스피너] 컴포넌트를 삽입하고 명령 블록을 추가 삽입해봅니다.

▶ 완성 파일 : Alarm_mission.aia

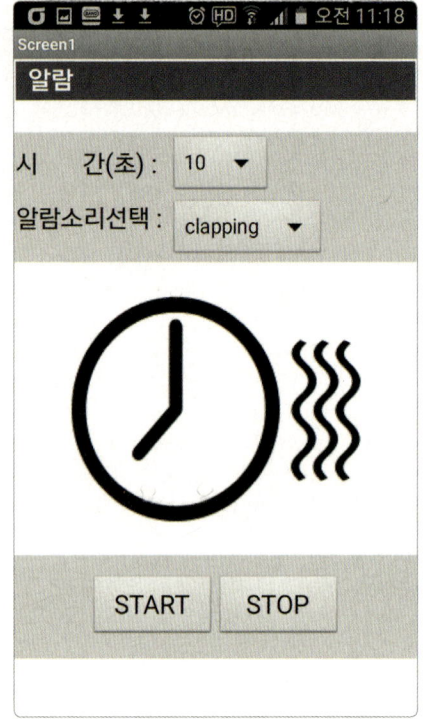

참고 사항

1. [미디어] 영역에 'dance.wav', 'drum.wav', 'slow.wav' 음악을 업로드합니다.
2. 실행 화면을 참조하여 새로운 [스피너] 컴포넌트를 삽입합니다. [스피너] 컴포넌트의 [목록 문자열] 입력란에 'clapping, dance, drum, slow'를 입력합니다.

Tip

❶ [스피너2] 컴포넌트에서 선택된 값과 '.wav' 문자열을 연결한 후 [소리1] 컴포넌트의 소리로 전달합니다.

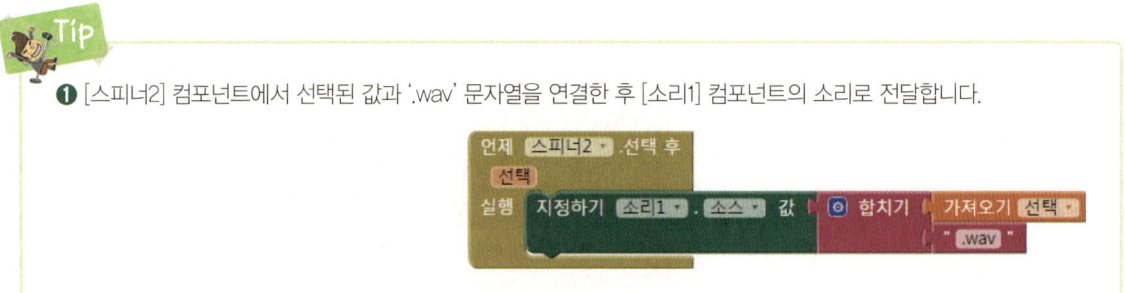

16 나만의 번역기 만들기

입력한 문장을 선택한 언어로 번역해주는 앱을 작성해보도록 하겠습니다. 언어 번역을 위해선 [Yandex 번역] 컴포넌트를 이용해야 합니다.

학 습 목 표

- ✅ [Yandex 번역] 컴포넌트를 이용하여 입력한 문장을 번역할 수 있습니다.
- ✅ [스피너] 컴포넌트를 이용하여 번역할 언어를 직접 선택할 수 있습니다.

▶ **예제파일** : Translate.aia

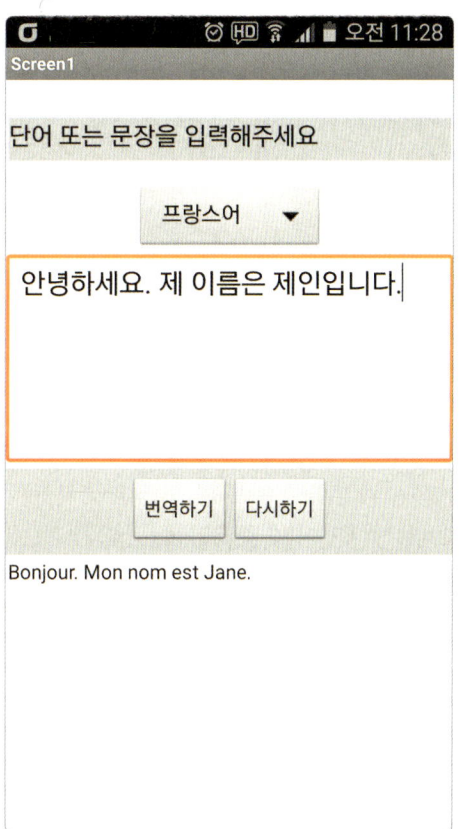

한 걸음 더

❶ 번역하고자 하는 문장(단어)를 입력합니다.
❷ 목록 버튼을 눌러 언어를 선택한 후 [번역하기] 버튼을 누릅니다.
❸ 입력한 내용을 선택한 언어로 번역한 내용이 표시됩니다.
❹ 새로운 문장을 입력하려면 [다시하기] 버튼을 누릅니다.

 **화면 디자인하기**

[팔레트] 영역의 컴포넌트를 직접 드래그하여 화면을 구성하고 각 컴포넌트에 속성을 지정해보도록 하겠습니다.

❶ [Screen1]을 선택한 후 [수평 정렬 : 중앙]을 지정합니다. [레이블] 컴포넌트를 드래그하여 [Screen1] 아래에 삽입합니다. [높이 : 20 pixels], [너비 : 부모에 맞추기], [텍스트]는 삭제합니다. [레이블1] 아래에 [레이블]을 하나 더 삽입합니다. [배경색 : 밝은 회색], [글꼴 크기 : 18] [높이 : 30 pixels], [너비 : 부모에 맞추기], [텍스트 : 단어 또는 문장을 입력합니다.]로 지정합니다.

❷ [레이블2] 아래에 [레이블]을 삽입한 후 [높이 : 10 pixels], [텍스트]는 삭제합니다. [스피너]를 선택한 후 [레이블3] 아래에 삽입합니다. [목록 문자열]에 '언어선택, 영어, 프랑스어, 독일어, 이탈리아어'를 입력합니다.

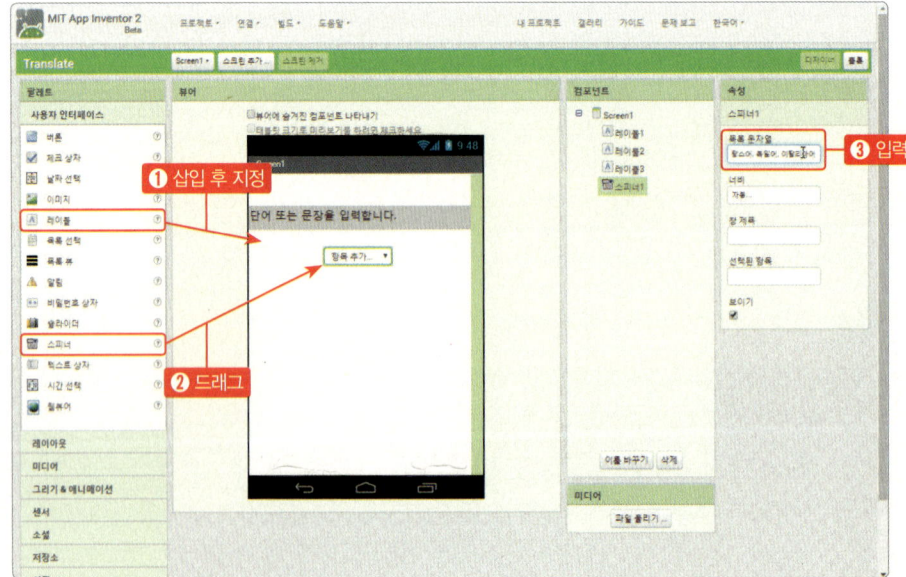

❸ [텍스트 상자]를 [스피너1] 아래에 삽입합니다. [텍스트 상자]를 삽입한 후 [글꼴 크기 : 20], [높이 : 150 pixels], [너비 : 부모에 맞추기]를 지정합니다. [힌트]는 삭제합니다.

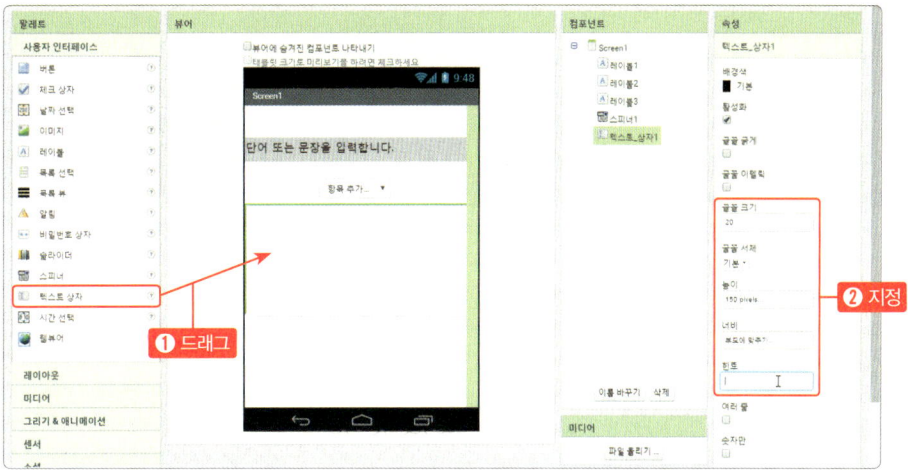

❹ [수평배치]를 삽입한 후 [수평 정렬 : 중앙], [수직 정렬 : 가운데], [배경색 : 밝은 회색], [높이 : 60 pixels], [너비 : 부모에 맞추기]를 지정합니다. 두 개의 [버튼]을 삽입한 후 버튼의 이름과 텍스트를 각각 '번역하기', '다시하기'로 입력합니다.

❺ [레이블]을 [수평배치1] 아래에 삽입합니다. [높이 : 100 pixels], [너비 : 부모에 맞추기]를 지정하고 [텍스트]는 삭제합니다.

❻ [미디어]에서 [Yandex 번역] 컴포넌트를 [뷰어] 영역으로 드래그합니다. [보이지 않는 컴포넌트] 영역에 삽입됩니다.

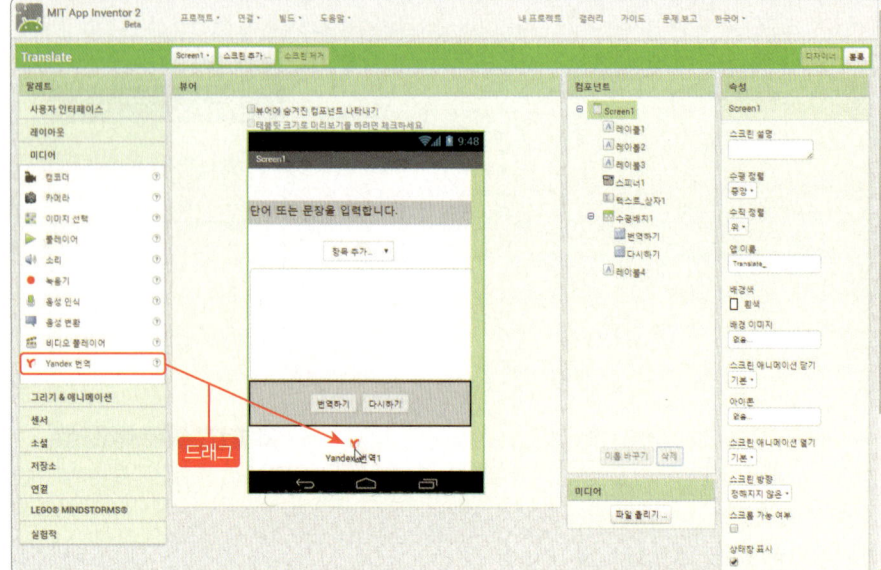

> **Tip**
> [Yandex 번역] 컴포넌트는 인터넷 사이트 'Yandex Translate'에 연결하여 번역 서비스를 제공합니다.

2 명령 블록 구성하기

번역하고자 하는 언어를 선택한 후 단어나 문장을 입력하고 [번역하기] 버튼을 누르면 해당 언어로 번역되어 표시되도록 명령 블록을 구성해보도록 하겠습니다.

❶ [블록] 화면으로 이동합니다. [스피너]의 목록 버튼을 클릭했을 때 선택한 언어를 번역 요청 시 번역하고자 하는 언어로 전달해야하므로 [변수]를 클릭합니다. 전역변수 초기화 변수_이름 값 을 드래그한 후 이름을 '언어'로 변경합니다.

전역변수 초기화 언어 값

❷ [스피너1]을 클릭한 후 선택한 언어에 따라 '언어' 변수에 저장되는 값을 지정하기 위해 언제 스피너1 선택 후 실행 블록과 만약 그러면, ㅁ=ㅁ 블록으로 다음과 같이 명령 블록을 작성합니다.

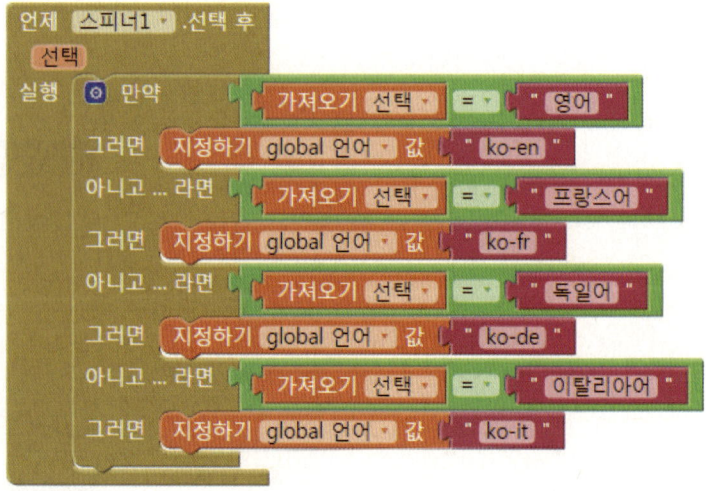

> **Tip**
> [스피너] 컴포넌트를 클릭하여 선택한 값이 '영어'면 '언어' 변수에 'ko-en', '프랑스어'면 'ko-fr', '독일어'면 'ko-de', '이탈리아어'면 'ko-it'가 저장됩니다. 앞의 'ko'는 한국어, 뒤의 'en'은 영어를 뜻하는 것으로 한국어를 영어로 번역한다는 의미입니다.

언어 코드

대표적인 언어 코드는 다음과 같습니다.

언어	코드	언어	코드	언어	코드
한국어	ko	라틴어	la	베트남어	vi
그리스어	el	중국어	zh	포투트칼어	pt
스페인어	es	일어	ja	루마니아어	ro

❸ [번역하기] 버튼을 눌렀을 때 선택한 언어, 즉 '언어' 변수가 저장하고 있는 언어 코드로 입력된 텍스트를 번역하기 위해 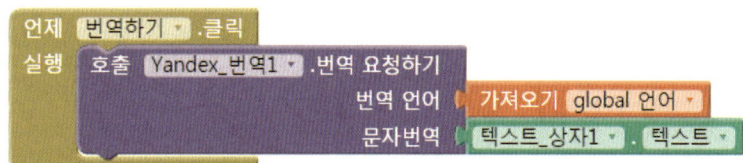 블록을 이용하여 다음과 같이 명령 블록을 작성합니다.

❹ 번역이 완료되어 번역된 내용을 [레이블4]에 표시하기 위해 블록을 이용하여 다음과 같이 명령 블록을 작성합니다.

❺ [다시하기] 버튼을 누르면 원문과 번역문이 모두 삭제되도록 지정하기 위해 다음과 같이 명령 블록을 작성합니다.

Chapter 16 생각 더하기

번역 내용을 읽어주고 언어 선택 메시지 보여주기

번역된 내용을 화면에 표시할 뿐만 아니라 읽어주도록 명령 블록을 추가해봅니다. 번역할 언어를 선택하지 않았을 때 '언어를 선택해주세요.'라는 메시지가 표시되도록 명령 블록을 추가 삽입합니다.

▶ **완성 파일 :** Translate_mission.aia

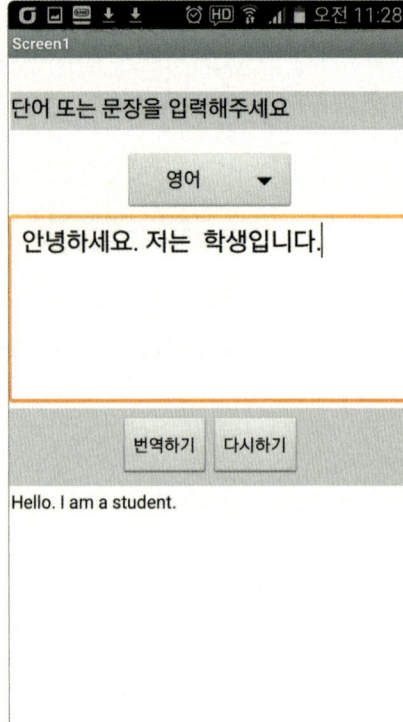

참고 사항

1. 번역된 내용을 음성으로 말하고, 경고 메시지를 표시하기 위해 [음성 변환] 컴포넌트와 [알림] 컴포넌트를 추가 삽입해야 합니다.

2. 언어 선택이 되지 않았다는 것은 [스피너] 컴포넌트의 선택 값이 '0'임을 의미합니다.

Tip

❶ [스피너]에서 언어를 선택했는지 하지 않았는지를 비교합니다. 즉 언어는 선택하지 않으면 값이 '0'이므로 메시지 창이 표시되고 '0'이 아니라면 언어가 선택된 것이므로 언어 번역을 요청합니다.

❶ 번역이 완료되면 [음성] 컴포넌트로 번역 내용을 전달하여 [레이블4]에 문자로 표시하고, 소리로도 재생합니다.

17 나만의 갤러리 만들기

사진을 한 장씩 감상할 수 있는 갤러리 앱을 작성해보도록 하겠습니다. 사진을 리스트에 지정한 후 리스트에 연결된 순서대로 사진을 보여줍니다.

학 습 목 표

- [리스트] 컴포넌트를 이용할 수 있습니다.
- [이미지] 컴포넌트를 이용할 수 있습니다.

▶ **예제파일 :** Gallery.aia

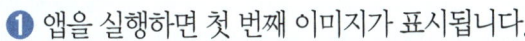

❶ 앱을 실행하면 첫 번째 이미지가 표시됩니다.
❷ [다음] 버튼을 누르면 다음 이미지가 표시됩니다.
❸ [이전] 버튼을 누르면 이전 이미지가 표시됩니다.

화면 디자인하기

[팔레트] 영역의 컴포넌트를 직접 드래그하여 화면을 구성하고 각 컴포넌트에 속성을 지정해보도록 하겠습니다.

❶ [Screen1]을 선택한 후 [수평 정렬 : 중앙]을 지정합니다. [레이블] 컴포넌트를 드래그하여 [Screen1] 아래에 삽입합니다. [높이 : 10 pixels], [너비 : 부모에 맞추기], [텍스트]는 삭제합니다.

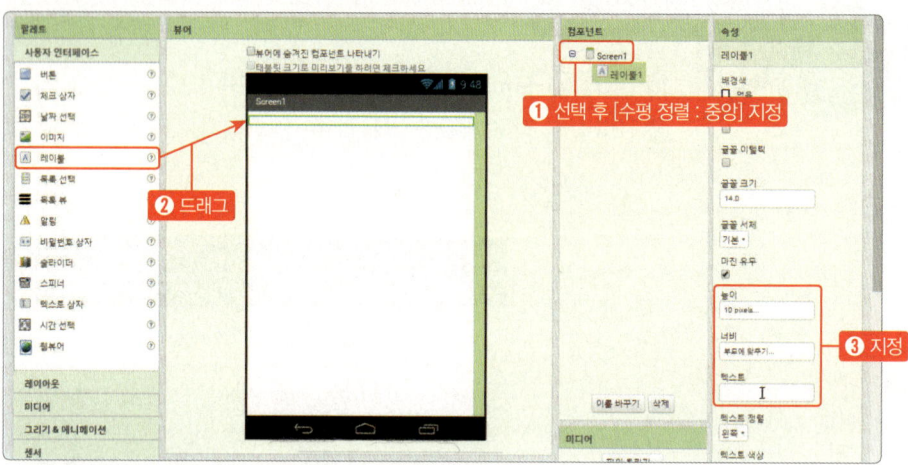

❷ [레이블1] 아래에 [이미지]를 삽입합니다. [높이 : 300 pixels], [너비 : 300 pixels]를 지정합니다.

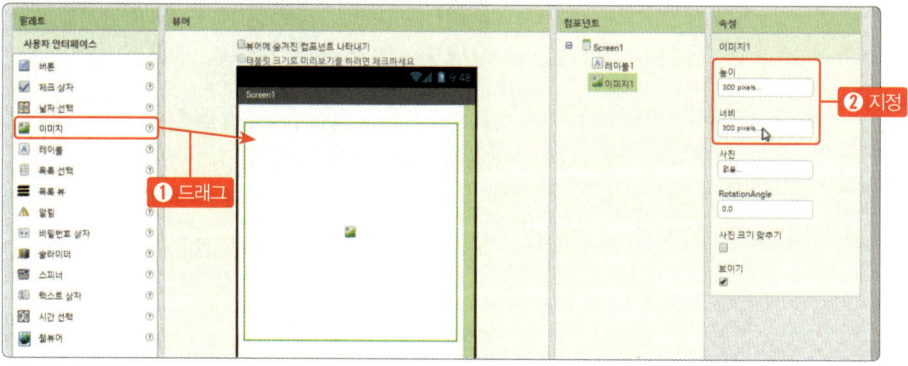

❸ [수평배치]를 [이미지1] 아래에 삽입합니다. [수평배치1] 내부에 버튼 두 개를 삽입합니다. 버튼의 이름을 순서대로 '다음', '이전'으로 지정합니다. 두 개의 버튼 [텍스트]를 각각 '다음', '이전'으로 입력합니다.

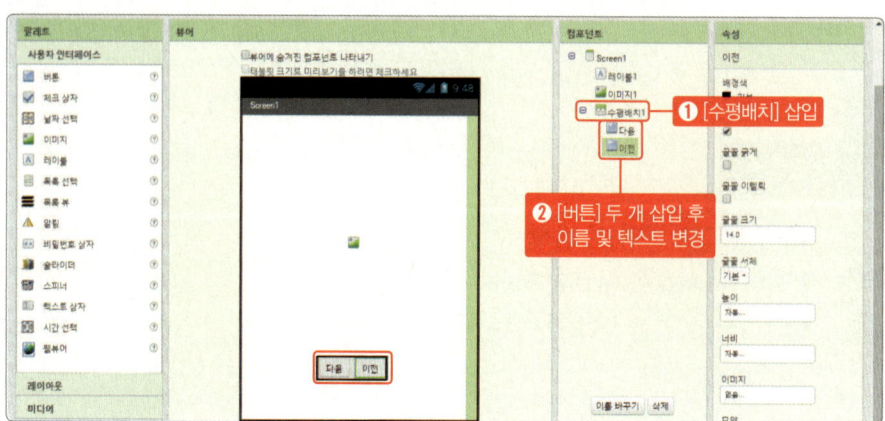

❹ [수평배치1] 아래에 [수평배치]를 삽입합니다. [수직 정렬 : 가운데], [배경색 : 밝은 회색], [높이 : 30 pixels], [너비 : 부모에 맞추기]를 지정합니다.

❺ [레이블] 두 개를 [수평배치2] 내부에 삽입합니다. [레이블2]의 [텍스트]는 '파일명 : '으로 입력합니다. [레이블3]은 [높이 : 20 pixels], [너비 : 250 pixels]로 지정하고 [텍스트]는 삭제합니다.

❻ 이미지 파일을 등록하기 위해 [미디어]의 [파일 올리기] 버튼을 클릭한 후 'img_1.jpg', 'img_2.jpg', 'img_3.jpg', 'img_4.jpg', 'img_5.jpg', 'img_6.jpg' 파일까지 등록합니다.

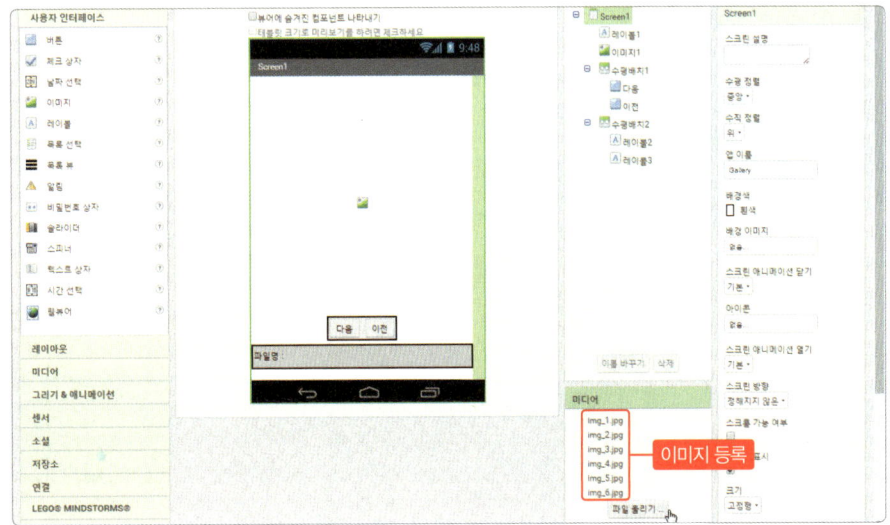

2 명령 블록 구성하기

여러 장의 이미지가 순서대로 화면에 표시되도록 명령 블록을 구성해보도록 하겠습니다.

❶ [블록] 화면으로 이동합니다. 감상하고자 하는 사진을 저장하고 [이미지] 컴포넌트에 표시되는 이미지의 위치 값, 즉 리스트에 저장된 순서 번호를 저장하기 위해 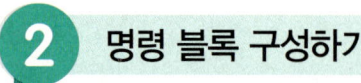 블록과 블록을 이용하여 다음과 같은 명령 블록을 작성합니다.

> **Tip**
> 리스트는 변수와 달리 여러 개의 자료를 보관하는 임시 기억 공간을 의미합니다. [공통 블록]의 [변수]와 [리스트]를 이용하여 값을 지정합니다. 리스트에 저장된 데이터는 리스트의 위치 값을 이용하여 값을 선택합니다.

❷ 앱을 처음 실행시켰을 때 첫 번째 사진이 화면에 표시되고, 파일명이 표시되도록 다음과 같은 명령 블록을 작성합니다.

❸ [이전] 버튼을 눌렀을 때 [이미지] 컴포넌트에 보여지는 사진의 앞쪽 사진이 보여져야합니다. 그러므로 [이미지] 컴포넌트에 표시되는 이미지 번호가 '1'인지 비교합니다. '1'이라면 마지막 사진인 '6', '1'이 아니라면 현재 이미지 번호보다 하나 작은 번호가 '번호' 변수가 저장되도록 다음과 같이 명령 블록을 작성합니다.

❹ '번호' 변수에 저장된 숫자 값(위치)을 기준으로 리스트에서 해당 위치의 사진을 선택하여 [이미지] 컴포넌트에 표시해야합니다. 블록을 이용하여 다음과 같은 명령 블록을 작성합니다. [이미지] 컴포넌트의 사진 파일명을 표시합니다.

> **Tip**
>
> `리스트에서 항목 선택하기 리스트 위치` 블록은 리스트에서 [위치]에 저장된 데이터를 선택하는 명령 블록입니다.

❺ [다음] 버튼을 눌렀을 때 [이미지] 컴포넌트에 보여지는 사진의 뒤쪽 사진이 보여져야 합니다. 그러므로 [이미지] 컴포넌트에 표시되는 이미지 번호가 '6'인지 비교합니다. '6'이라면 첫 번째 사진인 '1', '6'이 아니라면 현재 이미지 번호보다 하나 큰 번호가 '번호' 변수에 저장되도록 다음과 같이 명령 블록을 작성합니다.

> **Tip**
>
> 리스트의 크기를 알지 못한다면 `리스트 길이 리스트` 블록을 이용하여 리스트의 크기를 확인할 수 있습니다. 즉 `가져오기 global 번호 = 6` 과 `가져오기 global 번호 = 리스트 길이 리스트 가져오기 global 사진` 은 같은 의미가 됩니다. `리스트 길이 리스트` 블록은 리스트의 크기를 알지 못할 때 사용됩니다.

❻ '번호' 변수에 저장된 숫자 값을 기준으로 리스트에서 사진을 선택하여 [이미지] 컴포넌트에 표시하고 현재 이미지의 파일명을 표시해야 하므로 다음과 같이 명령 블록을 완성합니다.

Chapter 17 생각 더하기

2초마다 한 장씩 자동 보기되는 갤러리 만들기

[자동보기] 버튼을 누르면 2초마다 사진이 순서대로 표시되고 [정지] 버튼을 누르면 자동보기가 멈추도록 컴포넌트와 명령 블록을 추가 삽입합니다. 2초마다 자동으로 사진이 바뀌어야 하므로 [시계] 센서를 이용해야 합니다.

▶ 완성 파일 : Gallery_mission.aia

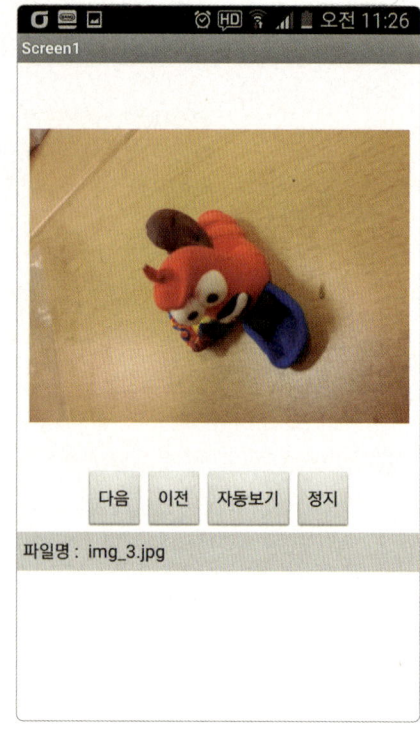

참고 사항

1. [이전] 버튼 오른쪽에 [자동보기] 버튼과 [정지] 버튼을 추가 삽입합니다.
2. [시계] 센서를 추가한 후 [속성]에서 [타이머 항상 작동]과 [타이머 활성 여부]의 선택을 해제하고 [타이머 간격]을 '2000'으로 지정합니다.

Tip

❶ [자동보기] 버튼을 누르면 [시계1] 센서의 타이머를 활성화시킵니다.

❶ [시계1]의 타이머가 활성화되면 [사진] 리스트의 사진을 한 장씩 보여줍니다. (2초 간격)

❶ [정지] 버튼을 누르면 [시계1] 센서의 타이머가 비활성화되어 더 이상 사진이 자동 보기가 되지 않습니다.

18 바코드 검색기 만들기

바코드를 인식하고 해당 제품을 구글 사이트에서 검색한 후 검색결과를 알려주는 앱을 작성해보도록 하겠습니다. 바코드를 인식하려면 [바코드 스캐너] 센서를 이용해야 합니다. 단, [바코드 스캐너] 센서를 이용하려면 바코드를 스캔하는 QRDroid 같은 어플이 설치되어 있어야 합니다.

학 습 목 표

- ✓ [바코드 스캐너] 컴포넌트를 이용할 수 있습니다.
- ✓ 멀티스크린 기능을 활용할 수 있습니다.

▶ 예제파일 : Barcode_Reader.aia

한 걸음 더

❶ [스캔하기] 버튼을 누르면 바코드 스캐너가 실행됩니다.
❷ 바코드가 표시된 후 [검색하기] 버튼을 누릅니다.
❸ 새로운 화면으로 이동된 후 구글 사이트에서 해당 바코드가 검색되어 표시됩니다.
❹ [되돌아가기] 버튼을 누르면 이전 화면으로 이동합니다.
❺ QR 코드를 스캔하면 '정상적인 바코드가 아닙니다.'가 표시됩니다.
❻ 스캔하지 않은 상태에서 [검색하기] 버튼을 누르면 '먼저 [스캔하기] 버튼을 눌러주세요.'가 표시됩니다.

화면 디자인하기

[팔레트] 영역의 컴포넌트를 직접 드래그하여 화면을 구성하고 각 컴포넌트에 속성을 지정해보도록 하겠습니다.

❶ [Screen1]을 선택한 후 [수평 정렬 : 중앙]을 지정합니다. [레이블] 컴포넌트를 드래그하여 [Screen1] 아래에 삽입합니다. [배경색 : 검정], [높이 : 20 pixels], [너비 : 부모에 맞추기], [텍스트]는 삭제합니다. [레이블]을 [레이블1] 아래에 삽입한 후 [높이 : 20 pixels], [너비 : 부모에 맞추기], [텍스트]는 삭제합니다.

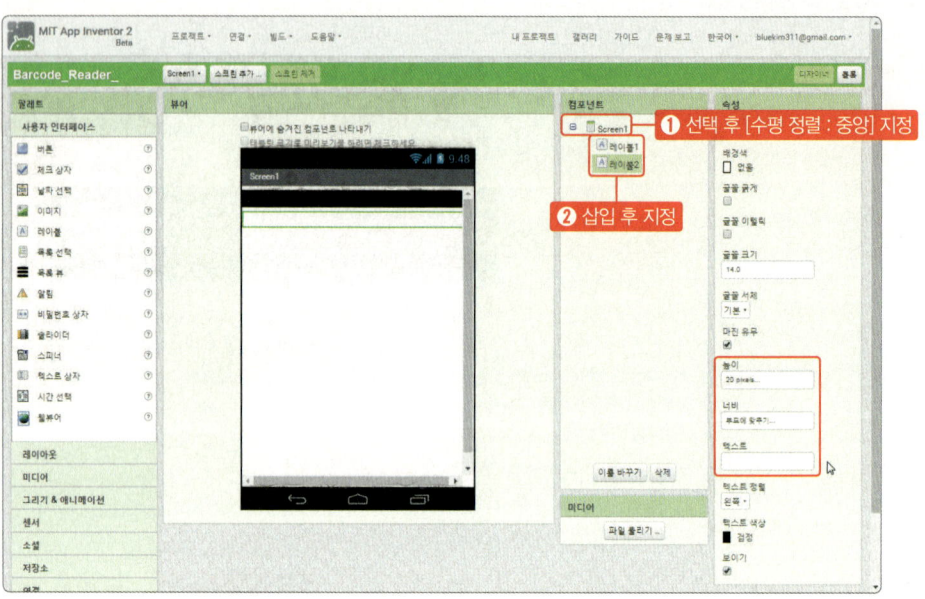

❷ [버튼]을 [레이블2] 아래에 삽입합니다. 이름을 '스캔하기'로 변경합니다. [글꼴 크기 : 20], [높이 : 50 pixels], [너비 : 120 pixels], [텍스트]는 '스캔하기'로 입력합니다.

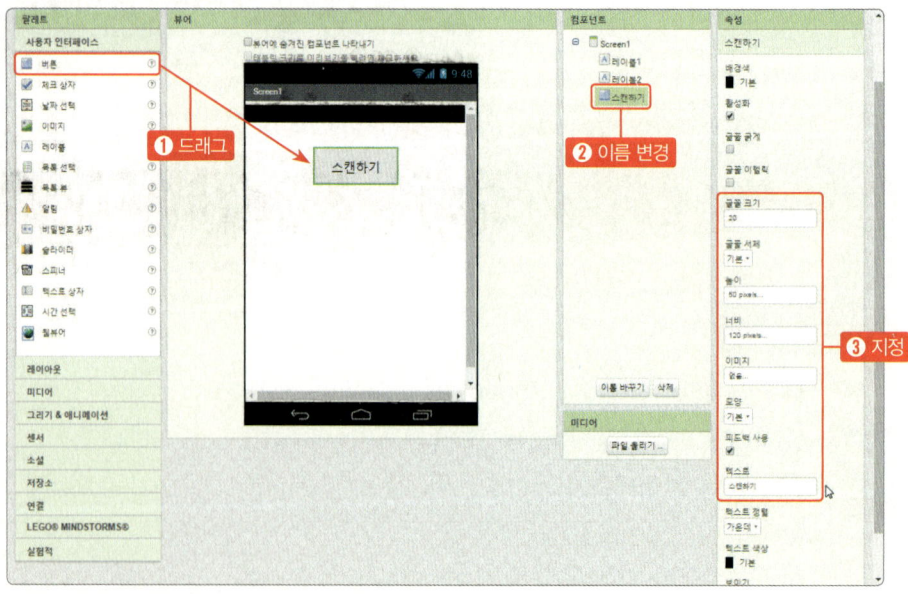

❸ [레이블]을 [스캔하기] 버튼 아래에 삽입한 후 [높이 : 20 pixels], [텍스트]는 삭제합니다. [수평배치]를 [레이블3] 아래에 삽입합니다. [수평 정렬 : 중앙], [수직 정렬 : 가운데], [배경색 : 밝은 회색], [높이 : 60 pixels], [너비 : 부모에 맞추기]를 지정합니다.

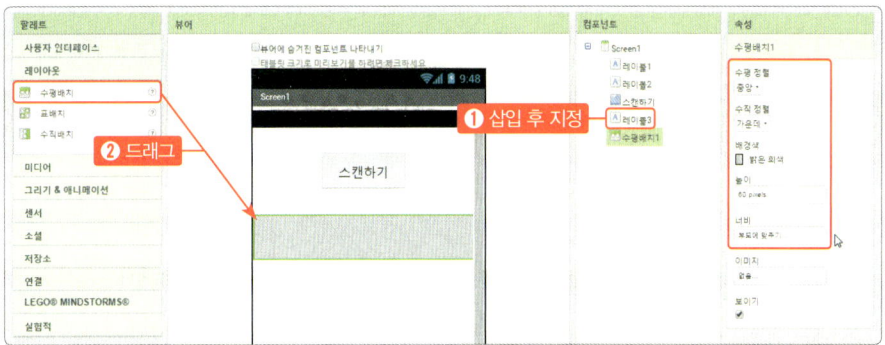

❹ [레이블]을 [수평배치1] 내부에 두 개 삽입합니다. [레이블4]는 [높이 : 30 pixels], [너비 : 60 pixels], [텍스트]를 '바코드:'로 입력합니다. [레이블5]는 [높이 : 30 pixels], [너비 : 200 pixels], [텍스트]는 삭제합니다.

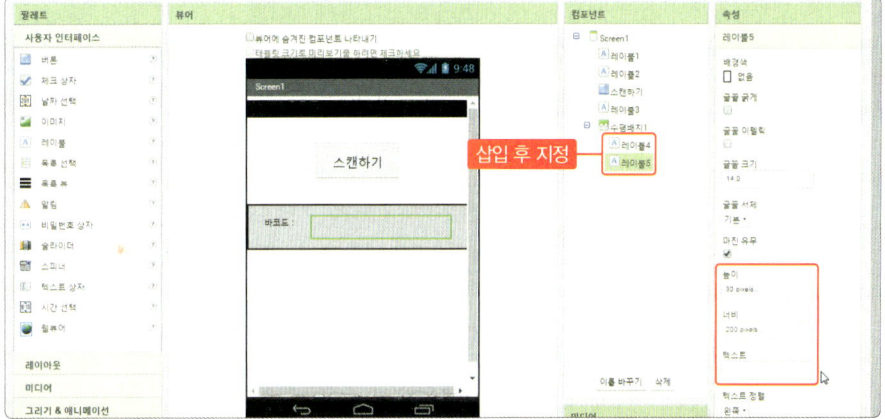

❺ [레이블]을 [수평배치1] 아래에 삽입한 후 [높이 : 20 pixels], [텍스트]는 삭제합니다. [버튼]을 [레이블6] 아래에 삽입한 후 이름을 '검색하기'로 변경합니다. [글꼴 크기 : 20], [높이 : 50 pixels], [너비 : 100 pixels], [텍스트]를 '검색하기'로 입력합니다.

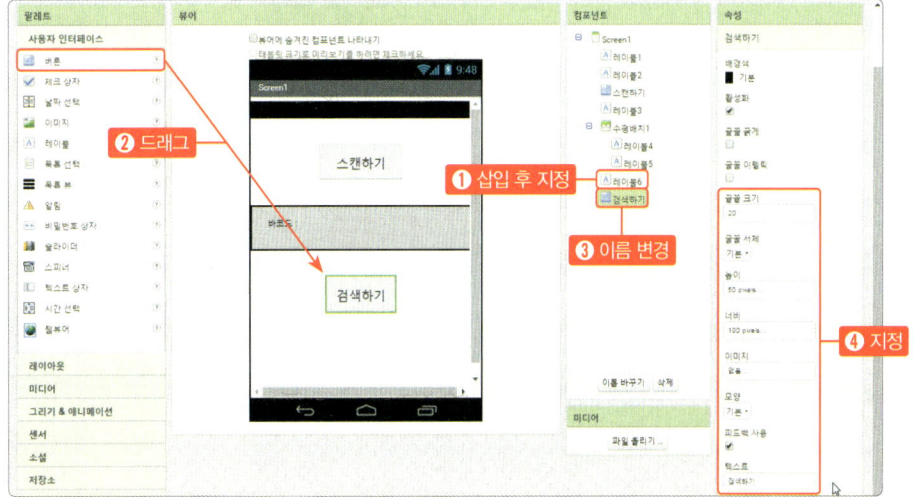

18. 바코드 검색기 만들기 137

❻ [레이블]을 [검색하기] 버튼 아래에 삽입한 후 [텍스트]는 삭제합니다. [레이블]을 [레이블7] 아래에 삽입합니다. [레이블8]의 [높이 : 30 pixels], [너비 : 100 pixels], [텍스트]는 삭제한 후 [보이기] 선택을 해제합니다.

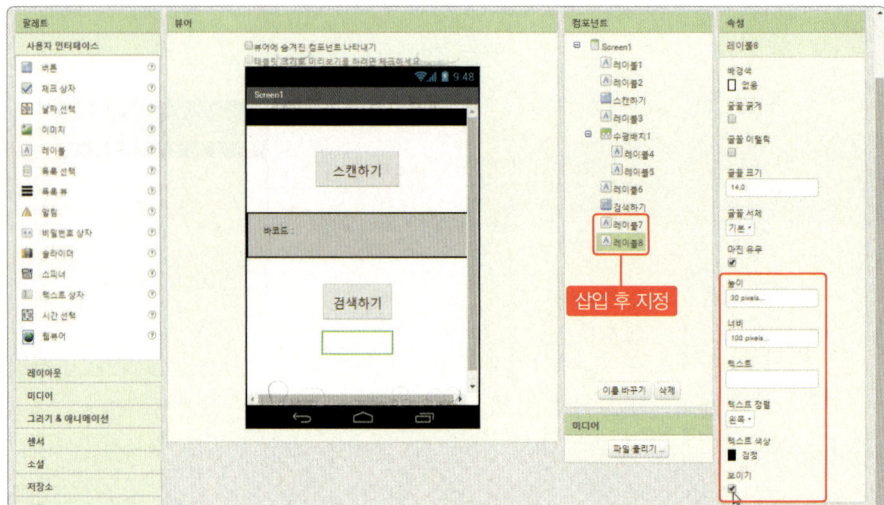

❼ [센서]에서 [바코드 스캐너] 컴포넌트를 [뷰어] 영역으로 드래그합니다. [스크린 추가] 버튼을 클릭한 후 [새 스크린]창의 [확인] 버튼을 클릭합니다.

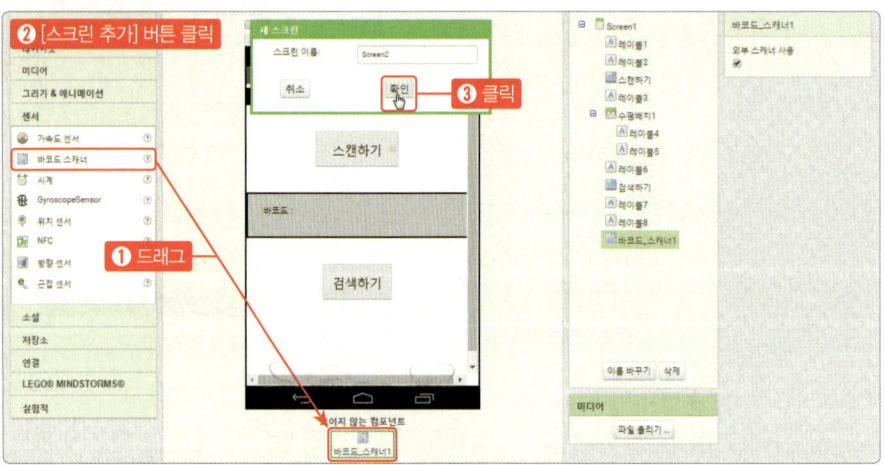

❽ [컴포넌트] 항목에서 [Screen2]를 선택한 후 [수평 정렬 : 중앙]을 지정합니다. [웹뷰어]를 삽입합니다. [버튼]을 [웹뷰어1] 아래에 삽입합니다. 이름을 '되돌아가기'로 변경합니다. [텍스트]에 '되돌아가기'를 입력합니다.

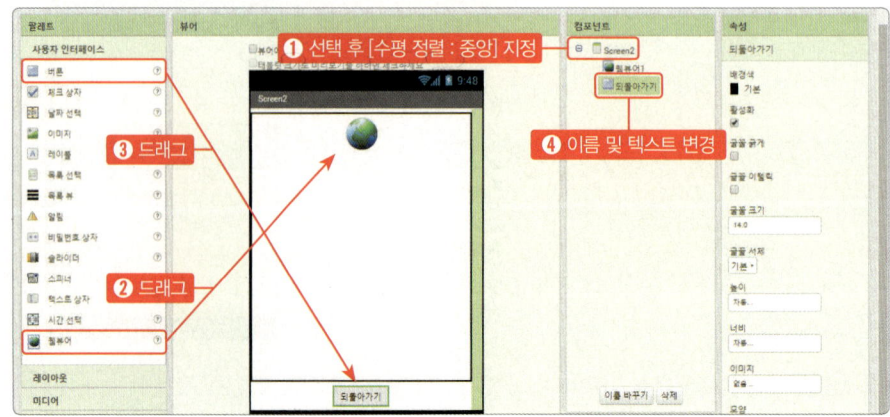

2 명령 블록 구성하기

[스캔하기] 버튼을 누르면 바코드를 스캔하고, 스캔된 코드 번호를 표시한 후 [검색하기] 버튼을 누르면 해당 코드가 검색되도록 명령 블록을 구성해보도록 하겠습니다.

❶ [Screen2] 버튼을 클릭한 후 [Screen1]을 선택합니다. [블록] 화면으로 이동한 후 스캔된 결과 값을 임시로 기억할 변수를 다음과 같이 지정합니다.

❷ [스캔하기] 버튼을 누르면 `호출 바코드_스캐너1.스캔하기` 블록을 이용하여 실제 바코드를 스캔하도록 다음과 같이 명령 블록을 작성합니다. 단, 결과를 표시하는 [레이블5]에는 [스캔하기] 버튼을 눌렀을 때 아무런 내용도 표시되지 않도록 삭제하고 [검색하기] 버튼을 눌렀을 때 결과를 보여주는 [레이블8]이 화면에 표시되지 않도록 다음과 같이 지정합니다.

❸ 바코드로 스캔한 후 그 결과 값을 [레이블5]의 텍스트로 표시하되 스캔된 결과 값이 숫자가 아니라면 바코드가 아니므로 '정상적인 바코드가 아닙니다.'라는 메시지를 표시합니다.

Tip
바코드(Bacode)는 컴퓨터가 판독할 수 있도록 고안된 코드로 바코드 아래의 13자리로 구성되어 있습니다. 막대형태의 바코드가 바로 1차형 바코드이며, 1차형 바코드가 가지는 데이터 용량의 한계를 극복하여 문자와 숫자, 사진과 같은 대용량의 데이터를 2차원으로 표현할 수 있도록 고안된 2차형 바코드가 QR 코드입니다.

❹ [검색하기] 버튼을 눌렀을 때 '코드' 변수가 가지고 있는 값이 숫자면 바코드이므로 [Screen2] 화면으로 검색할 사이트와 검색할 코드 값을 전송합니다. 만약 숫자가 아니라면 바코드가 아니므로 '먼저 [스캔하기] 버튼을 눌러주세요.' 메시지를 표시합니다.

Tip
[레이블8]은 앱이 실행될 땐 표시되지 않습니다. [검색하기] 버튼을 클릭하여 바코드가 아닐 경우에만 메시지를 표시해야 하므로 `지정하기 레이블8.보이기 값 참` 블록을 삽입합니다.

❺ [Screen2]를 클릭하여 화면을 이동합니다. [Screen2] 화면으로 이동하자마자 [Screen1]에서 전송한 값을 기준으로 검색해야 하므로 다음과 같이 명령 블록을 작성합니다.

❻ [되돌아가기] 버튼을 눌렀을 때 [Screen2]를 닫고 [Screen1]으로 되돌아가도록 다음과 같이 명령 블록을 작성합니다.

Tip
'QRDroid' 어플이 설치되어 있지 않다면 15 페이지를 참조하여 먼저 설치합니다.

Chapter 18 생각 더하기

QR 코드도 검색하기

바코드뿐만 아니라 QR 코드도 검색 가능하도록 명령 블록을 수정 삽입합니다.

▶ **완성 파일** : Barcode_Reader_mission.aia

참고 사항

1. [레이블4]의 [텍스트]를 삭제한 후 스캔한 코드가 바코드이면 '바코드 : ', QR 코드이면 'QR코드 : '가 표시되도록 코드를 변경합니다.
2. 바코드가 아닌 경우의 오류 메시지를 표시하는 [레이블8]은 삭제합니다.

Tip

❶ 스캔된 결과가 숫자이면 바코드이므로 [레이블4]에 '바코드 : '를 표시합니다. 만약 숫자가 아니라면 QR 코드이므로 [레이블4]에 'QR코드 : '를 표시합니다.

❶ '코드' 변수에 저장된 코드 값이 숫자라면 바코드이므로 구글 검색엔진으로 검색하고 숫자가 아니라면 QR 코드이므로 [Screen2]로 해당 정보를 전달합니다.

19 실로폰 연주하고 녹음하기

실로폰으로 음악을 연주한 후 연주한 음악을 녹음하고 재생하는 앱을 작성해보도록 하겠습니다. 건반을 눌렀을 때 소리를 재생하기 위해 [플레이어], 녹음하기 위해 [녹음기] 컴포넌트를 이용합니다.

학습목표

- [플레이어] 컴포넌트를 이용하여 실로폰 소리를 재생할 수 있습니다.
- 연주하는 음을 녹음하고 재생할 수 있습니다.
- 상태 변수를 활용할 수 있습니다.

▶ **예제파일 :** Xylophone.aia

❶ [도]~[도]까지의 건반을 누르면 해당 음이 연주됩니다.
❷ [녹음] 버튼을 누른 후 연주하면 해당 연주곡이 녹음됩니다. 다시 [녹음] 버튼을 누르면 녹음이 정지됩니다.
❸ [재생] 버튼을 눌러 방금 녹음한 곡이 연주되고 다시 [재생] 버튼을 누르면 재생이 정지됩니다.

 ## 화면 디자인하기

[팔레트] 영역의 컴포넌트를 직접 드래그하여 화면을 구성하고 각 컴포넌트에 속성을 지정해보도록 하겠습니다.

❶ [Screen1]을 선택한 후 [수평 정렬 : 중앙], [수직 정렬 : 가운데]를 지정합니다. [스크린 방향]을 '센서'로 지정합니다.

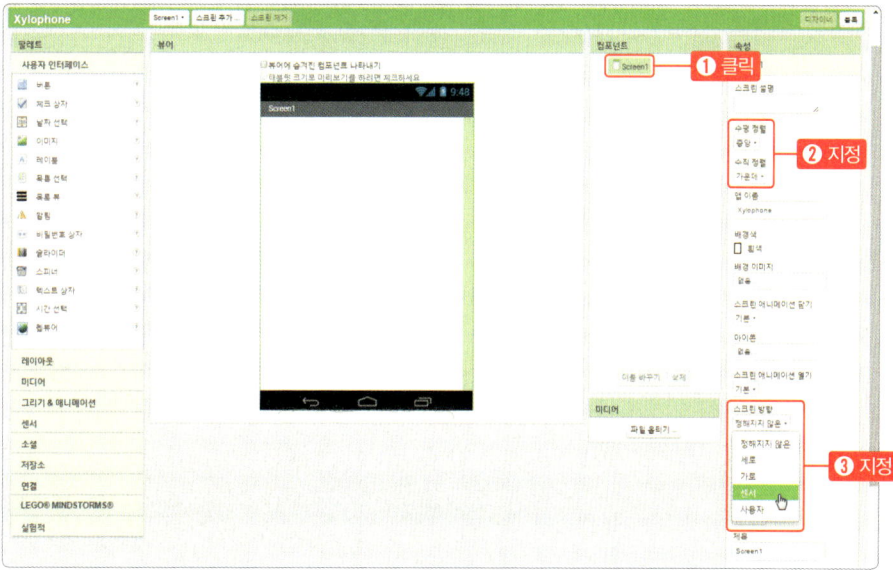

Tip
[스크린 방향]을 '가로'로 지정하면 무조건 건반이 가로로만 지정됩니다. 스마트 폰의 방향에 따라 세로 또는 가로로 표시되도록 지정하기 위해 [스크린 방향]을 '센서'로 지정합니다.

❷ [수평배치]를 [Screen1] 아래에 삽입한 후 [수평 정렬 : 중앙], [수직 정렬 : 가운데], [높이 : 70 percent], [너비 : 100 percent]로 지정합니다.

❸ [버튼]을 [수평배치1] 내부에 삽입한 후 이름을 '낮은도'로 변경합니다. [배경색 : 파랑], [높이 : 35 percent], [너비 : 10 percent]로 지정하고 [텍스트]는 '도'를 입력합니다. [레이블]을 [낮은도] 버튼 오른쪽 옆에 삽입합니다. [너비 : 5 pixels], [텍스트]는 삭제합니다.

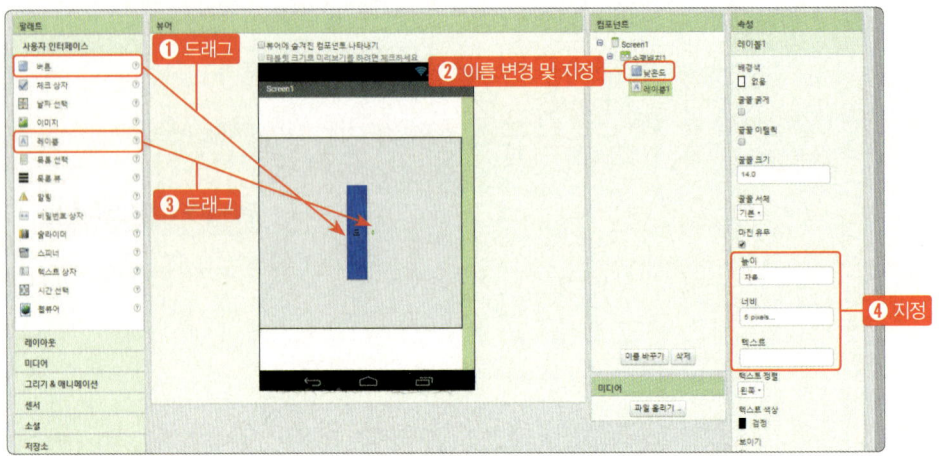

❹ 위와 같은 방법으로 [레] 버튼부터 [높은 도] 버튼과 레이블을 삽입합니다.

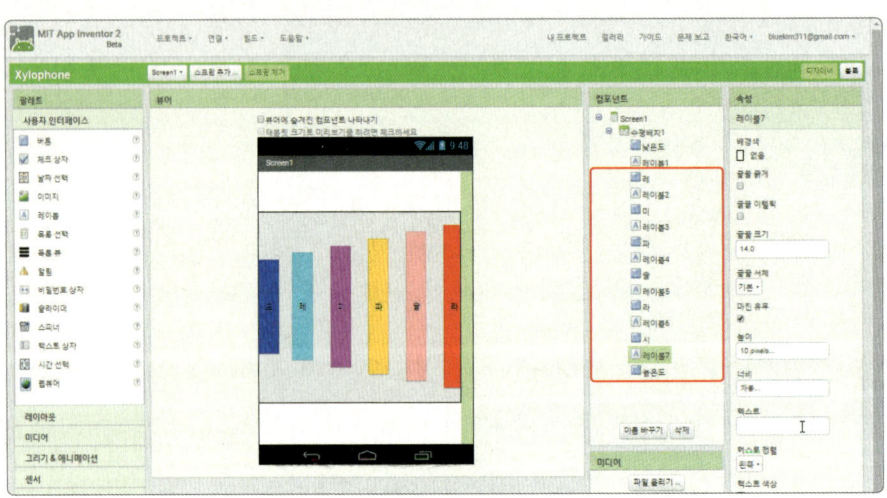

[레] 버튼	배경색 : 청록색, [높이 : 40 percent], [너비 : 10 percent], [텍스트 : 레]
[레이블2]	[너비 : 5 pixels], [텍스트] 삭제
[미] 버튼	배경색 : 자홍색, [높이 : 45 percent], [너비 : 10 percent], [텍스트 : 미]
[레이블3]	[너비 : 5 pixels], [텍스트] 삭제
[파] 버튼	배경색 : 주황, [높이 : 50 percent], [너비 : 10 percent], [텍스트 : 파]
[레이블4]	[너비 : 5 pixels], [텍스트] 삭제
[솔] 버튼	배경색 : 분홍, [높이 : 55 percent], [너비 : 10 percent], [텍스트 : 솔]
[레이블5]	[너비 : 5 pixels], [텍스트] 삭제
[라] 버튼	배경색 : 빨강, [높이 : 60 percent], [너비 : 10 percent], [텍스트 : 라]
[레이블6]	[너비 : 5 pixels], [텍스트] 삭제
[시] 버튼	배경색 : 노랑, [높이 : 65 percent], [너비 : 10 percent], [텍스트 : 시]
[레이블7]	[너비 : 5 pixels], [텍스트] 삭제
[높은도] 버튼	배경색 : 초록, [높이 : 70percent], [너비 : 10 percent], [텍스트 : 도]

❺ [수평배치]를 [수평배치1] 아래에 삽입합니다. [버튼] 두 개를 [수평배치2] 내부에 삽입합니다. 버튼의 이름을 '녹음'과 '재생'으로 변경합니다. [텍스트]도 각각 '녹음'과 '재생'으로 입력합니다. [미디어]의 [녹음기]와 [플레이어]를 [뷰어] 영역으로 드래그합니다.

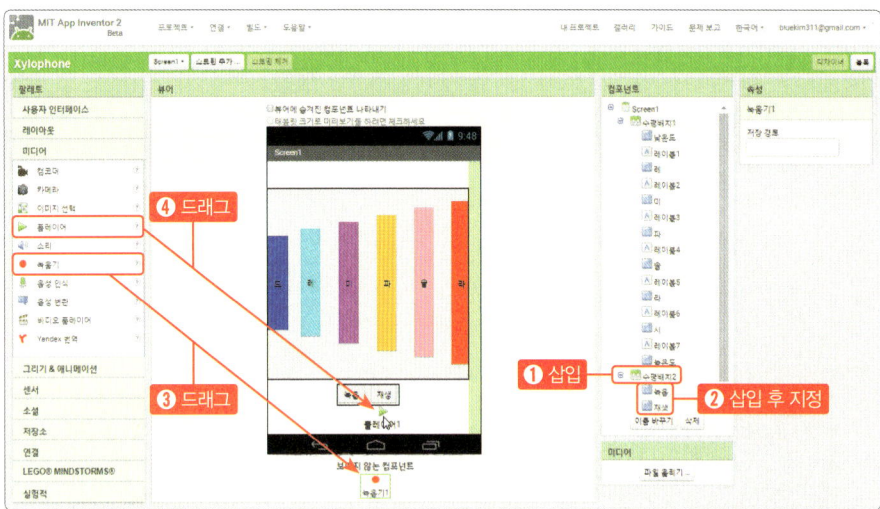

❻ [미디어]의 [파일 올리기] 버튼을 클릭한 후 'low_do.wav' 파일부터 'high_do.wav' 파일까지 업로드합니다.

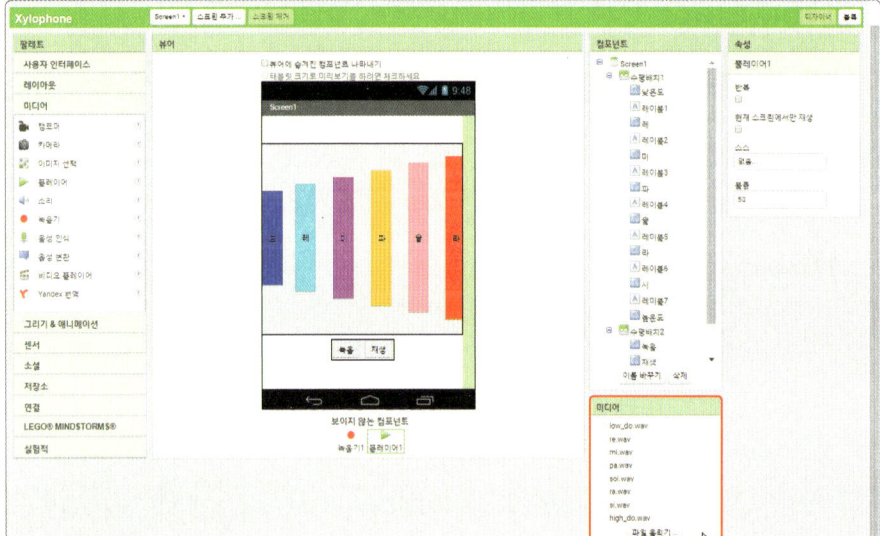

2 명령 블록 구성하기

각 건반을 누르면 해당 건반의 음이 연주되며, [녹음] 버튼을 누른 후 건반을 누르면 연주되는 음이 바로 녹음되고 [재생] 버튼을 누르면 방금 녹음한 음이 연주됩니다.

❶ [블록] 화면으로 이동합니다. [녹음] 버튼과 [재생] 버튼을 처음 눌렀는지 두 번째 눌렀는지를 판단 가능하도록 다음과 같이 변수를 지정합니다.

> 전역변수 초기화 녹음상태 값 ⓪
> 전역변수 초기화 재생상태 값 ⓪

❷ [낮은도]를 누르면 'low_do.wav' 음, [레]를 누르면 're.wav' 음이 연주되도록 지정하기 위해 다음과 같이 명령 블록을 작성합니다.

```
언제 낮은도.클릭
실행 지정하기 플레이어1.소스 값 "low_do.wav"
     호출 플레이어1.시작

언제 레.클릭
실행 지정하기 플레이어1.소스 값 "re.wav"
     호출 플레이어1.시작

언제 미.클릭
실행 지정하기 플레이어1.소스 값 "mi.wav"
     호출 플레이어1.시작

언제 파.클릭
실행 지정하기 플레이어1.소스 값 "pa.wav"
     호출 플레이어1.시작

언제 솔.클릭
실행 지정하기 플레이어1.소스 값 "sol.wav"
     호출 플레이어1.시작

언제 라.클릭
실행 지정하기 플레이어1.소스 값 "ra.wav"
     호출 플레이어1.시작

언제 시.클릭
실행 지정하기 플레이어1.소스 값 "si.wav"
     호출 플레이어1.시작

언제 높은도.클릭
실행 지정하기 플레이어1.소스 값 "high_do.wav"
     호출 플레이어1.시작
```

❸ [녹음] 버튼을 누르면 [녹음기]가 호출되어 녹음이 진행되고 다시 [녹음] 버튼을 누르면 녹음이 정지되도록 지정하기 위해 다음과 같이 명령 블록을 작성합니다.

```
언제 녹음.클릭
실행 만약   가져오기 global 녹음상태 = 0
     그러면 호출 녹음기1.시작
           지정하기 global 녹음상태 값 1
           지정하기 녹음.텍스트 값 "녹음중"
     아니면 호출 녹음기1.정지
           지정하기 global 녹음상태 값 0
           지정하기 녹음.텍스트 값 "녹음"
```

Tip

앱이 실행되면 맨 처음 '녹음상태' 변수는 '0'이라는 값으로 초기화되어 있습니다. 그렇기 때문에 [녹음] 버튼을 눌렀을 때 '녹음상태' 변수의 값이 '0'이면 처음으로 [녹음] 버튼을 누른 것이므로 [녹음기]를 호출하여 녹음을 시작하면서 '녹음상태' 변수의 값을 '1'로 변경합니다. '녹음상태' 변수의 값이 '1'이라는 것은 현재 녹음중임을 의미하는 것이므로 다시 [녹음] 버튼을 누르게 되면 녹음을 정지하고 '녹음상태' 변수의 값을 '0'으로 변경합니다.

❹ 녹음이 완료되면 녹음 내용을 먼저 [플레이어]의 소스로 지정합니다.

❺ [재생] 버튼을 누르면 [플레이어]가 호출되어 녹음된 곡이 재생되고 다시 [재생] 버튼을 누르면 재생이 정지되도록 지정하기 위해 다음과 같이 명령블록을 작성합니다.

Tip

앱이 실행되면 맨 처음 '재생상태' 변수는 '0'이라는 값으로 초기화되어 있습니다. 그렇기 때문에 [재생] 버튼을 눌렀을 때 '재생상태' 변수의 값이 '0'이면 처음으로 [재생] 버튼을 누른 것이므로 [플레이어]를 호출하여 재생을 시작하면서 '재생상태' 변수의 값을 '1'로 변경합니다. '재생상태' 변수의 값이 '1'이라는 것은 현재 재생중임을 의미하는 것이므로 다시 [재생] 버튼을 누르게 되면 재생을 정지하고 '재생상태' 변수의 값을 '0'으로 변경합니다.

❻ 재생 중간에 [재생] 버튼을 누르는 것이 아니라 재생이 끝까지 완료된 경우에도 다시 연주를 하기 위해선 '재생상태'를 '0'으로 지정하고 [재생] 버튼의 텍스트를 '재생'으로 변경해야하므로 다음과 같이 명령블록을 작성합니다.

Tip

[플레이어]의 재생이 완료되었을 때 '재생상태' 변수의 값을 '0'으로 초기화하지 않으면 다음번 음악 재생 시 버튼을 두 번 눌러야 합니다.

실로폰 울리기

실로폰 건반을 누를 때마다 스마트 폰이 울리도록(진동) 명령을 삽입합니다. 진동이 울리도록 지정하려면 [소리] 컴포넌트를 이용해야 합니다.

▶ 완성 파일 : Xylophone_mission.aia

참고 사항

1 [소리] 컴포넌트를 [뷰어] 영역으로 드래그합니다.

Tip

❶ 소리가 연주되면서 0.05초 동안 스마트 폰이 울립니다.

```
언제  낮은도  클릭
실행  지정하기  플레이어1  소스  값  " low_do.wav "
      호출  플레이어1  시작
      호출  소리1  진동
              밀리초  50
```

※ 나머지 음이 눌렸을 때도 스마트 폰이 울리도록 코드를 수정합니다.

20 사칙 연산 계산기 만들기

두 개의 숫자 값을 이용하여 사칙 계산이 가능한 계산기 앱을 작성해 보도록 하겠습니다. 계산이 완료되어 결과를 표시할 때는 [소리] 컴포넌트를 이용하여 진동이 울리도록 지정합니다.

학 습 목 표

- [계산] 함수를 직접 선언하여 활용할 수 있습니다.
- [소리] 컴포넌트를 이용할 수 있습니다.

▶ **예제파일 :** Calc.aia

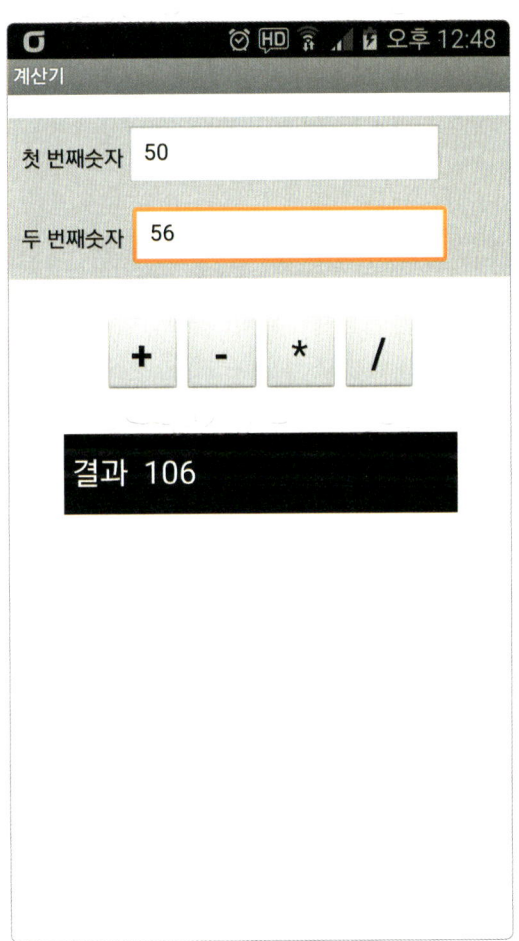

❶ [첫 번째 숫자] 입력란에 값을 입력합니다.
❷ [두 번째 숫자] 입력란에 값을 입력합니다.
❸ [+], [-], [*], [/] 연산자 중 하나를 선택하면 연산결과가 [결과] 란에 표시됩니다.
❹ [첫 번째 숫자] 입력란을 누르면 이전에 입력된 값과 결과 값이 삭제됩니다.

화면 디자인하기

[팔레트] 영역의 컴포넌트를 직접 드래그하여 화면을 구성하고 각 컴포넌트에 속성을 지정해보도록 하겠습니다.

❶ [Screen1]을 선택한 후 [수평 정렬 : 중앙]을 지정하고 [제목]에 '계산기'를 입력합니다. [레이블]을 드래그하여 [Screen1] 아래에 삽입합니다. [높이 : 10 pixels], [너비 : 부모에 맞추기], [텍스트]는 삭제합니다.

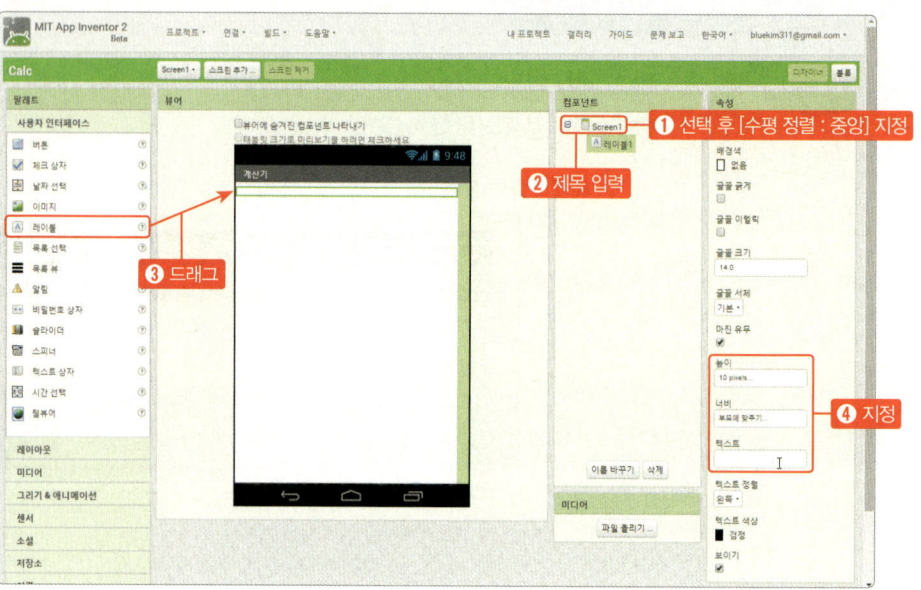

❷ [레이블1] 아래에 [수평배치]를 삽입합니다. [수직 정렬 : 가운데], [배경색 : 밝은 회색], [높이 : 50 pixels], [너비 : 부모에 맞추기]를 지정합니다. [수평배치1] 내부에 [레이블]과 [텍스트 상자]를 삽입합니다. [레이블2]의 [텍스트]에 '첫 번째 숫자 :'를 입력합니다. [텍스트 상자1]은 [높이 : 40 pixels], [너비 : 200 pixels], [힌트]는 삭제하고 [숫자만]을 선택합니다.

> **Tip**
> [숫자만] 항목을 선택하면 숫자 입력만 가능한 키가 표시됩니다.

❸ [수평배치1] 아래에 [수평배치]를 삽입합니다. [수직 정렬 : 가운데], [배경색 : 밝은 회색], [높이 : 50 pixels], [너비 : 부모에 맞추기]를 지정합니다. [수평배치2] 내부에 [레이블]과 [텍스트 상자]를 삽입합니다. [레이블3]의 [텍스트]에 '두 번째 숫자 : '를 입력합니다. [텍스트 상자2]는 [높이 : 40 pixels], [너비 : 200 pixels], [힌트]는 삭제하고 [숫자만]을 선택합니다.

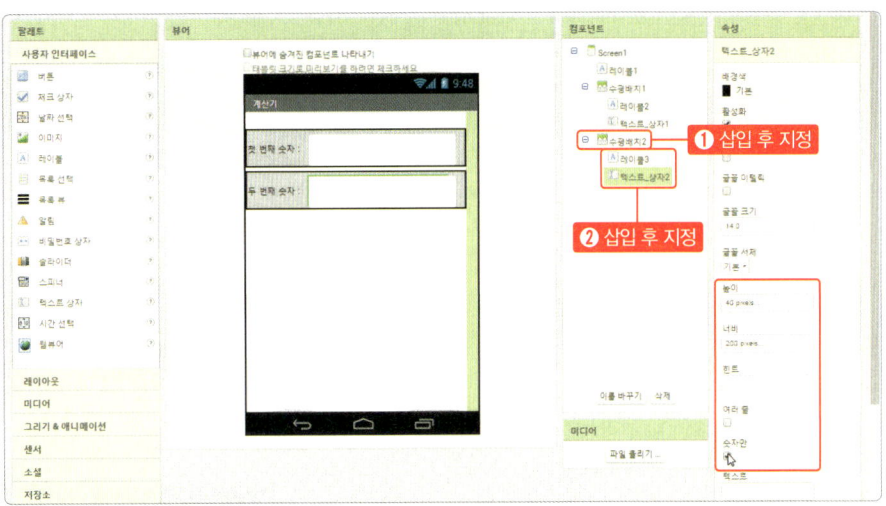

❹ [레이블]을 [수평배치2] 아래에 삽입하고 [텍스트]는 삭제합니다. [수평배치]를 [레이블4] 아래에 삽입합니다. [수평배치3] 내부에 [버튼] 네 개를 삽입합니다. [버튼1~버튼4]를 모두 [글꼴 굵게]를 선택하고, [글꼴 크기 :20], [높이 : 50 pixels], [너비 : 50 pixels]로 지정합니다. [버튼1]부터 순서대로 이름을 '더하기', '빼기', '곱하기', '나누기'로 지정합니다. [텍스트]는 '+', '-', '*', '/'를 입력합니다.

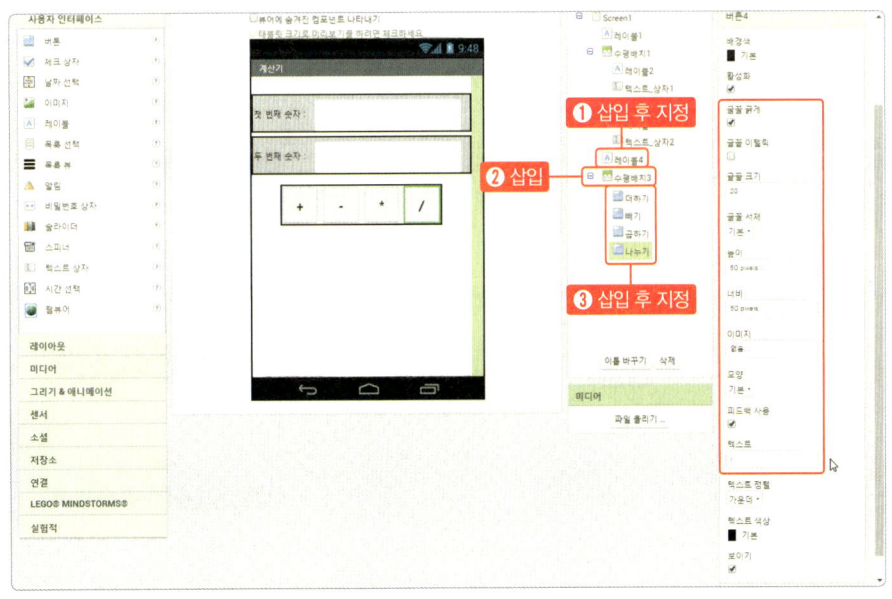

20. 사칙 연산 계산기 만들기 151

❺ [레이블]을 [수평배치3] 아래에 삽입하고 [텍스트]는 삭제합니다. [수평배치]를 [레이블5] 아래에 삽입합니다. [수평배치4]는 [수직정렬 : 가운데], [배경색 : 검정], [높이 : 50 pixels]을 지정합니다. 내부에 [레이블]을 두 개 삽입합니다. [레이블6]을 [글꼴 크기 : 20], [높이 : 30 pixels], [너비 : 50 pixels], [텍스트]에 '결과 : ', [텍스트 색상 : 흰색]으로 지정합니다.

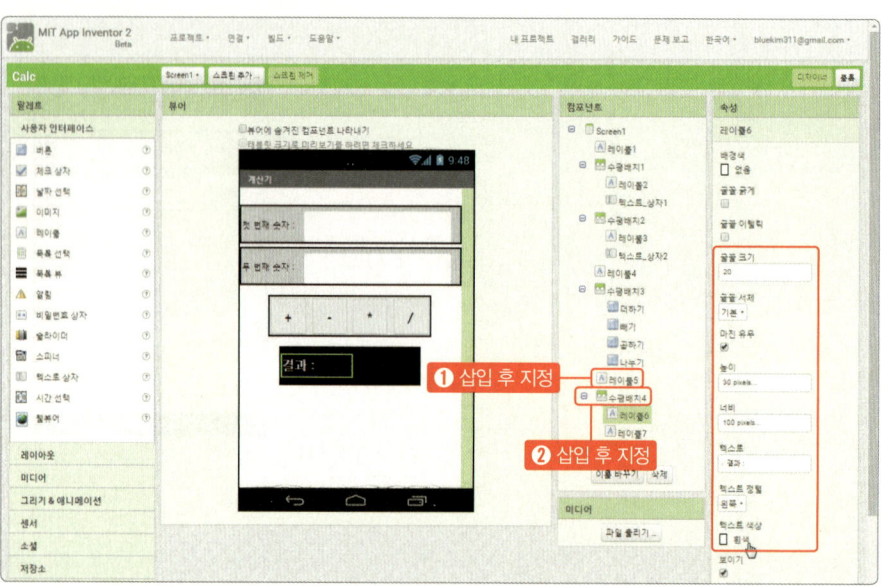

❻ [레이블7]의 이름을 '결과보이기'로 변경합니다. [결과보이기]의 [글꼴 크기 : 20], [높이 : 30 pixels], [너비 : 200 pixels], [텍스트]는 삭제하고 [텍스트 색상 : 흰색]을 지정합니다. [소리] 컴포넌트를 [뷰어] 영역으로 드래그합니다.

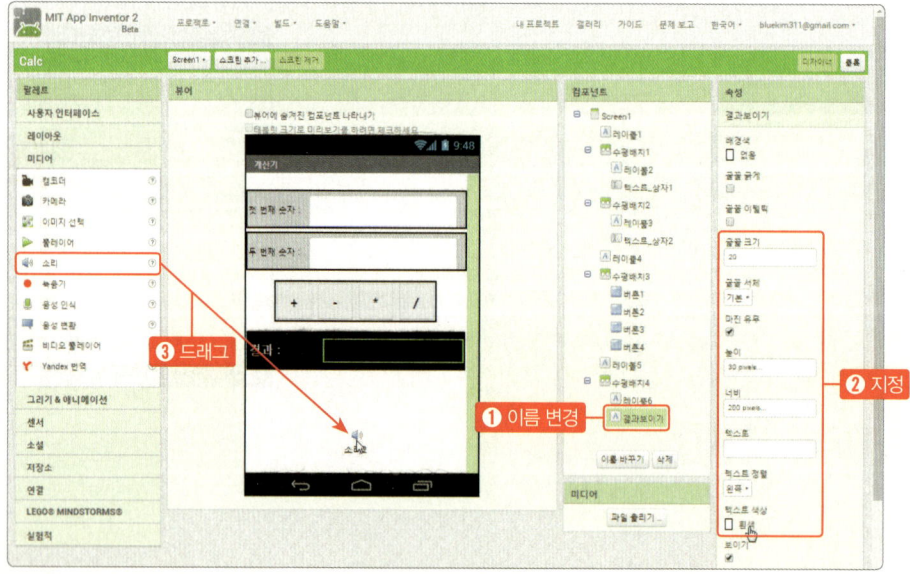

❷ 명령 블록 구성하기

입력된 숫자 값을 선택한 연산자로 결과를 구한 후 결과 값을 화면에 표시하도록 명령 블록을 구성해보도록 하겠습니다.

❶ [블록] 화면으로 이동합니다. 선택한 연산자와 결과 값을 임시로 기억할 변수 두 개를 선언한 후 값을 '0'으로 초기화합니다.

❷ 실제 연산이 처리되는 [계산] 함수에 명령 블록을 구성하기 위해 을 삽입한 후 [함수 이름] 입력란을 '계산'으로 변경합니다. 연산자가 '1'이면 +, '2'이면 −, '3'이면 ✱, '4'이면 / 연산이 되도록 다음과 같이 명령 블록을 작성합니다.

❸ [더하기], [빼기], [곱하기], [나누기] 버튼을 눌렀을 때 각각의 연산자 번호를 '1', '2', '3', '4'로 지정한 후 [계산] 명령을 실제 처리하는 함수를 호출하도록 다음과 같이 명령 블록을 작성합니다.

❹ [결과] 변수가 저장된 연산 결과를 [결과보이기] 텍스트 상자에 표시하고 스마트 폰에 진동이 0.5초 울리도록 다음과 같이 명령 블록을 작성합니다.

❺ 첫 번째 숫자 값이 입력되는 [텍스트상자]가 눌리면 새로운 값을 입력할 수 있도록 이미 입력되어 있는 첫 번째 숫자 값과 두 번째 숫자 값 그리고 결과 값을 삭제하기 위해 다음과 같이 명령 블록을 작성합니다. '연산자' 변수와 '결과' 변수도 초기화합니다.

소수점 올림/내림이 가능한 계산기 만들기

나누기 연산의 경우 소수점 6자리까지 계산되어 표시됩니다. 소수점 값을 올림 또는 내림이 가능하도록 명령 블록을 추가 삽입합니다. [수학] 블록의 [올림]과 [내림] 명령 블록을 이용하면 됩니다.

▶ **완성 파일** : Calc_mission.aia

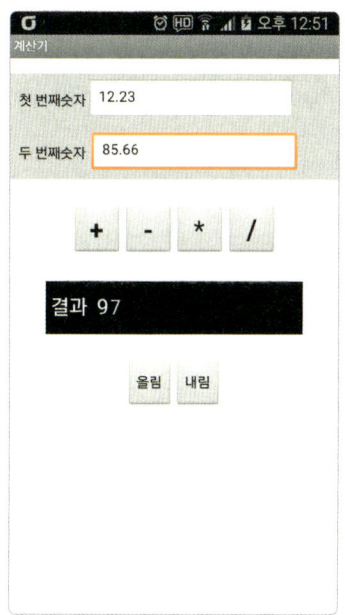
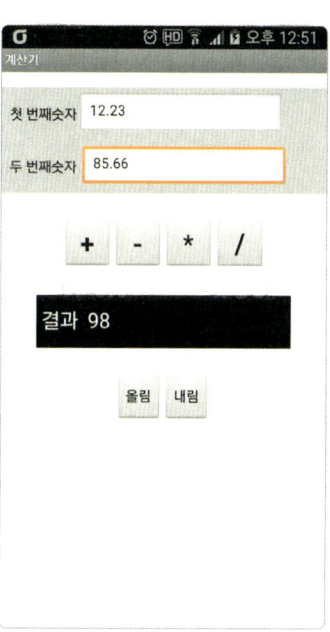

▲ [내림]을 누른 경우   ▲ [올림]을 누른 경우

참고 사항

1. [수평배치]와 [버튼] 컴포넌트를 이용하여 [올림] 버튼과 [내림] 버튼을 삽입합니다.
2. 나누기 연산된 결과를 올림 또는 내림한 결과는 [결과보이기] 레이블에 표시됩니다.

Tip

❶ [올림] 버튼을 누르면 [결과보이기] 레이블에 값을 올림한 후 그 결과 값을 다시 [결과보이기] 레이블에 표시합니다.
❷ [내림] 버튼을 누르면 [결과보이기] 레이블에 값을 내림한 후 그 결과 값을 다시 [결과보이기] 레이블에 표시합니다.

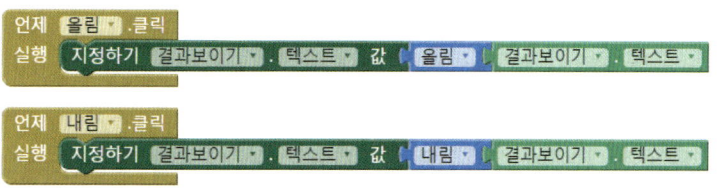

 블록을 이용하여 아래와 같이 블록을 삽입하면 결과 값의 소수점 이하 자리가 2자리까지만 표시됩니다.

21 나만의 그림판 만들기

그림을 그린 후 해당 그림을 스마트 폰에 저장할 수 있는 앱을 작성해보도록 하겠습니다. 스마트 폰에 저장하기 위해 [저장소]의 [TinyDB] 컴포넌트를 이용합니다.

학 습 목 표

- [캔버스]의 페인트 색상과 선 두께를 지정할 수 있습니다.
- [TinyDB] 컴포넌트를 이용하여 스마트 폰에 직접 그린 그림을 저장할 수 있습니다.

▶ 예제파일 : Paint.aia

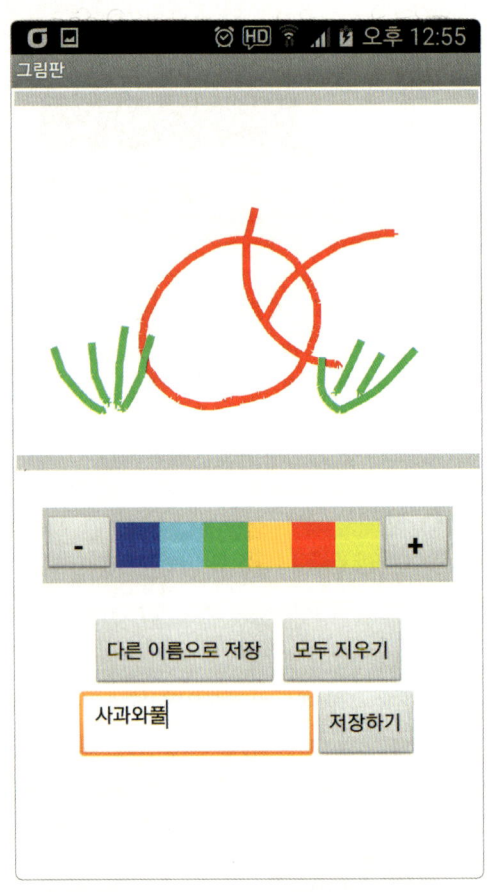

한 걸음 더

1. 그림판 영역을 드래그하여 그림을 그릴 수 있습니다.
2. [-], [+] 버튼을 눌러 붓의 크기를 조정할 수 있습니다.
3. 색상판을 선택하여 붓의 색을 지정할 수 있습니다.
4. [다른 이름으로 저장] 버튼을 누르면 파일이름 입력 상자가 표시되며, 파일 이름 입력 후 [저장하기] 버튼을 누르면 해당 이름으로 그림 파일이 저장됩니다.
5. [모두 지우기] 버튼을 누르면 그려진 그림이 모두 지워집니다.

 ## 화면 디자인하기

[팔레트] 영역의 컴포넌트를 직접 드래그하여 화면을 구성하고 각 컴포넌트에 속성을 지정해보도록 하겠습니다.

❶ [Screen1]을 선택한 후 [수평 정렬 : 중앙]을 지정하고 [제목]에 '그림판'를 입력합니다. [레이블]을 드래그하여 [Screen1] 아래에 삽입합니다. [배경색 : 밝은 회색], [높이 : 10 pixels], [너비 : 부모에 맞추기], [텍스트]는 삭제합니다.

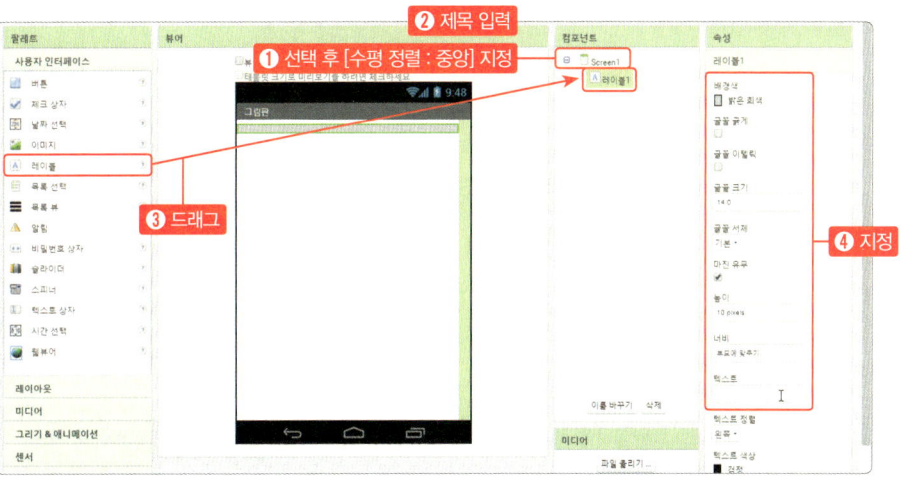

❷ [레이블1] 아래에 [그리기&애니메이션]의 [캔버스]를 삽입합니다. [높이 : 40 percent], [너비 : 부모에 맞추기]를 지정합니다.

❸ [캔버스] 아래에 [레이블]을 삽입합니다. [레이블2]는 [배경색 : 밝은 회색], [높이 : 10 pixels], [너비 : 부모에 맞추기], [텍스트]는 삭제합니다. [레이블2] 아래에 [레이블]을 삽입한 후 [텍스트]는 삭제합니다.

❹ [수평배치]를 [레이블3] 아래에 삽입합니다. [수직 정렬 : 가운데], [배경색 : 밝은 회색], [높이 : 50 pixels]를 지정합니다. [수평배치] 내부에 [버튼] 여덟 개를 삽입합니다. 각 버튼의 이름을 순서대로 '펜얇게', '파랑색', '청록색', '초록색', '주황색', '빨강색', '노랑색', '펜굵게'로 지정합니다.

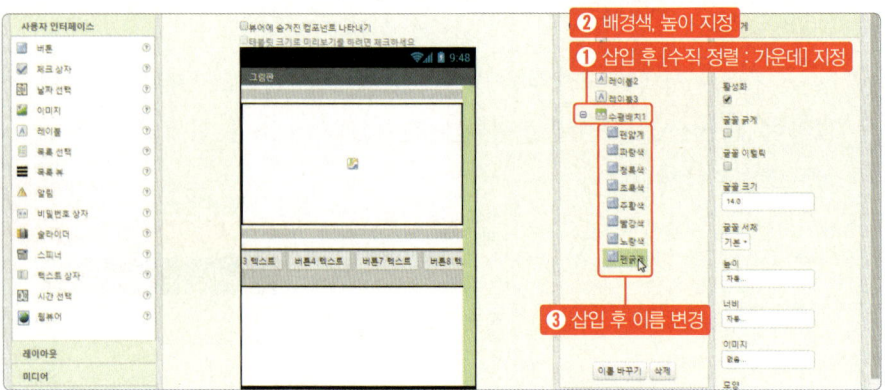

❺ [펜얇게] 버튼과 [펜굵게] 버튼은 [글꼴 굵게]를 선택하고, [글꼴 크기 : 20], [높이 : 40 pixels], [너비 : 50 pixels]를 지정하고 [텍스트]를 각각 '-', '+'로 입력합니다.

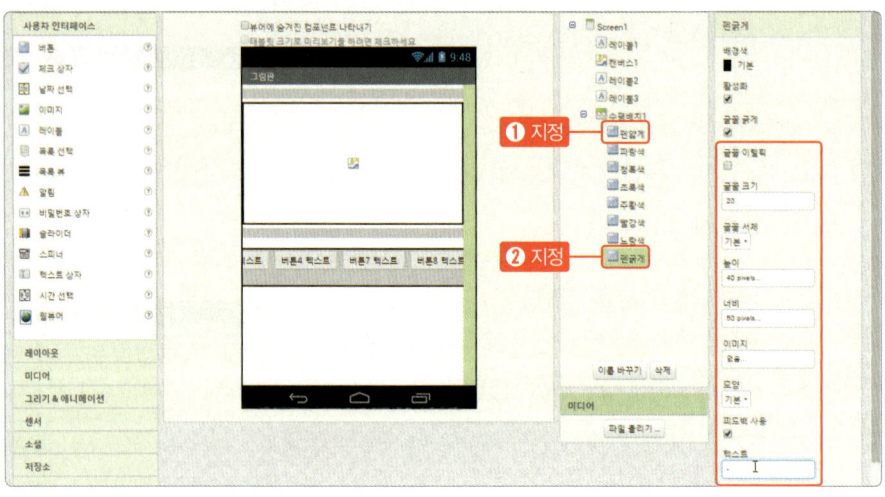

❻ [파랑색] 버튼부터 [노랑색] 버튼까지 모두 [높이 : 30 pixels], [너비 :30 pixels]을 지정하고 [배경색]을 각각 '파랑', '청록색', '초록', '주황', '빨강', '노랑'을 지정하고 [텍스트]는 모두 삭제합니다.

❼ [레이블]을 [수평배치1] 아래에 삽입한 후 [텍스트]는 삭제합니다. [수평배치]를 [레이블4] 아래에 삽입합니다. [수평배치2] 내부에 [버튼]을 두 개 삽입합니다. 버튼의 이름을 '다른이름으로저장'과 '모두지우기'로 변경합니다. [텍스트]도 '다른 이름으로 저장'과 '모두 지우기'로 입력합니다.

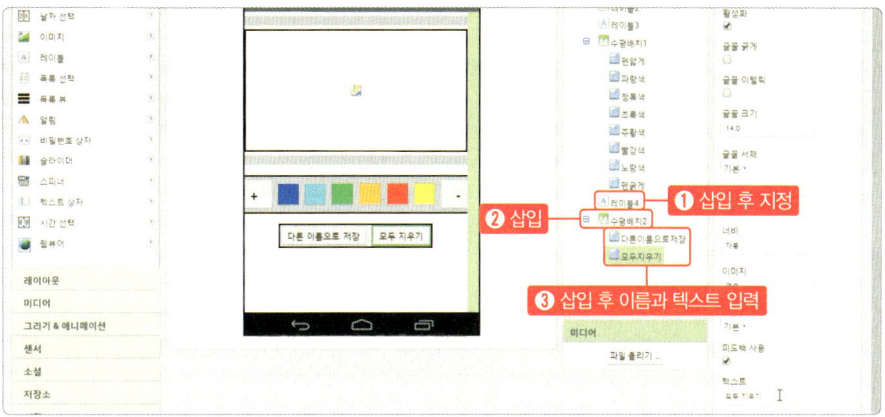

❽ [수평배치]를 [수평배치2] 아래에 삽입한 후 [텍스트 상자]와 [버튼]을 삽입하고 각각의 이름을 '파일이름입력'과 '저장하기'로 변경합니다. [파일이름입력] 텍스트 상자의 [힌트]를 삭제하고 [저장하기] 버튼의 [텍스트]를 '저장'으로 입력합니다. [파일이름입력] 텍스트 상자와 [저장하기] 버튼의 [보이기] 항목의 선택을 해제합니다.

❾ [알림]과 [저장소]의 [TinyDB]를 [뷰어] 영역으로 드래그합니다.

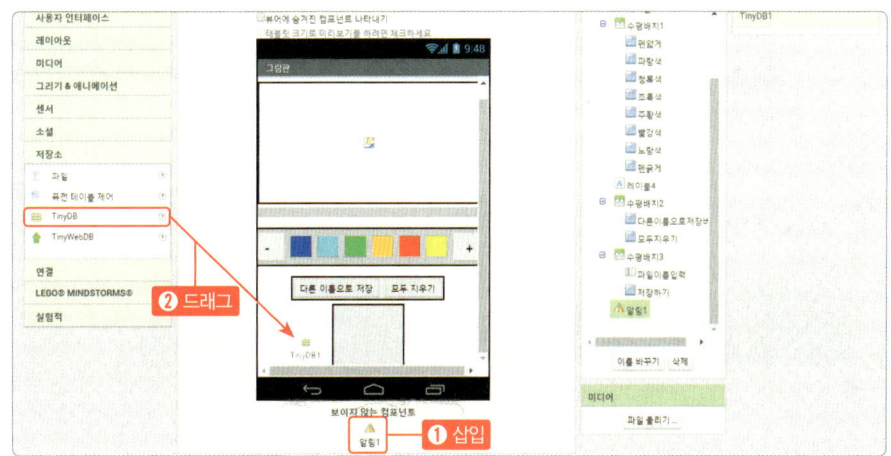

21. 나만의 그림판 만들기

2 명령 블록 구성하기

붓의 크기와 색을 지정하고 그림을 그린 후 그린 그림을 저장하거나 지우기가 가능하도록 명령 블록을 구성해보도록 하겠습니다.

❶ [블록] 화면으로 이동합니다. [펜얇게], [펜굵게] 버튼을 눌러 변한 붓의 두께 즉 선 두께를 임시로 기억할 변수를 선언하고 기본 값으로 '5'를 지정합니다. 앱을 실행 시켰을 때 선 두께가 '5'로 지정되도록 다음과 같이 명령 블록을 지정합니다.

❷ [펜얇게], [펜굵게] 버튼을 눌렀을 때 현재 선 두께 값에서 '2'씩 작아지거나 '2'씩 커지도록 지정하기 위해 다음과 같이 명령 블록을 작성합니다.

❸ 색상 버튼을 눌렀을 때 [캔버스]의 [페인트 색상]을 변경하기 위해 다음과 같이 명령 블록을 작성합니다. 색상은 [공통블록]의 [색상]을 클릭하여 지정합니다.

Tip

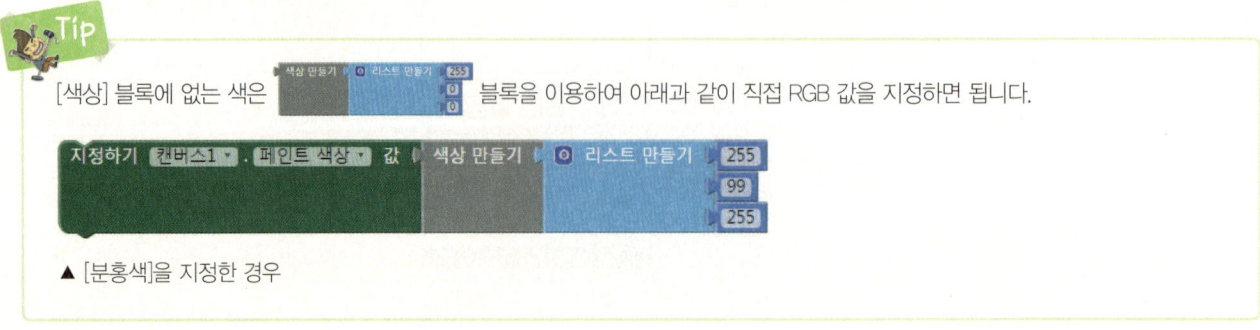

[색상] 블록에 없는 색은 블록을 이용하여 아래과 같이 직접 RGB 값을 지정하면 됩니다.

▲ [분홍색]을 지정한 경우

❹ 손가락으로 캔버스 내부를 드래그할 때 선이 그려지도록 지정하기 위해 다음과 같이 명령 블록을 작성합니다.

❺ [다른이름으로저장] 버튼을 눌렀을 때 숨겨져 있던 [파일이름입력] 텍스트 상자와 [저장하기] 버튼이 화면에 표시되도록 다음과 같이 명령 블록을 작성합니다.

> **Tip**
> [디자이너]에서 [저장하기] 버튼과 [파일이름입력] 텍스트 상자가 화면에 보이지 않도록 [보이기] 항목의 선택을 해제하였으므로 [다른이름으로저장] 버튼을 눌렀을 때 화면에 표시되도록 [보이기]를 '참'으로 지정해야합니다.

❻ [모두지우기] 버튼을 눌렀을 때 캔버스에 그려진 그림이 지워진 후 선 두께는 '5', 선 색이 검정이 되도록 다음과 같이 명령 블록을 작성합니다.

❼ 화면에 표시된 [파일이름입력] 텍스트 상자에 파일 이름을 입력하고 [저장] 버튼을 눌렀을 때 스마트 폰에 저장되도록 지정하기 위해 다음과 같이 명령 블록을 작성합니다. 즉, [캔버스1] 컴포넌트의 내용을 스마트 폰의 'Paint' 폴더에 저장하되 저장 파일 이름은 '파일이름.jpg' 형식이 됩니다.

> **Tip**
> - 폴더명은 꼭 'Paint'가 아니라 지정하고자 하는 어떤 이름을 입력해도 무방합니다.
> - TinyDB는 앱에 데이터를 저장할 수 있는 컴포넌트입니다. 저장된 데이터는 TinyDB의 태그를 이용하여 해당 데이터에 접근할 수 있습니다. 즉 태그는 스마트 폰에 저장된 데이터의 실제 저장위치를 알지 못해도 바로 찾을 수 있도록 제공되는 표식으로 TinyDB에서 데이터를 가져올 때 기준이 되는 값입니다. 즉 태그에 '123'을 지정한 후 TinyDB에서 값을 가져올 때 태그를 '123'으로 지정하면 동일한 값을 가져올 수 있습니다.

❽ TinyDB에 저장이 완료된 후 메시지 창을 표시하기 위해 다음과 같이 명령 블록을 작성합니다.

❾ [파일 저장] 메시지 창의 [확인] 버튼을 누른 후에 [저장하기] 버튼과 [파일이름입력] 텍스트 상자가 숨겨지도록 지정하고 [파일이름입력] 텍스트 상자의 이름을 삭제하기 위해 다음과 같이 명령 블록을 작성합니다.

> **Tip**
> 저장된 그림 파일을 확인하려면 스마트 폰의 [내파일]을 선택한 후 [디바이스 저장공간]의 [Paint] 폴더를 선택합니다.

카메라를 연결하여 바로 찍은 사진 따라 그리기

[사진찍기] 버튼을 눌러 사진을 찍은 후 해당 그림이 캔버스 영역에 표시되어 따라 그릴 수 있도록 [버튼]과 명령 블록을 추가 삽입합니다.

▶ 완성 파일 : Paint_mission.aia

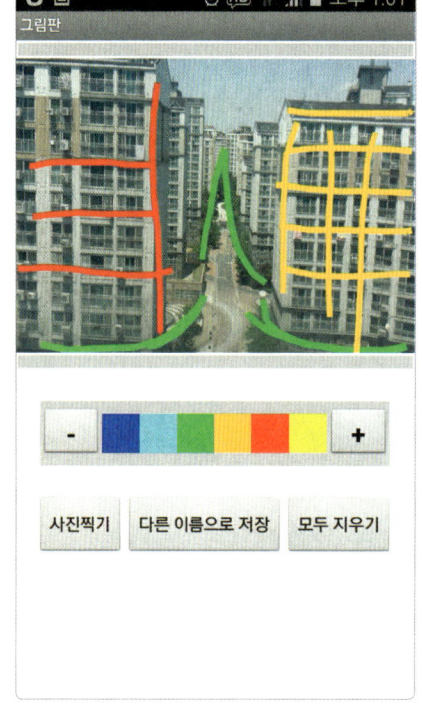

참고 사항

1. 사진을 찍기 위해서 [카메라] 컴포넌트를 삽입해야합니다.
2. [다른이름으로저장] 버튼 왼쪽에 [사진찍기] 버튼을 삽입합니다.

Tip

❶ [사진찍기] 버튼을 누르면 [카메라]가 호출됩니다.
❷ 카메라로 사진을 찍으면 해당 사진을 캔버스의 배경화면으로 지정합니다.

```
언제 사진찍기.클릭
실행 호출 카메라1.사진 찍기

언제 카메라1.사진 찍은 후
    이미지
실행 지정하기 캔버스1.배경 이미지 값 가져오기 이미지
```

22 나만의 메모장 만들기

mymemo.txt 파일에 작성한 메모 내용을 저장하고 저장된 메모 내용을 열어 확인 가능한 메모장 앱을 작성해보도록 하겠습니다. mymemo.txt 파일에 텍스트 내용을 저장하기 위해선 [파일] 컴포넌트를 이용해야 합니다.

학습목표

- [텍스트 상자] 컴포넌트의 색, 글꼴 크기를 변경할 수 있습니다.
- [파일] 컴포넌트를 이용하여 스마트 폰에 직접 텍스트 파일을 저장하고 저장된 내용을 열 수 있습니다.

▶ **예제파일 :** Memo.aia

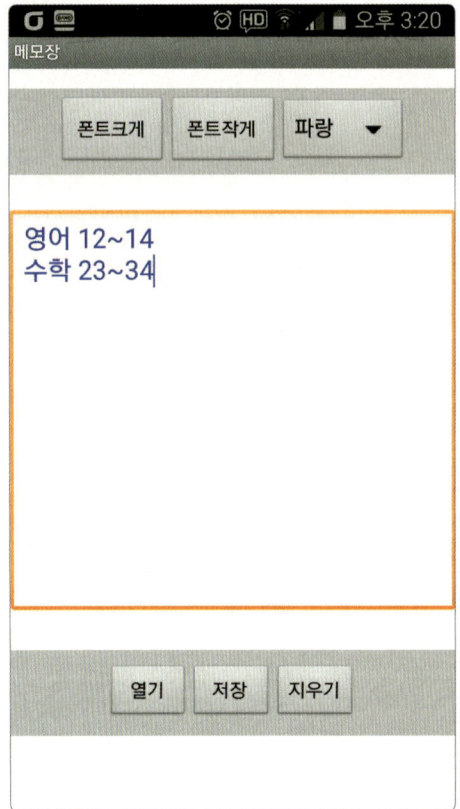

① [텍스트 상자] 내부를 눌러 텍스트를 입력할 수 있습니다.
② [폰트크게], [폰트작게] 버튼을 눌러 글자 크기를 조정할 수 있습니다.
③ 목록 버튼을 눌러 글자 색을 변경할 수 있습니다.
④ [저장] 버튼을 누르면 작성한 텍스트를 'mymemo.txt' 파일로 저장됩니다.
⑤ [열기] 버튼을 누르면 'mymemo.txt' 파일 내용이 [텍스트 상자]에 표시됩니다.

 ## 화면 디자인하기

[팔레트] 영역의 컴포넌트를 직접 드래그하여 화면을 구성하고 각 컴포넌트에 속성을 지정해보도록 하겠습니다.

❶ [Screen1]을 선택한 후 [수평 정렬 : 중앙]을 지정하고 [제목]에 '메모장'를 입력합니다. [레이블]을 드래그하여 [Screen1] 아래에 삽입합니다. [높이 : 10 pixels], [너비 : 부모에 맞추기], [텍스트]는 삭제합니다.

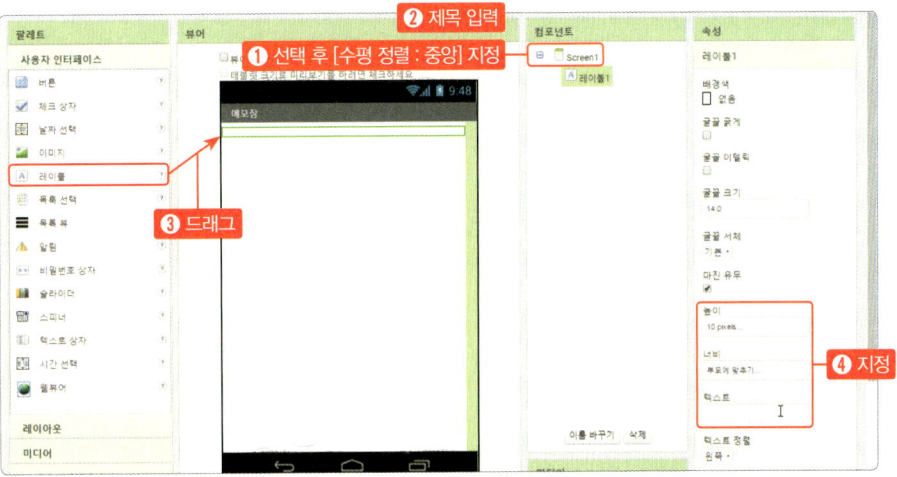

❷ [레이블1] 아래에 [수평배치]를 삽입합니다. [수평 정렬 : 중앙], [수직 정렬 : 가운데], [배경색 : 밝은 회색], [높이 : 60 pixels], [너비 : 부모에 맞추기]를 지정합니다. [버튼]을 두 개 삽입한 후 이름을 각각 '폰트크게', '폰트작게'로 변경합니다.

❸ [폰트크게], [폰트작게] 버튼 모두 [높이 : 50 pixels], [너비 : 80 pixels]으로 지정하고 [텍스트]를 '폰트크게', '폰트작게'로 입력합니다. [폰트작게] 버튼 오른쪽에 [스피너]를 삽입한 후 이름을 '글자색'으로 바꿉니다. [목록 문자열]에 '검정,노랑,빨강,파랑'을 입력합니다.

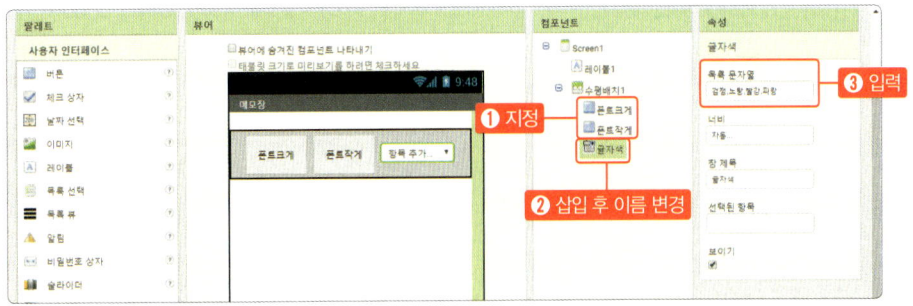

22. 나만의 메모장 만들기 **165**

❹ [레이블]을 [수평배치1] 아래에 삽입합니다. [높이 : 20 pixels], [너비 : 부모에 맞추기], [텍스트]는 삭제합니다. [레이블2] 아래에 [텍스트 상자]를 삽입한 후 [높이 : 50 percent], [너비 : 부모에 맞추기]를 지정합니다. [힌트]를 삭제하고 [여러 줄]을 선택합니다.

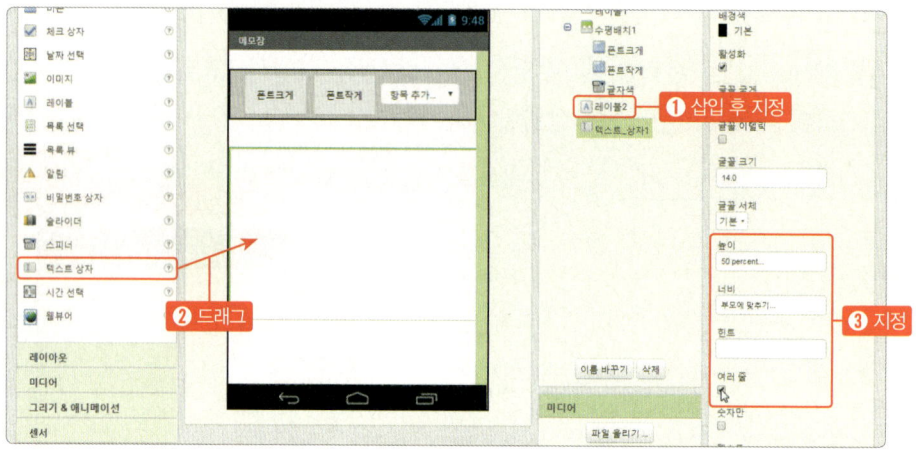

❺ [레이블]을 [텍스트 상자1] 아래에 삽입한 후 [텍스트]를 삭제합니다. [수평배치]를 [레이블3] 아래에 삽입한 후 [수평 정렬 : 중앙], [수직 정렬 : 가운데], [배경색 : 밝은 회색], [높이 : 60 pixels], [너비 : 부모에 맞추기]를 지정합니다. [버튼]을 세 개 삽입한 후 이름을 각각 '열기', '저장', '지우기'로 변경합니다.

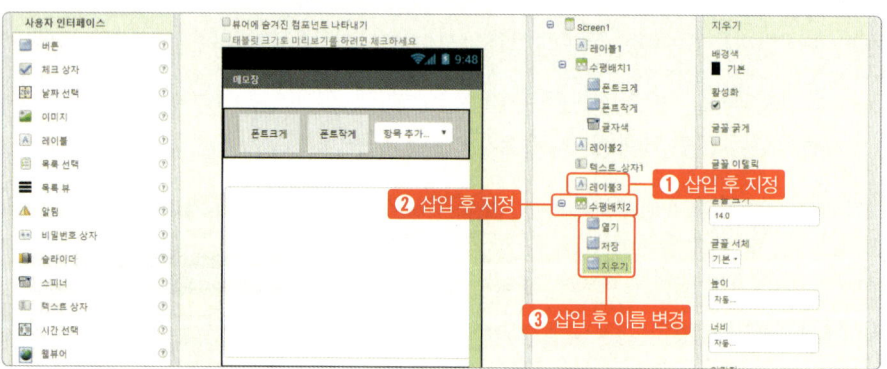

❻ [열기], [저장], [지우기] 버튼 모두 [높이 : 40 pixels], [너비 : 60 pixels]로 지정하고 [텍스트]를 '열기', '저장', '지우기'로 입력합니다. [레이블]을 [수평배치2] 아래에 삽입한 후 [텍스트]는 삭제합니다. [저장소]의 [파일]을 [뷰어] 영역으로 드래그합니다.

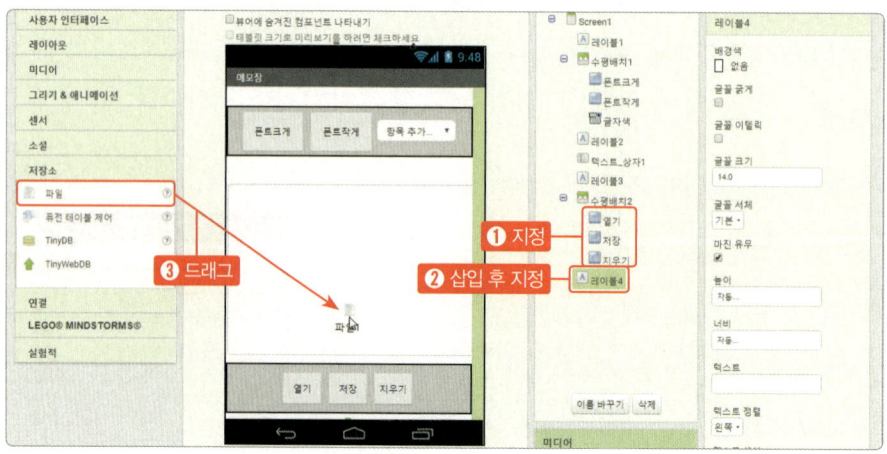

② 명령 블록 구성하기

글자 크기와 색 등을 변경할 수 있고, 작성한 텍스트를 'mymemo.txt' 파일로 저장한 후 열기가 가능하도록 명령 블록을 구성해보도록 하겠습니다.

❶ [블록] 화면으로 이동합니다. 글꼴 크기와 글꼴색을 임시로 기억할 변수를 선언하고 글꼴 크기를 '15'로 지정하도록 다음과 같이 명령 블록을 작성합니다.

> 전역변수 초기화 [글꼴크기] 값 [15]

❷ [폰트크게] 버튼과 [폰트작게] 버튼을 눌렀을 때 현재 '글꼴크기' 변수가 기억하고 있는 값에 '1'을 더하거나 뺀 후 [텍스트 상자]의 글꼴 크기로 지정하기 위해 다음과 같이 명령 블록을 작성합니다.

❸ [글자색]의 목록 버튼을 눌러 '검정', '노랑', '빨강', '파랑' 중 하나를 선택하면 선택된 항목을 글꼴색 값으로 지정하여 [텍스트 상자]의 글꼴색인 텍스트 색상을 변경하기 위해 다음과 같이 명령 블록을 작성합니다.

❹ [저장] 버튼을 누르면 입력한 내용을 'mymemo.txt' 파일에 저장하되 저장할 때마다 새로운 파일이 생성되는 것이 아니라 'mymemo.txt'에 덧붙여서 내용이 저장되도록 지정하기 위해 다음과 같이 명령 블록을 작성합니다. [레이블4] 영역에 '저장되었습니다.'라는 메시지를 표시합니다.

Tip
- 저장된 'mymemo.txt' 파일은 스마트 폰의 [내파일]을 선택한 후 [디바이스 저장공간]을 살펴보면 확인할 수 있습니다.
- 작성한 문서를 덧붙이기 하지 않고 새로운 문서로 따로 저장하려면  블록을 이용하면 됩니다.

❺ [열기] 버튼을 누르면 'mymemo.txt' 파일을 읽어온 후 [레이블4] 영역에 '불러왔습니다.'라는 메시지를 표시합니다.

❻ 읽어온 텍스트를 [텍스트 상자]의 텍스트로 표시하기 위해 블록을 이용하여 다음과 같이 명령 블록을 작성합니다.

❼ [지우기] 버튼을 눌렀을 때 문서 내용과 [레이블4]에 표시되는 메시지를 삭제하기 위해 다음과 같이 명령 블록을 작성합니다.

오늘의 날짜와 시간 표시하기

[시간/날짜] 버튼을 눌렀을 때 현재 스마트 폰의 날짜와 시간을 자동으로 표시하여 현재 입력한 메모 내용이 언제 저장된 것인지를 표시할 수 있도록 명령 블록을 삽입합니다. 시간과 날짜를 표시하기 위해 [시계] 컴포넌트를 삽입해야 합니다.

▶ 완성 파일 : Memo_mission.aia

참고 사항

1. [시간/날짜] 버튼을 삽입합니다.
2. [시계] 컴포넌트를 추가 삽입합니다.

Tip

❶ 현재 [시계]를 호출한 후 해당 날짜와 시간을 'yyyy/MM/dd hh:mm:ss a' 형식으로 [레이블2]의 텍스트로 표시합니다.

❶ [저장] 버튼을 눌렀을 때 내용뿐만 아니라 [레이블2]에 입력된 날짜와 시간도 같이 저장됩니다.

❶ [지우기] 버튼을 클릭했을 때 입력된 [레이블2]에 입력된 날짜와 시간도 삭제되어야 하므로 [레이블2]의 텍스트를 공백으로 지정합니다.

[시계] 컴포넌트의 날짜와 시간 서식

날짜와 시간을 지정하는 문자는 아래와 같습니다. 정확히 대ㆍ소문자의 의미가 다르기 때문에 정확히 구분하여 작성해야 합니다. 연월일 사이의 구분자는 '-', '/', '년' 이 모두 가능합니다. 즉 yyyy-MM-dd 나 yyyy년MM월dd일과 같이 서식을 작성할 수 있습니다.

문자	y	M	d	h	m	s
의미	년	월	일	시	분	초

23 지도 검색하고 가는 길 찾기

주요 관광지를 선택하면 지도가 검색되고, 출발지를 입력한 후 [대중교통찾기] 버튼을 누르면 출발지에서 선택한 관광지까지 대중교통으로 가는 방법을 검색하는 앱을 작성해보도록 하겠습니다. 구글 지도를 이용하며, [액티비티 스타터] 컴포넌트를 이용합니다.

학습목표

- ✓ [액티비티 스타터] 컴포넌트를 이용하여 구글 지도를 바로 실행시킬 수 있습니다.
- ✓ [스피너] 컴포넌트를 활용할 수 있습니다.
- ✓ [웹뷰어] 컴포넌트를 활용할 수 있습니다.

▶ **예제파일** : Findmap_search.aia

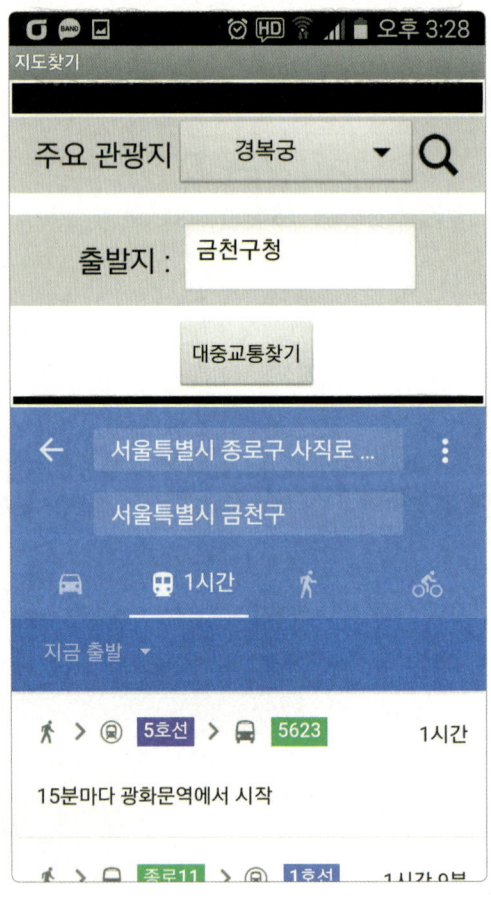

한 걸음 더

① 주요 관광지를 선택한 후 🔍 을 누르면 해당 지역의 지도가 검색되어 표시됩니다.

② 출발지 입력 후 [대중교통찾기] 버튼을 누르면 출발지에서 선택한 관광지까지 대중교통으로 이동할 수 있는 방법을 검색합니다.

170 | 앱 인벤터로 나만의 앱 만들기

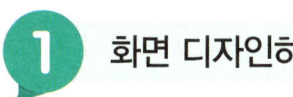 ## 화면 디자인하기

[팔레트] 영역의 컴포넌트를 직접 드래그하여 화면을 구성하고 각 컴포넌트에 속성을 지정해보도록 하겠습니다.

① [Screen1]을 선택한 후 [수평 정렬 : 중앙], [제목 : 지도찾기]를 입력합니다. [레이블]을 [Screen1] 아래에 삽입한 후 [배경색 : 검정], [높이 : 20 pixels], [너비 : 부모에 맞추기], [텍스트]는 삭제합니다.

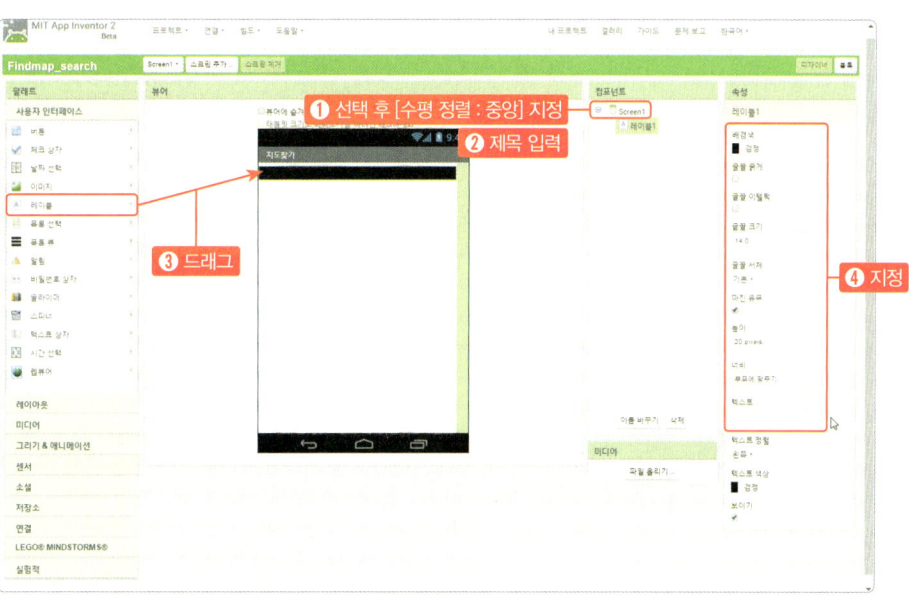

② [수평배치]를 [레이블1] 아래에 삽입한 후 [수평 정렬 : 중앙], [수직 정렬 : 가운데], [높이 : 50 pixels], [너비 : 부모에 맞추기]를 지정합니다. [수평배치1] 내부에 [레이블]을 삽입한 후 [글꼴 크기 : 20], [텍스트]에 '주요 관광지'를 입력합니다.

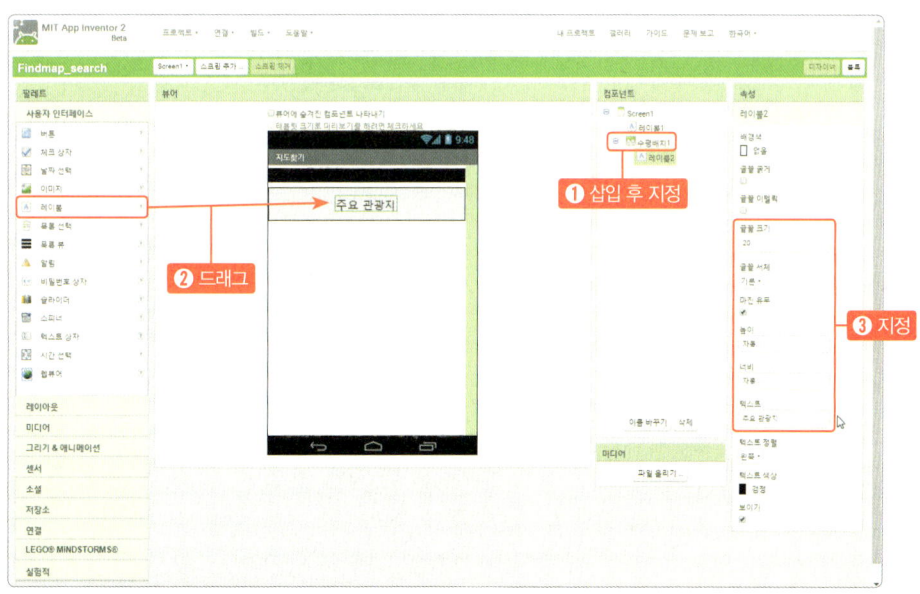

❸ [스피너]를 [레이블2] 오른쪽에 삽입한 후 [목록 문자열]에 '서울대공원, 경복궁, 서울타워, 국립중앙박물관'을 입력합니다. [창 제목]에 '관광지 선택'을 입력합니다. [스피너1] 오른쪽에 [버튼]을 삽입합니다. 이름을 '지도검색'으로 변경합니다. [높이 : 30 pixels], [너비 : 30 pixels], [이미지 : search.png]를 지정하고 [텍스트]는 삭제합니다.

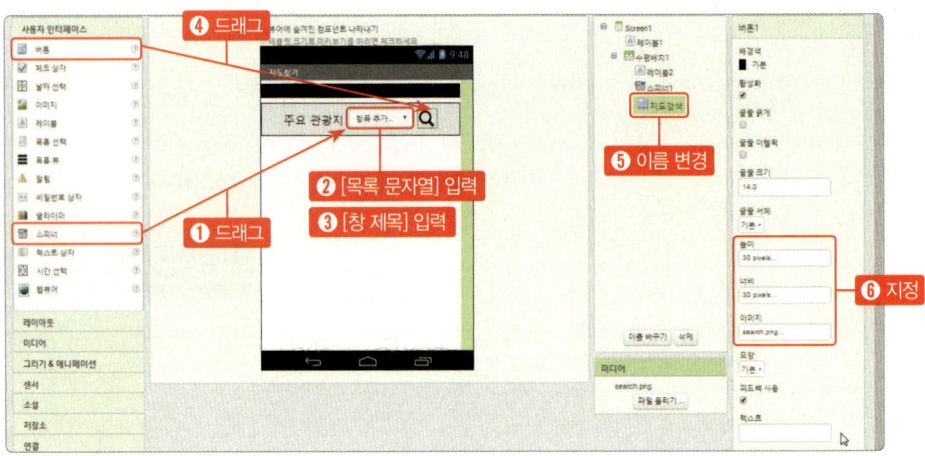

❹ [레이블]을 [수평배치1] 아래에 삽입한 후 [높이 : 10 pixels], [텍스트]는 삭제합니다. [수평배치]를 [레이블3] 아래에 삽입한 후 [수평 정렬 : 중앙], [수직 정렬 : 가운데], [배경색 : 밝은 회색], [높이 : 60 pixels], [너비 : 부모에 맞추기]를 지정합니다.

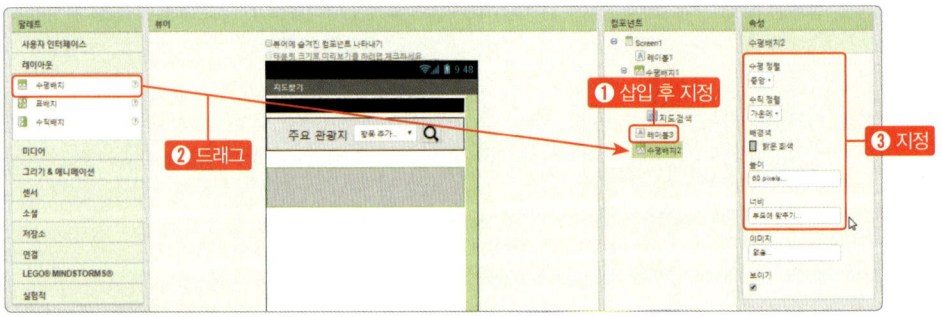

❺ [수평배치2] 내부에 [레이블]과 [텍스트 상자]를 삽입합니다. [레이블4]는 [글꼴 크기 : 20], [텍스트]는 '출발지 : '를 입력합니다. [텍스트_상자1]은 [글꼴 크기 : 16], [높이 : 50 pixels], [힌트]는 삭제합니다.

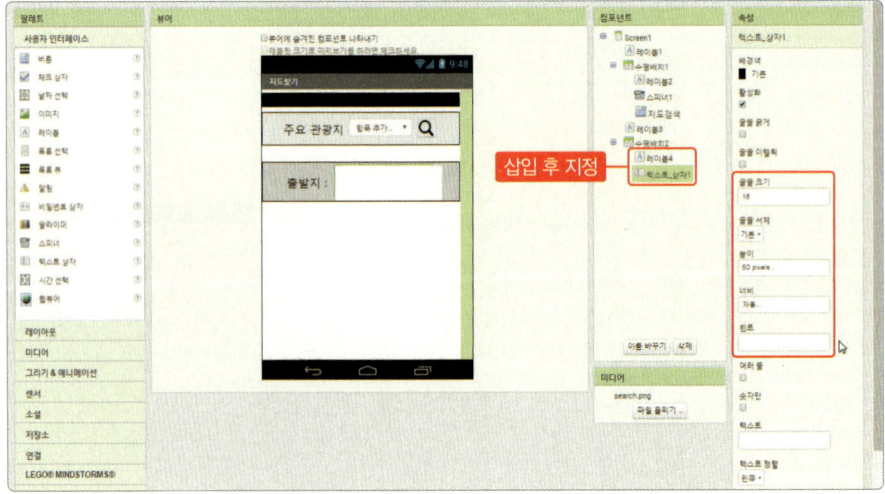

❻ [수평배치2] 아래에 [레이블]과 [버튼]을 삽입한 후 [레이블5]는 [높이 : 5 pixels], [텍스트]는 삭제합니다. [버튼]의 이름을 '대중교통찾기'로 변경한 후 [텍스트]를 '대중교통찾기'로 입력합니다.

❼ [레이블]을 [대중교통찾기] 버튼 아래에 삽입합니다. [레이블6]은 [배경색 : 검정], [높이 : 5 pixels], [너비 : 부모에 맞추기], [텍스트]는 삭제합니다. [웹뷰어]를 삽입합니다.

❽ [연결]의 [액티비티 스타터]를 [뷰어] 영역으로 드래그합니다. [액티비티_스타터1]의 [속성]에서 [동작]에는 'android.intent.action.VIEW', [액티비티 클래스]에는 'com.google.android.maps. MapsActivity', [액티비티 패키지]에는 'com.google.android.apps.maps'을 입력합니다.

23. 지도 검색하고 가는 길 찾기 **173**

2 명령 블록 구성하기

관광지를 선택하고 [지도검색] 버튼(Q)을 누르면 해당 지역 근처의 지도가 표시되고, 출발지 입력 후 [대중교통찾기] 버튼을 누르면 출발지에서 선택한 관광지로 이동하는 방법을 알려줍니다.

❶ [블록] 화면으로 이동합니다. 선택한 관광지를 임시로 기억하는 변수를 다음과 같이 지정합니다. 앱 처음 실행 시 [스피너]에 표시되고 있는 항목(관광지)인 '서울대공원'을 '선택관광지' 변수에 저장합니다.

❷ [스피너]의 목록 버튼을 눌러 표시된 관광지 중 선택한 항목을 기준으로 지도를 검색하기 위해 '선택관광지' 변수를 다음과 같이 지정합니다.

❸ [지도검색] 버튼(Q)을 누르면 구글 지도에서 '선택관광지' 변수에 저장된 장소를 검색하여 표시하기 위해 다음과 같이 명령 블록을 작성합니다.

Tip
[액티비티 스타터]의 [속성]을 [디자이너]에서 직접 입력하지 않았다면 다음과 같이 명령 블록으로 구성해도 됩니다.

❹ [대중교통찾기] 버튼을 누르면 선택한 관광지와 출발지를 구글 지도로 전송하여 검색한 후 [웹뷰어] 영역에 표시하기 위해 다음과 같이 명령 블록을 작성합니다.

관광지 사이트로 이동하기

관광지를 선택한 후 [지도검색] 버튼(Q)을 누르면 지도가 아닌 해당 관광지 사이트가 [웹뷰어]에 표시되도록 명령 블록을 수정합니다.

▶ **완성 파일** : Findmap_search_mission.aia

참고 사항

1. [지도검색] 버튼의 이름을 [사이트검색]으로 변경합니다.

Tip

❶ [사이트검색] 버튼을 누르면 선택된 관광지의 해당 홈페이지로 이동합니다.

24 공 맞추기

스마트 폰을 기울여 축구공을 움직여서 스크린에 표시되는 공을 맞추는 앱을 작성해보도록 하겠습니다. 폰의 기울기를 감지하기 위해 [방향 센서] 컴포넌트를 이용합니다. 또한 스마트 폰의 기울기를 한번만 관찰하는 것이 아니라 계속 관찰해야하므로 [시계] 컴포넌트도 이용합니다.

학 습 목 표

- [방향 센서] 컴포넌트를 이용하여 스마트 폰의 기울기를 이용할 수 있습니다.
- [이미지 스프라이트]와 [공] 컴포넌트를 활용할 수 있습니다.
- [공]이 임의의 위치에 표시될 수 있도록 위치를 지정할 수 있습니다.
- [시계] 컴포넌트를 이용할 수 있습니다.

▶ **예제파일 :** Ball.aia

한 걸음 더

❶ [START] 버튼을 누른 후 스마트 폰을 기울이면 축구공이 움직입니다.
❷ 축구공이 스크린에 표시되는 공에 닿으면 '미션 성공' 메시지가 표시되며, 축구공은 지정된 위치 (x=150, y=350)로 이동합니다.

 ## 화면 디자인하기

[팔레트] 영역의 컴포넌트를 직접 드래그하여 화면을 구성하고 각 컴포넌트에 속성을 지정해보도록 하겠습니다.

❶ [Screen1]을 선택한 후 [수평 정렬 : 중앙]을 지정합니다. [제목 : Ball]을 입력합니다. [레이블]을 [Screen1] 아래에 삽입한 후 [배경색 : 검정], [높이 : 20 pixels], [너비 : 부모에 맞추기], [텍스트]는 삭제합니다.

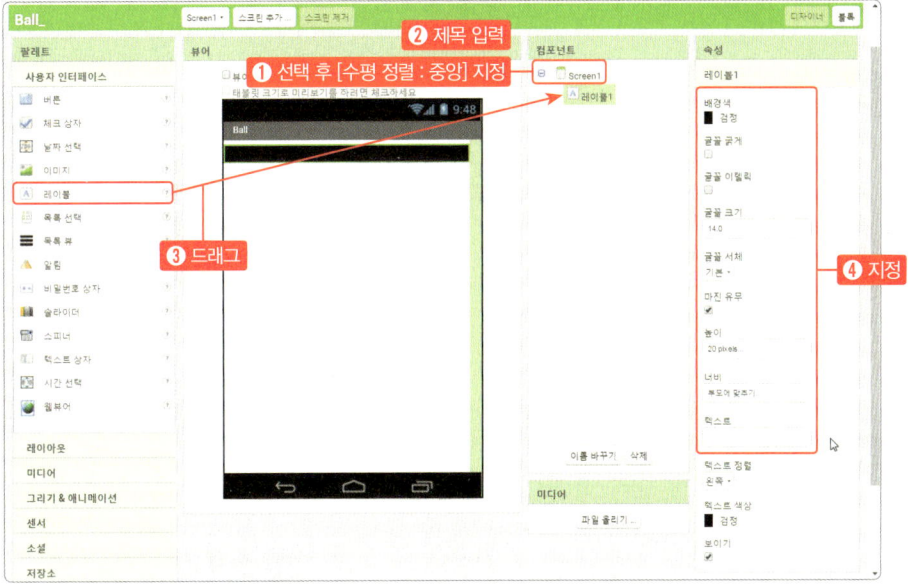

❷ [그리기 & 애니메이션]의 [캔버스]를 [레이블1] 아래에 삽입한 후 [높이 : 65 percent], [너비 : 100 percent]로 지정합니다. [그리기 & 애니메이션]의 [공]을 [캔버스1] 내부에 삽입합니다. [페인트 색상 : 자홍색]으로 지정하고 [보이기]의 선택을 해제합니다.

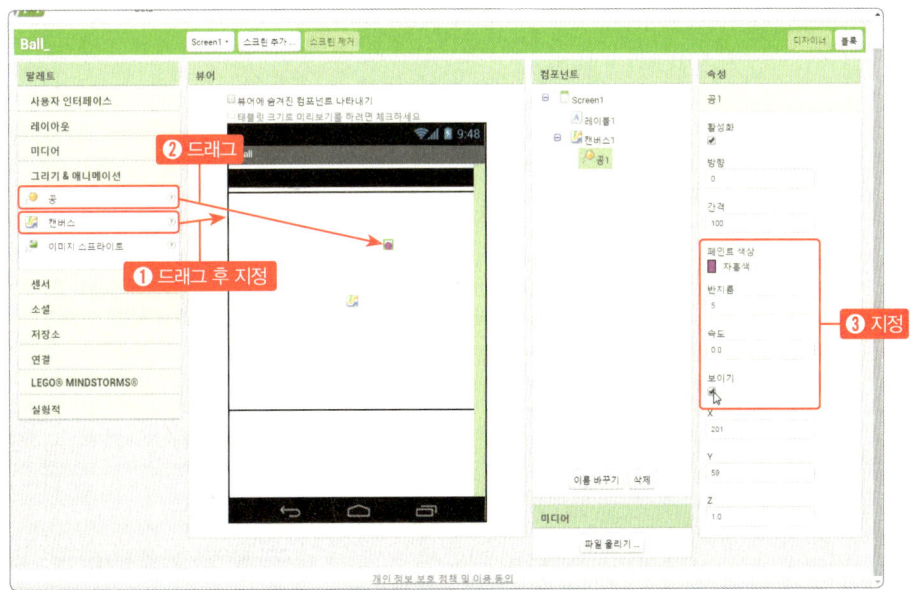

❸ [이미지 스프라이트]를 [공1] 아래에 삽입합니다. [활성화]의 선택을 해제한 후 [높이 : 30 pixels], [너비 : 30 pixels], [사진 : so-ball1.png], [X:150], [Y:340]으로 지정합니다.

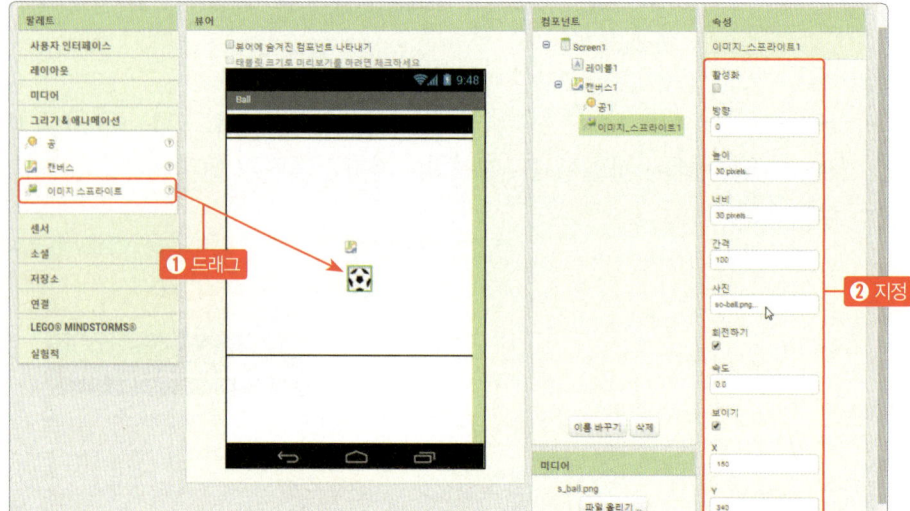

Tip
[이미지_스프라이트1]의 위치를 [X:150], [Y:340]로 지정하면 [뷰어] 화면에 표시되지 않을 수도 있습니다.

❹ [레이블]을 [캔버스1] 아래에 삽입한 후 [배경색 : 검정], [높이 : 5 pixels], [너비 : 부모에 맞추기], [텍스트]는 삭제합니다. [수평배치1]을 [레이블2] 아래에 삽입한 후 [수직 정렬 : 아래], [높이 : 60 pixels]로 지정합니다.

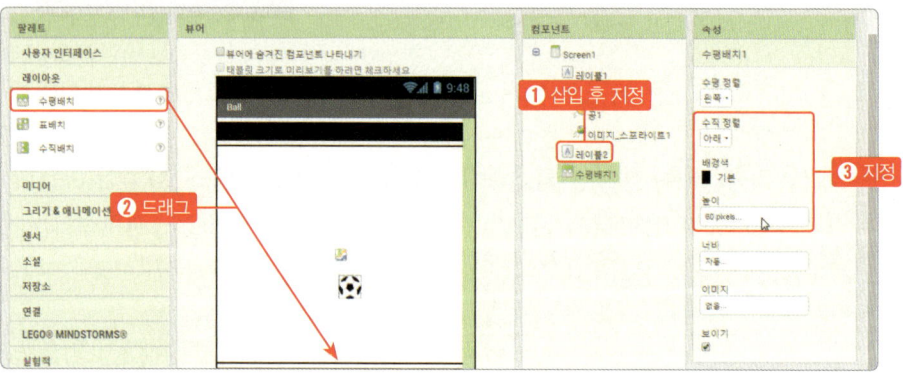

❺ [수평배치1] 내부에 [버튼] 두 개를 삽입한 후 버튼의 이름과 텍스트를 각각 'START'와 'STOP'으로 지정합니다.

⑥ [센서]에서 [시계], [방향 센서]를 [뷰어] 영역으로 드래그합니다. [시계1]의 [타이머 항상 작동], [타이머 활성 여부]의 선택을 해제하고 [타이머 간격 : 10]으로 지정합니다. [사용자 인터페이스]에서 [알림]을 [뷰어] 영역으로 드래그합니다.

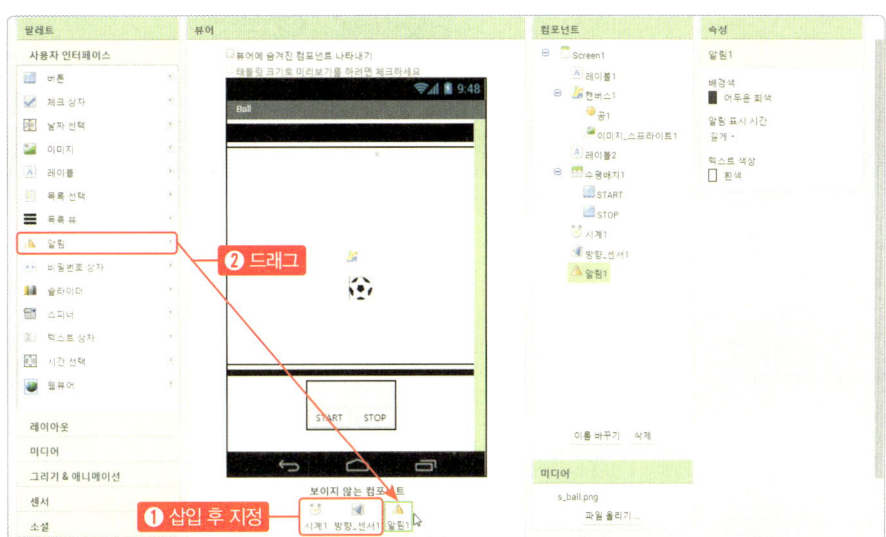

2 명령 블록 구성하기

앱을 실행하면 화면에는 축구공만 표시됩니다. [START] 버튼을 누르면 화면에 자홍색 공이 표시되며 핸드폰을 기울여 축구공을 자홍색 공에 맞추면 [미션 성공] 메시지를 표시합니다.

❶ [블록] 화면으로 이동합니다. 100분의 1초마다 방향센서의 방향을 감지하고, 방향센서의 크기에 300 값을 곱한 속도로 지정하여 축구공 이미지 스프라이트가 이동되도록 다음과 같이 지정합니다.

Tip

- [시계1] 컴포넌트의 [타이머 간격]에 '10'이 지정되어 있기 때문에 100분의 1초마다 방향 센서의 값을 확인합니다.
- [축구공] 이미지 스프라이트가 움직이는 속도를 빠르게 하고자 한다면 300보다 큰 값, 느리게 하고자 한다면 300보다 작은 값을 입력하면 됩니다.

❷ 앱이 처음 실행되었거나, [공1] 스프라이트에 충돌되었을 때, 그리고 [STOP] 버튼이 눌렸을 때 [축구공] 이미지 스프라이트의 위치를 지정하고 [이미지_스프라이트1]이 이동되지 않도록 '축구공위치' 라는 함수를 선언하여 다음과 같이 지정합니다.

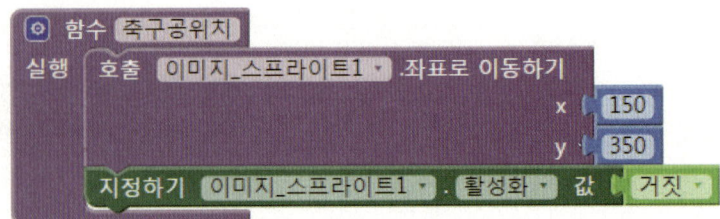

Tip
[이미지_스프라이트1]은 활성화되어 있으면 계속 공이 움직이므로 공이 지정된 위치에 멈춰있게 하려면 반드시 비활성화가 되도록 지정해야합니다.

❸ [START] 버튼을 눌렀을 때 [방향_센서1]과 [시계1], [이미지_스프라이트1]이 활성화되고 [공1]이 스크린에 표시되도록 다음과 같이 지정합니다.

❹ 스크린에 [공1]이 표시될 때 고정된 위치가 아니라 임의의 위치에 표시되도록 지정하기 위해 [START] 버튼 블록에 다음과 같이 명령 블록을 추가 삽입합니다.

Tip
임의의 정수 시작 블록은 1~200 사이의 값 중에서 임의의 값을 선택하는 명령 블록입니다.

❺ [이미지_스프라이트1]이 [공1]과 충돌되었을 때 [공1]이 스크린에서 사라지고 '미션 성공' 알림창이 표시되도록 지정하기 위해 다음과 같이 지정합니다.

❻ [공1]이 스크린에서 사라지면 [이미지_스프라이트1]이 x=150 y=350 위치로 이동하고, 움직이지 않도록 다음과 같이 '축구공위치' 함수를 삽입합니다.

❼ [STOP] 버튼을 눌렀을 때 [이미지_스프라이트1]이 지정된 위치로 이동되고, [방향_센서1]과 [시계1]이 모두 비 활성화되고, [공1]이 보이지 않도록 다음과 같이 지정합니다.

다섯 개 공 맞추기

첫 번째 공을 맞추면 두 번째 공이 나타나고, 두 번째 공을 맞추면 세 번째 공, 세 번째 공을 맞추면 네 번째 공, 네 번째 공을 맞추면 다섯 번째 공이 표시되며, 다섯 번째 공까지 맞추면 '미션 성공' 메시지가 표시되도록 [공] 컴포넌트를 추가 삽입하고 명령 블록도 추가 삽입합니다.

▶ 완성 파일 : Ball_mission.aia

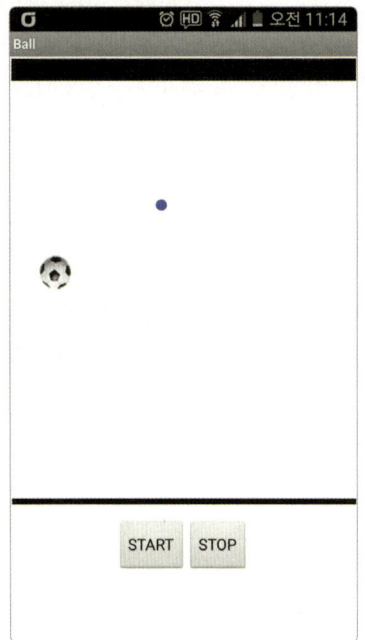 

참고 사항

1 [공1] 컴포넌트 아래에 [공] 컴포넌트를 네 개 추가 삽입합니다. [페인트 색상]과 [반지름]을 지정합니다.

2 [STOP] 버튼을 눌렀을 때 [공1] 컴포넌트부터 [공5] 컴포넌트까지 모두 스크린에 표시되지 않도록 지정해야 합니다.

3 [START] 버튼을 누르면 [공1] 컴포넌트만 표시됩니다. 축구공을 기울여 [공1]과 충돌하면 [공2]가 스크린의 임의의 위치에 표시됩니다.

Tip

❶ [공1]부터 [공5]가 보이지 않도록 지정합니다.

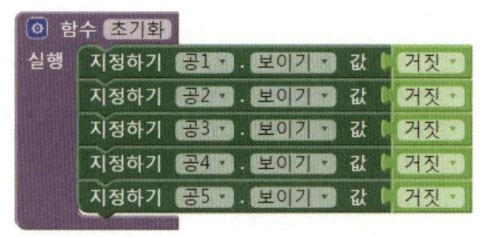

❶ [STOP]을 누르면 [공1]부터 [공5]까지 표시되지 않도록 [초기화] 함수를 호출합니다.

❶ [공1]과 충돌하면 [공2]를 임의의 위치에 표시하고 [공1]은 표시되지 않습니다.

❶ [공2]와 충돌하면 [공3]을 임의의 위치에 표시하고 [공2]는 표시되지 않습니다.

❶ [공3]과 충돌하면 [공4]를 임의의 위치에 표시하고 [공3]은 표시되지 않습니다.

❶ [공4]와 충돌하면 [공5]를 임의의 위치에 표시하고 [공4]는 표시되지 않습니다.

❶ [공5]와 충돌하면 [공5]가 사라지고 '미션 성공' 메시지를 표시한 후 '축구공위치' 함수를 호출하여 축구공의 위치를 지정합니다.

생각이 자라는 소프트웨어 커리큘럼

소프트웨어 과정

스크래치 2.0
기초부터 고급과정까지
코딩 중심으로
소프트웨어 기반에 대한
이해를 중심으로 교육진행
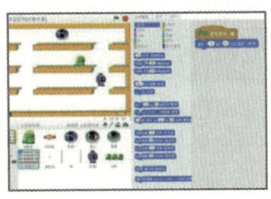

센서보드 과정 아두이노 과정

코드이노 센서보드의
'빛(Light), 소리(Sound),
버튼(Button), 슬라이더(Slider),
3축 센서 저항(Resistance)'을
이용하여 아날로그 값이나
디지털 값을 입력 받아
프로그래밍에 접목

프로젝트 과정

하드웨어와 소프트웨어를
함께 배울 수 있는 창작도구로
아이들이 상상하는 것을
직접 손으로 만들고
컴퓨터를 통해 내 작품을
움직이게 할 수 있는 과정

코드이노 센서킷

 적외선 수신센서	4x4 패드모듈	조이스틱모듈	리모트 컨트롤러	온습도센서		DC모터+바퀴	4채널 7세그먼트	로터리인코더	9V 배터리 홀더	피에조 부저
830 브레드보드	3색 LED모듈	65선 케이블	1채널 7세그먼트	패시브 부저		8X8 도트매트릭	서보모터	LCD 모듈	동작감지센서	쉬프트 레지스터
LED	초음파센서	저항(220, 1K, 10k)	조도센서	DP 스위치	사운드센서	TIP120	40Pin헤드커넥터	LCD 12C시리얼 인터페이스	40핀 듀폼케이블	케이스

커리큘럼 관련 예제

빛 센서를 이용한 전구의 밝기조절

소리센서를 통한 로봇움직임의 변화

3축센서를 이용한 장애물 넘기

저항센서 값으로 가전제품 구동하기